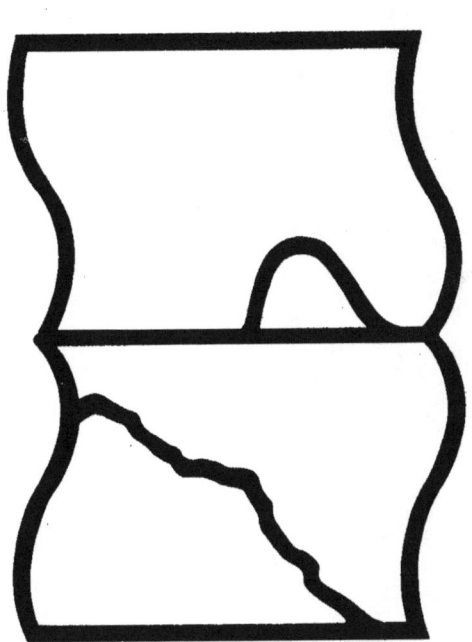

Texte détérioré — reliure défectueuse

NF Z 43-120-11

L'AMANT D'ALICE

SCEAUX. — IMPRIMERIE CHARAIRE ET FILS.

AVIS A NOS LECTEURS

Le beau roman du **Mari de Marguerite ou l'Amant d'Alice** sera terminé dans la prochaine livraison, et nous publions à la suite un roman très dramatique et très émouvant; c'est : **Sa Majesté l'Argent**, du même auteur. Le colossal succès que nous avons obtenu avec le **Mari de Marguerite** nous a en quelque sorte obligé d'agir ainsi, dans le but d'être agréable à nos lecteurs, car ils nous ont prouvé par leur nombre (30,000 abonnés qui ont suivi cet ouvrage jusqu'à ce jour) qu'ils avaient une profonde sympathie pour le grand romancier qui a su les charmer depuis la première jusqu'à la dernière livraison : nous leur assurons qu'il en sera de même pour **Sa Majesté l'Argent**.

Nous offrons à nos lecteurs, après la dernière livraison de l'**Amant d'Alice**, la première de **Sa Majesté**, magnifiquement illustrée; ils pourront se la procurer chez tous les Libraires.

La prochaine livraison sera double et ne devra être vendue que 10 centimes seulement, à titre de prime.

N. B. — Pour paraître prochainement, en une magnifique et splendide édition illustrée à 10 centimes, **le Pendu**, par l'auteur du **Mari de Marguerite**.
Tous nos lecteurs auront droit à cette nouvelle prime, et nous la leur offrirons, quand elle paraîtra, comme nous leur offrons aujourd'hui celle de **Sa Majesté l'Argent**.

LES DRAMES DE L'ADULTÈRE

OU

L'AMANT D'ALICE

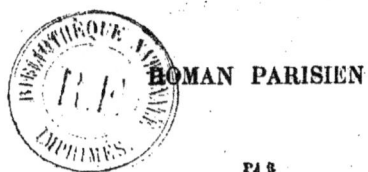

ROMAN PARISIEN

PAR

XAVIER DE MONTÉPIN

PARIS
F. ROY, ÉDITEUR, RUE SAINT-ANTOINE, 185

1880

XAVIER DE MONTÉPIN

XAVIER DE MONTÉPIN

LES DRAMES DE L'ADULTÈRE

TROISIÈME PARTIE

L'AMANT D'ALICE

F. ROY, ÉDITEUR, RUE SAINT-ANTOINE, 185,

TROISIÈME PARTIE

L'AMANT D'ALICE

I

ADIEU!...

La petite Alice était matinale, comme le sont presque toutes les jeunes filles qui passent à la campagne la plus grande partie de leur vie.

Chaque jour elle s'éveillait dès que les oiseaux, sous ses fenêtres, remplissaient le jardin de leurs joyeux ramages.

L'aide et les soins d'une femme de chambre pour sa simple toilette lui semblaient plus gênants qu'utiles.—Elle s'habillait seule, peignait elle-même ses beaux cheveux, les rassemblait au sommet de sa tête afin d'en composer cette coiffure originale et charmante que nous avons décrite ; — elle entrait ensuite chez sa tante qu'elle trouvait encore au lit, l'embrassait avec une effusion de cœur qui ravissait la bonne dame, causait avec elle un instant, descendait au jardin, cueillait des fleurs et jetait des miettes de pain et de menues graines à ses bons amis les pinsons, les roitelets et les rouges-gorges, qui la suivaient en pépiant et en battant des ailes, comme les petits oiseaux des Tuileries et du Luxembourg suivent les *charmeurs* et les *charmeuses* que tout Paris connaît.

Ce matin-là, madame Lafène vit avec quelque étonnement passer l'heure de la visite habituelle de sa nièce, mais elle ne s'en inquiéta pas beaucoup.

Il semblait vraisemblable, en effet, de supposer qu'Alice, à la veille de son mariage, ayant pensé beaucoup, avait fort peu dormi, que le sommeil s'était emparé d'elle aux heures matinales et lui tenait encore les yeux clos.

La bonne dame sonna sa femme de chambre.

— A-t-on vu mademoiselle Alice? — lui demanda-t-elle.

— Non, madame, pas encore. Dois-je prévenir mademoiselle que madame désire lui parler?

— Non, non! il ne faut pas la réveiller. Habillez-moi.

Madame Lafène procéda minutieusement aux soins de sa toilette avec cette gravité digne et cette sage lenteur qu'elle apportait à toutes choses.

Quand elle fut vêtue de pied en cap selon la mode la plus nouvelle de Francfort-sur-le-Mein, elle souleva une portière de toile perse, longea un petit couloir qui mettait son appartement en communication avec celui de sa nièce, et pénétra dans la chambre à coucher de la jeune fille.

Il n'y avait personne dans cette chambre et les fenêtres en étaient fermées, quoiqu'un joyeux soleil d'automne fît étinceler les vitres.

Or, la petite Alice aimait par-dessus tout le grand air et le soleil. — A peine hors de son lit, quand le temps était beau, elle ouvrait ses fenêtres au grand large.

— C'est singulier! — pensa madame Lafène; — où donc peut être cette enfant?... Pourquoi n'est-elle pas venue me dire bonjour? — C'est la première fois qu'elle y manque depuis dix ans! — Oh! l'amour et le mariage... comme cela leur fait tourner la tête à ces chères et cruelles ingénues! — Sitôt que le cœur bat, nous sommes oubliées! et nous les aimons bien, cependant, ces ingrates!...

Après ce petit monologue, l'excellente femme manœuvra l'espagnolette de l'une des croisées, ce qui fit pousser des pépiements joyeux aux petits oiseaux, convaincus qu'ils allaient recevoir de la main de leur amie leur manne quotidienne, et, se penchant vers le jardin, elle appela à plusieurs reprises :

— Alice!... Alice!... Alice!...

La voix fraîche et sonore de l'enfant chérie ne répondit point.

— C'est singulier! — répéta madame Lafène qui sentit son étonnement se doubler d'inquiétude. — Encore une fois, où peut-elle être? Les bougies ont brûlé toute la nuit... — Si je ne savais qu'il n'y a pas de malheur possible, j'aurais peur... — Ah! comme je vais la gronder de me tourmenter ainsi!

La bonne dame revint dans l'intérieur de la chambre et aperçut pour la première fois une lettre placée bien en évidence sur un guéridon chargé de livres et d'albums.

Elle s'approcha et prit cette lettre.

La suscription, tracée par une main mal assurée, était celle-ci : « *Pour ma chère tante.* »

— Une lettre pour moi... — murmura madame Lafène saisie d'une soudaine angoisse et d'un tremblement nerveux, — l'écriture de ma nièce!... — Pourquoi m'écrit-elle?... que m'écrit-elle?...

Pour le savoir, il fallait lire. — La tante d'Alice déchira l'enveloppe et jeta les yeux sur le papier d'où la lumière allait jaillir.

A peine avait-elle parcouru les premières lignes qu'elle devint pâle comme une morte, chancela, et, croyant sentir la terre se dérober sous ses pieds, se laissa tomber sur un siége, tenant toujours à la main la lettre fatale.

— Non... non..., — dit-elle à haute voix, comme quelqu'un qui parle dans un rêve, — non... ce n'est pas possible... je lis mal... je comprends mal... je deviens folle... il n'y a pas cela... il ne peut pas y avoir cela... Dans un instant je comprendrai mieux et je rirai de mon épouvante...

Elle lut de nouveau, jusqu'au bout et à deux reprises.

— Ah! — balbutia-t-elle ensuite, — c'était vrai! tout était vrai! — Mon Dieu! mon Dieu! mon Dieu!

Elle se leva d'un air égaré, et, chancelant à chaque pas, elle se traîna jusqu'à la porte du grand couloir qui desservait le premier étage. — Elle ouvrit cette porte, s'accrocha au chambranle pour ne pas tomber, et d'une voix étranglée elle cria :

— Mon mari! où est mon mari?

Le valet de chambre accourut :

— Madame, — dit-il en regardant avec stupeur le visage bouleversé, décomposé, presque méconnaissable de sa maîtresse, — monsieur est parti ce matin pour Francfort, comme de coutume, par le premier train...

Un rauque sanglot s'échappa du gosier contracté de madame Lafène.

— Il m'abandonne aussi!... — murmura-t-elle. — Me voilà seule, toute seule ! — Oh! malheureuse!...

Et, lâchant le chambranle qui la soutenait, elle s'abattit lourdement sur le plancher du couloir comme si elle venait d'être frappée d'un coup de sang; mais elle ne lâcha point la lettre que sa main crispée serrait.

— Madame est bien mal! Madame se meurt! — cria le domestique effaré. — Au secours! au secours!

Les femmes de chambre accoururent.

— Miséricorde ! — dit l'une d'elles, — madame est morte... Oh ! notre bonne maîtresse... notre chère maîtresse...

Madame Lafène, immobile et le visage congestionné, ressemblait véritablement à un cadavre.

Ses gens l'adoraient. — Un concert de lamentations retentit autour d'elle, mais l'émoi général était si grand qu'on ne songeait point à la secourir utilement.

Elle se souleva à demi, et d'une voix étrange qui paraissait venir d'un abîme, elle murmura :

— Non, je ne suis pas morte... non, je ne veux pas mourir !... Il faut que je vive ! De l'eau... du vinaigre... hâtez-vous !...

On s'empressa d'obéir. — Au bout de quelques secondes, la pauvre femme revenait complétement à elle-même.

Elle donna l'ordre d'atteler à l'instant pour la conduire à Hombourg. — Elle voulait arriver à Francfort par le premier train qui se dirigerait vers cette ville.

Dix minutes après, la voiture roulait dans le chemin creux où Alice avait découvert, quelques semaines auparavant, le corps inanimé de Paul de Nancey troué par l'épée de Grégory.

Chemin faisant, madame Lafène lisait et relisait la lettre funeste dont chaque mot lui déchirait le cœur.

Voici cette lettre, où les phrases heurtées, les caractères indécis et presque illisibles, trahissaient l'esprit en désordre et la tête égarée de la malheureuse enfant qui l'avait écrite :

« Ma tante chérie, mon oncle bien-aimé :

« Pardonnez-moi... pardonnez-moi !... — Ne maudissez pas votre pauvre petite
« Alice que vous aimiez si tendrement et qui vous aime de toute son âme... Oh !
« oui, de toute son âme, et, malgré tout, n'en doutez pas... n'en doutez jamais...
« jamais...

« Je vous dis adieu... je pars et je ne vous reverrai plus... — Je ne peux pas
« rester dans votre maison... Je suis perdue... — Perdue !... Vous ne comprenez
« pas... Moi non plus je ne comprends pas... mais je suis bien perdue, allez... —
« S'il fallait sentir vos yeux sur moi, je mourrais de honte... D'ailleurs il veut que
« je le suive... et il est le maître... il est mon maître...

« Il m'emmène. — Où ? — Je ne sais pas... — Ne cherchez pas à le savoir. —
« Il me défendait de vous écrire... mais j'ai supplié, et j'écris... — Pourrez-vous
« lire seulement ce papier taché par mes larmes ?...

« Je m'en vais d'ici malheureuse, désespérée... Mon cœur se brise... Ce que « j'ai fait pour tant souffrir, je l'ignore; mais je suis coupable certainement... On « n'est pas perdue sans être coupable, et je suis perdue!... Dieu me punira de « cette faute inconnue que j'ai commise... Il me punit déjà, car je souffre beau- « coup... Il ne faut pas me maudire... — Maudite par Dieu et par vous, ce serait « trop...

« Il revient... il faut finir... — Je vais quitter cette maison... J'y laisse ma « joie... j'y laisse mon cœur... j'y laisse mon âme... — Gardez-les... je ne vous « les redemanderai jamais... — Qu'en ferais-je à présent?

« Il dit qu'il me ramènera, mais je n'espère rien... et puis, voudriez-vous de « moi?...

« Si vous saviez comme je vous aimais!... comme je vous aime!...

« Adieu!... adieu!... adieu!...

« ALICE, votre ALICE. »

A mesure que madame Lafène lisait et relisait cette lettre déchirante, elle comprenait moins et sa tête s'égarait davantage.

Elle se répétait sans cesse, avec la monotone régularité du balancier d'une pendule :

— Que signifient ces choses?... — On la lui donnait et il la vole!... — Il l'épousait demain et il la flétrit aujourd'hui!... — Qu'est-ce que c'est donc que cet homme?...

La voiture s'arrêta devant la gare du chemin de fer.

Un train allait partir.

Madame Lafène ne songea même pas à s'approcher du guichet et à prendre son ticket, mais les employés la connaissaient, et, lui voyant la figure égarée et la démarche saccadée d'une folle, ils comprirent qu'il se passait quelque chose d'anormal, et sans lui rien dire ils la laissèrent entrer dans la salle d'attente des voitures de première classe.

Le train partit. — La durée si courte du trajet parut interminable à la pauvre femme.

Aussitôt en gare de Francfort, elle prit une voiture et se fit conduire à la maison de commerce de son mari.

Elle trouva le digne négociant en compagnie d'un monsieur de mine importante, enchanté de sa personne et étalant à la boutonnière de son paletot de voyage un ruban rouge de dimension inusitée.

On a reconnu Lebel-Girard.

En voyant sa femme tomber chez lui comme la foudre, M. Lafène poussa un cri de surprise. — Un seul regard changea cette surprise en épouvante.

— Il y a un malheur, n'est-ce pas? — balbutia-t-il.

— Oui... le plus imprévu, le plus affreux de tous... Lisez!

Et elle lui tendit la lettre d'Alice.

II

PAUVRE ALICE

M. Lafène lut à son tour la lettre que sa femme venait de lui donner. — A son tour il devint livide, et il s'écria avec une expression déchirante :

— Partie!... partie avec lui!... oh! la malheureuse!...

— Comprenez-vous? — demanda madame Lafène. — Moi, je ne comprends pas.

— Moi non plus, je ne comprends pas, — répliqua le négociant en serrant sa tête entre ses mains crispées, — et c'est à en devenir fou!

— Il vous arrive quelque chagrin, mon vieil ami? — hasarda Lebel-Girard. — Si je ne craignais d'être indiscret, je demanderais à le partager.

— Le coup qui nous frappe est terrible, — répondit M. Lafène, — et ne sera bientôt, hélas! un secret pour personne. — La fille de mon frère, l'enfant de notre cœur, en qui nous avions mis toutes nos tendresses et toutes nos espérances, a quitté notre maison cette nuit.

— Seule?

— Oh! non, pas seule! — Elle est partie avec l'homme qu'elle aimait, et — (c'est

L'AMANT D'ALICE.

Elle envoya un baiser suprême à ceux qui l'avaient recueillie. (Page 15.)

là ce qui confond la raison !) — cet homme devait l'épouser demain !... oui, demain ! et j'allais vous prier d'être l'un des témoins...

— Mais c'est inouï, ce que vous dites là, c'est incroyable !

— Inouï ! incroyable ! monstrueux ! Quel mobile a guidé ce lâche en qui j'avais une confiance aveugle ? Quel démon l'a poussé ? Il faudra bien que je le sache ! Ah ! je le poursuivrai partout !... je lui reprendrai l'enfant qu'il nous vole ! Je le provoquerai ! je le tuerai ! — Il est jeune et je suis presque un vieillard ;

mais le bon droit est avec moi. Je laverai dans le sang du comte de Nancey l'honneur de ma maison souillée !

Lebel-Girard avait tressailli.

— Le comte de Nancey ? — répéta-t-il avec une expression de stupeur.

— Vous saviez le nom de ce bandit ? — demanda violemment M. Lafène.

— Paul de Nancey ? un Français ? un Parisien ? — continua l'ex-tapissier. — Est-ce celui-là ?

— C'est celui-là.

— Ah ! le misérable ! — Et vous dites qu'il épousait votre nièce ?

— Oui, demain.

— Eh bien ! c'est pour ne pas l'épouser demain qu'il est parti cette nuit. — Il avait peur du bagne...

— Comment ?

— La loi condamne les bigames ; or, il est marié et sa femme est vivante !

M. Lafène secoua la tête.

— Vous vous trompez, — murmura-t-il, — j'ai vu l'acte mortuaire...

— De sa première femme... oui... je le crois... — Oh ! elle est morte, celle-là, et bien morte... il l'a tuée ! — Mais la seconde existe...

— Vous en êtes sûr ?

— J'en ai la preuve. — Elle a quitté Paris il y a moins d'un mois avec un prince valaque, vrai ou faux, que la police recherche aujourd'hui... — C'est en les poursuivant que le comte est venu en Allemagne.

— Ah ! je comprends... je comprends tout..., — balbutia M. Lafène. — Ce duel, c'était pour sa femme ! c'était avec l'amant de sa femme !... — Qu'avons-nous fait en le recueillant... en le sauvant ! Charité stupide ! Il était si facile de le laisser mourir ! — Alice serait heureuse encore, et serait toujours notre enfant !

La pensée d'Alice flétrie, d'Alice perdue sans espoir et sans ressource, puisque l'infâme qui venait de s'emparer d'elle ne pouvait pas lui rendre l'honneur, fit de nouveau bouillonner un flot de colère dans l'âme de M. Lafène.

— Et vous dites que vous connaissez ce misérable ? — reprit-il.

— Si je le connais !... — c'est moi qui ai fait son premier mariage !... — Hélas ! pauvre petite Marguerite ! un trésor aussi celle-là... si charmante, si douce, si pure !... Et les millions du père Bouchard par-dessus le marché ! — un vrai quine à la loterie !... Quand j'ai vu la fin des choses, je me suis quelquefois reproché de m'être mêlé de cela. — Mais, que voulez-vous ? le comte me devait de l'argent... beaucoup d'argent... et, vous savez, le proverbe dit : — *Charité bien ordonnée...*

— L'adresse du comte? — interrompit M. Lafène.

— Il a son hôtel rue de Boulogne... — Il possède de plus un domaine en Normandie, le château des Tilleuls. — Est-ce que vous allez lui courir après?

— Je serai demain à Paris, — répondit le négociant avec une résolution froide et profonde. — Quel homme serais-je donc si je laissais notre chère et malheureuse Alice aux mains de ce bandit? La pauvre enfant n'est point coupable, et Dieu m'est témoin que je n'aurai pas pour elle un mot de reproche... Oh! non, pas un!

Le soir de ce même jour, M. Lafène partait pour Paris par le train express, en compagnie de Lebel-Girard chez qui la curiosité triomphait de l'égoïsme, et qui renonçait momentanément à son voyage en Allemagne pour assister au dénoûment de la terrible aventure dont il avait été, sans le savoir, le *deus ex machinâ*.

***

Que s'était-il passé entre Alice et Paul lorsque ce dernier, refermant derrière lui la porte du couloir, avait franchi le seuil de la chambre virginale?

M. de Nancey ne se dissimulait point qu'il allait essayer de commettre une action infâme, mais il se donnait à lui-même des raisons qui, avec ce manque complet de sens moral que nous avons constaté si souvent, lui semblaient atténuer singulièrement l'odieux du crime projeté.

— J'aime Alice plus que tout au monde! — se disait-il, et c'était vrai, — je veux lui consacrer ma vie! J'allais affronter sans hésitation la cour d'assises et les galères pour sauvegarder les apparences vis-à-vis de cette enfant et pour qu'il lui fût possible de croire qu'elle m'appartenait légitimement. — Le hasard n'a point voulut qu'il en fût ainsi... — L'arrivée de Lebel-Girard a démoli mon édifice! — Est-ce ma faute? — Alice m'aime autant que je l'aime... Elle ne peut être heureuse qu'en recevant de moi le bonheur... — Il faut donc, ne pouvant pas être ma femme, qu'elle soit au moins ma compagne adorée... il faut qu'elle parte avec moi, et pour l'y décider je n'ai qu'un seul moyen... — Quand il ne lui sera plus possible de rester dans cette maison, elle n'hésitera pas à me suivre... — Beaucoup de larmes, je le sais, couleront de ses yeux chéris, mais je parviendrai vite à les tarir à force d'amour...

Il entra.

Les bougies des deux flambeaux placés sur la cheminée éclairaient la chambre. La jeune fille, assise et tenant sur ses genoux un livre tout ouvert qu'elle ne lisait pas, attendait, pensive, agitée.

Elle quitta son siége en voyant entrer le comte et fit deux pas au devant de lui. Son visage disait la tristesse, mais non l'embarras. Ses grands yeux au regard candide n'exprimaient nulle inquiétude. Dans sa candeur immaculée elle ne soupçonnait même pas l'immense péril qui la menaçait.

— Vous le voyez, mon ami, — dit-elle, — je vous attendais... — Ce que vous me faites faire en vous recevant ainsi la nuit n'est pas bien, je le sais, je le sens. Mais demain vous serez mon maître... vous aurez reçu de Dieu lui-même le droit de me commander... — Cela sera mon excuse, j'espère, et me fera pardonner, je crois, d'obéir un peu trop tôt...

— Confiance sainte et candeur divine ! — se dit M. de Nancey très-ému. — Abuser de l'innocence de cet ange est une action hideuse ! — Ah ! si j'avais le droit d'hésiter !... si j'étais libre ! — je la respecterais, ma douce Alice, autant que je l'aime !... Je quitterais cette chambre en m'inclinant, comme on s'incline au seuil d'un sanctuaire où Dieu réside ! Chaîne de fer, chaîne indissoluble qui me lie à Blanche et qui va me rendre infâme, soit maudite !

Paul se disait ces choses, et il les pensait. — Quelle créature humaine a jamais eu la force et le bon sens d'accepter loyalement la responsabilité de ses propres fautes ?

— Vous avez voulu cet entretien, — reprit la jeune fille surprise du silence de son fiancé et des regards qu'il attachait sur elle ; — vous l'avez voulu pour me parler d'un danger qui vous menace et que je puis détourner de vous... — Je vous écoute, mon ami, et vous êtes bien sûr, n'est-ce pas, que quoi qu'il faille faire pour l'amour de vous, je le ferai ?

Le comte dévorait des yeux ce doux visage, ces beaux cheveux, cette taille souple et charmante. — Il voulait remuer en lui-même ce limon charnel, écume de l'amour, qui monte au cerveau des hommes et qui les rend ivres et fous... — Il le voulait en vain... — Alice était trop pure ! — En présence de cette enfant, vierge de corps, vierge d'âme, et qu'il aimait, Paul n'avait que des pensées chastes...

Il fallait cependant la provoquer en lui, cette ivresse des sens qui pousse au crime brutal... il fallait devenir le maître absolu d'Alice pour s'enfuir ensuite comme un voleur en emportant sa proie, — ou bien il fallait rentrer dans sa chambre, prendre son pistolet tout armé, appuyer le canon sur sa tempe, presser la détente et mourir... — Paul avait résolu de vivre. Il éperonna sa volonté défaillante.

— Vous saurez tout, mon Alice, — murmura-t-il, — mais laissez-moi vous dire d'abord combien vous êtes belle et combien je vous aime...

— Je ne sais si je suis belle... — répondit la jeune fille, — Mais je sais bien que vous m'aimez... — M'épouseriez-vous sans amour ?

— Cet amour, vous ne le connaissez pas tout entier... Vous n'en soupçonnez point les fièvres, vous ignorez le feu qui s'allume dans mes veines quand je respire le parfum de vos cheveux... quand je touche vos mains chéries...

— Paul, ne me regardez pas ainsi.

— Pourquoi ?

— Il me semble que vos yeux me brûlent.

— Laissez-les donc se fixer sur les vôtres... — C'est toute la passion de mon cœur qui rayonne en leurs prunelles... Alice, prenez-en la moitié... Aimez-moi comme je vous aime ! — répondit M. de Nancey, chez qui l'ivresse naissait enfin.

Il avait saisi les deux mains de la jeune fille et il l'attirait vers lui, irrésistiblement.

— Paul... oh ! Paul, — balbutia-t-elle, — je vous en prie, laissez mes mains... vous ne me les pressiez jamais ainsi...

— C'est que jamais je ne m'étais trouvé seul avec vous, la nuit, dans une chambre bien close, où personne ne peut nous entendre... où toute surprise est impossible... Que craignez-vous, Alice ? — Est-ce que ma tendresse vous fait peur ? — Est-ce que je ne serai pas demain le mari ? le maître ? Le maître ! oh ! non pas, mais l'esclave !... esclave d'amour enchaîné pour jamais aux petits pieds de ma bien-aimée ?...

— Nous ne sommes pas à demain...

— C'est à peine si quelques heures nous en séparent... et qu'importe ? — Ce qui rend le mariage sacré, est-ce la loi ? Non ! c'est l'amour... et nous sommes époux puisque nous nous aimons...

— Paul, ne me serrez pas ainsi... — Lâchez-moi, je vous en supplie...

— Alice, entendez-vous mon cœur battre ? — Comprenez-vous ce qu'il vous dit ? — Laissez le vôtre lui répondre...

Le plus grand de tous les dangers, c'est l'ignorance du danger. Avant même d'avoir compris la monstrueuse infamie du comte, Alice était perdue.

Paul avait accompli la première partie de son œuvre de ténèbres. La seconde devenait sinon facile, du moins possible.

Il fallait décider la jeune fille à partir avant la fin de la nuit. — M. de Nancey, pour atteindre ce but, fut sans pitié. — Il apprit à sa victime qu'elle lui appartenait tout entière et qu'elle ne pouvait plus désormais appartenir qu'à lui. — Quoique se gardant bien de lui faire connaître la raison véritable qui rendait impossible le mariage annoncé pour le lendemain, il lui dit qu'un obstacle infranchissable s'opposait pour un temps à l'union résolue. — Il ne lui cacha point enfin qu'aux yeux du monde elle était perdue, et que jusqu'au jour où il lui aurait rendu l'honneur, — jour prochain, ajouta-t-il, — elle ne pourrait, sans mourir de honte, affronter la présence des parents dont elle habitait la maison...

La malheureuse enfant crut aveuglément toutes ces choses. — Elle était femme, et son instinct de femme lui disait qu'elle était bien véritablement perdue, quoiqu'elle ne comprît pas ce qu'elle avait fait pour se perdre.

Que de larmes et quels sanglots! — Puis une résolution soudaine.

— Vous dites que je suis à vous?... — murmura la pauvre enfant, — vous m'avez prise... gardez-moi donc !... — Emmenez-moi... je vous suivrai... — Ah! que vous me faites de mal... et pourtant je vous aimais bien...

Et c'est alors qu'elle écrivit, — non sans avoir lutté contre les résistances de M. de Nancey, — la lettre que madame Lafène devait, quelques heures plus tard, trouver sur le petit guéridon de cette chambre profanée.

III

RECHERCHES VAINES.

Il faisait nuit encore quand M. de Nancey triomphant, et la pauvre Alice désespérée, quittèrent la maison de campagne où tant de larmes devaient couler après leur départ.

Au moment de sortir par la petite porte conduisant au chemin creux, l'enfant fugitive s'arrêta. — Elle s'agenouilla sur ce seuil que pour la dernière fois elle allait franchir, — elle tendit les mains vers ce logis où son enfance heureuse et pure s'était écoulée et qu'elle ne devait plus revoir, — elle envoya un baiser suprême à ceux qui l'avaient recueillie, qui l'avaient aimée d'une tendresse sans bornes, et qu'elle abandonnait...

— Adieu!... — murmura-t-elle, — adieu... adieu... pardonnez-moi...

Puis elle se releva, le visage inondé de larmes, et suivit docilement le comte qui l'entraînait.

Paul, sachant que M. Lafène allait chaque jour à Francfort par le premier train, ne pouvait songer ni à prendre le chemin de fer, ni à rester dans la ville où beaucoup de gens connaissaient Alice.

Il se rendit à l'établissement d'un loueur de voitures, éveilla palefreniers et cochers, mit des thalers dans toutes les mains, combattit victorieusement la somnolence allemande, vint à bout de faire atteler une calèche et promit une somme si ronde au postillon à grosses bottes que les chevaux, vigoureusement éperonnés, marchèrent un train d'enfer et parcoururent en un temps incroyablement court la distance qui sépare Hombourg de Francfort.

Le passe-port envoyé de Paris à M. de Nancey pour remplacer celui dont Grégory s'était emparé après le duel n'indiquait point que le comte voyageait avec une femme. — Il pouvait résulter de cette omission quelque embarras à la frontière, et Paul n'admettait aucun retard. — Il lui paraissait vraisemblable que M. Lafène le poursuivrait, et il voulait n'être pas rejoint.

A cette époque la formalité du passe-port n'existait point entre l'Allemagne et la Belgique, non plus qu'entre la Belgique et la France.

Les fugitifs se dirigèrent vers Bruxelles, firent une halte de deux jours dans cette ville afin de se munir des choses indispensables, car ils étaient partis sans rien emporter. — Alice n'avait pas même de gants et sa chaussure consistait en petites mules d'intérieur.

Ces achats terminés, le comte et la jeune fille se remirent en route et entrèrent en France par Quiévrain et Blanc-Misseron.

Nous savons que, le soir même du jour funeste où la pauvre Alice avait abandonné sa maison, M. Lafène était parti pour Paris en compagnie de Lebel-Girard.

A peine arrivé, il courut à l'hôtel de la rue de Boulogne et demanda M. de Nancey.

Les gens du comte répondirent que leur maître, absent depuis plusieurs semaines, n'avait point annoncé son prochain retour et qu'on était absolument sans nouvelles de lui.

Doutant de la sincérité de cette réponse, M. Lafène employa le talisman irrésistible qui ne manque jamais de délier les langues de la valetaille : — il donna de l'or.

En échange de ses napoléons, accueillis avec une condescendance bienveillante, la livrée lui proposa de lui faire visiter l'hôtel de la cave au grenier. — Il aurait ainsi la preuve irrécusable de l'absence du maître.

M. Lafène regagna la maison meublée où il avait l'habitude de descendre lors de ses voyages à Paris, et, d'après les conseils de Lebel-Girard, il organisa, rue de Boulogne, un service de surveillance.

Deux commissionnaires à sa solde, et se relayant, avaient mission de ne jamais perdre de vue le logis de M. de Nancey. — Celui qui viendrait annoncer l'arrivée du comte devait recevoir pour sa peine une gratification de cinq cents francs.

On comprend si le zèle de ces policiers d'un nouveau genre fut surexcité par cette perspective affriolante, mais vainement ils veillèrent en conscience ; il

L'AMANT D'ALICE.   17

Paul de Nancey et Alice passèrent l'hiver tout entier dans leur rustique demeure (Page 21).

leur fut impossible de gagner l'argent promis. — M. de Nancey ne parut point.

Toute une semaine se passa ainsi.

Les angoisses et l'exaspération de M. Lafène grandissaient d'heure en heure.

— Mon vieil ami, — lui dit un jour Lebel-Girard, — je commence à croire que nous avons fait fausse route. — Ce brigand de comte doit se cacher avec votre pauvre nièce en Normandie, dans son château des Tilleuls...

— Vous pourriez avoir raison... — répliqua l'oncle d'Alice, — je vais en Normandie.

Liv. 58. F. Roy, éditeur.   3

— Et j'y vais avec vous... — Puisque j'ai tant fait que de renoncer à mon voyage d'Allemagne pour vous accompagner, je vous accompagnerai jusqu'au bout...

La triste espérance que M. Lafène conservait encore s'évanouit en arrivant aux Tilleuls.

On n'avait pas vu le comte. — On n'avait eu de ses nouvelles que par les publications de mariage faites à la mairie et à l'église quelques semaines auparavant. — On supposait dans le village le nouveau mariage accompli.

Évidemment les paysans des Tilleuls étaient de bonne foi en affirmant l'absence de M. de Nancey. — En outre les allées du parc entretenues avec une extrême négligence, et toutes les persiennes du château hermétiquement closes, indiquaient une habitation déserte.

M. Lafène et Lebel-Girard revinrent à Paris.

Le comte n'avait point reparu, mais une lettre timbrée d'Allemagne attendait l'oncle d'Alice. — Madame Lafène n'ayant pu résister aux angoisses qui la dévoraient, au chagrin qui la minait, venait de tomber malade. — Le danger pouvait se déclarer d'un moment à l'autre, et l'on réclamait, au plus vite, la présence de son mari.

Deux heures après avoir lu cette lettre, l'excellent homme, si mal récompensé de toute une vie de dévouement et ne conservant plus l'espoir de retrouver sa chère Alice et de punir son suborneur, reprenait tristement la route de Francfort, l'âme doublement assombrie, le cœur doublement ulcéré.

Où donc étaient le comte et la jeune fille tandis qu'on les cherchait en vain à Paris et en Normandie ?

Paul, nous l'avons dit, avait la ferme conviction que M. Lafène le poursuivrait, le provoquerait, et ferait tout au monde pour lui arracher sa nièce. — Nous savons aussi que le jeune homme, au milieu de ses plus funestes égarements, gardait intact le courage de sa race et ne reculait point devant une rencontre.

Il fuyait aujourd'hui, cependant ; — il aurait traversé l'Océan, s'il l'avait fallu, pour éviter de se trouver face à face avec l'oncle d'Alice. — C'est qu'il comprenait bien qu'accepter pour adversaire dans un duel ce vieillard dont il avait déshonoré la maison, semblerait une action odieuse au monde, aussi bien qu'à lui-même. — Vaincu il serait ridicule, et vainqueur il serait infâme !

Que faire, cependant, s'il était insulté par M. Lafène ? s'il était souffleté par lui ? — A l'homme demandant réparation pour l'honneur de l'enfant qu'il appelait sa fille, comment répondre :

— Je ne me battrai pas !

Il n'existait qu'un parti à prendre, un seul : se soustraire à toute recherche.

Ceci doit expliquer à nos lecteurs pourquoi Paul n'avait reparu ni au château des Tilleuls, ni à l'hôtel de la rue de Bourgogne.

Il se cachait avec sa touchante et triste compagne bien loin, à l'autre bout de la France, sur la côte bretonne, dans un hameau voisin de Roscoff, — bien certain que personne au monde n'irait le chercher là, et que la police elle-même, en supposant, — chose improbable, — qu'elle se mêlât de ses affaires, — aurait grand'peine à l'y découvrir.

Paul avait loué une chaumière de pêcheur. — Un tapissier, venu de Roscoff, s'était donné beaucoup de mal pour en arranger l'intérieur aussi confortablement que le permettaient les très-humbles ressources de la petite ville.

Les murailles à peine crépies et le plafond à poutrelles de bois brut disparaissaient sous une tenture de coutil commun à petites raies blanches et bleues, qui produisait un effet charmant.

Une de ces vieilles tapisseries que les artistes et les marchands de bric-à-brac appellent des *verdures* couvrait le carrelage grossier, trop froid pour les petits pieds d'Alice.

De grosses potiches du Japon un peu ébréchées, une glace de Venise à biseaux, dans son cadre d'ébène, quelques meubles anciens qui ne manquaient point de caractère, métamorphosaient absolument les deux pièces dont la maisonnette se composait, et, s'il fallait en croire la servante bretonne chargée des soins du ménage, en faisaient un petit palais.

Il nous faudrait de longs chapitres remplis de minutieux détails pour donner à nos lecteurs une idée exacte de l'existence des jeunes gens au fond de cette solitude, — solitude absolue pour eux, car les quelques familles de pêcheurs qui les entouraient parlaient le patois breton et comprenaient à peine le français.

Les exigences de notre récit ne nous permettent point cette halte.

Il nous suffira de dire que dans les premiers temps Alice pleurait presque sans cesse et qu'on aurait pu s'étonner en la voyant, elle aussi, de la quantité de larmes que contiennent les yeux d'une femme.

Peu à peu il se fit une sorte d'apaisement dans ce cœur meurtri. La jeune fille se sentait aimée, et véritablement le comte, si odieuse qu'eût été sa conduite à l'égard de la pauvre enfant, l'entourait d'un immense amour. — Il s'était emparé d'elle d'une façon lâche et déloyale, et pour elle, sans hésiter, il eût donné sa vie !

— Il eût prodigué joyeusement le sang de ses veines, si ce sang versé goutte à goutte avait pu racheter les larmes qu'il lui voyait répandre et ramener le sourire sur ses lèvres pâlies.

Alice comprit que sa tristesse était pour M. de Nancey un reproche incessant. Elle ne voulut pas le faire ainsi souffrir et se contraignit à ne plus pleurer devant lui. — Un jour vint où la jeunesse et l'amour reprirent en partie leurs droits. — Les larmes devinrent plus rares et se tarirent enfin tout à fait.

Est-ce à dire qu'Alice fut heureuse?

Non. — Il y avait dans son existence une double douleur, un double remords.

L'enfant se reprochait comme un crime son involontaire ingratitude envers les parents qu'elle aimait…

La jeune fille au cœur chaste, à l'âme pieuse, dont jamais une pensée profane n'était venue effleurer l'esprit, souffrait dans toutes ses pudeurs, dans toutes ses convictions, en se voyant la compagne d'un homme à qui Dieu n'avait pas donné de droits sur elle. — Sa situation lui faisait horreur.

Quelquefois aussi, par instants, la passion parlait plus haut que le remords. — Alice aimante, Alice aimée, oubliait tout pour se souvenir seulement de Paul; pour vivre une heure dans cette atmosphère enivrante que son amant faisait flamboyer autour d'elle…

Mais, hélas! l'ivresse passée, la pauvre enfant ne se reconnaissait plus. Le dégoût d'elle-même s'emparait de tout son être. Elle se disait, en se tordant les mains :

— Je vis dans la honte, et la honte ne m'inspire plus de révolte…—Je trouve des joies où je devrais ne trouver que du dégoût…—Oh! c'est maintenant que je suis perdue!

Et si, pendant une de ces crises, le comte venait la rejoindre, elle avait le courage de sourire pour ne point l'affliger…

IV

ACCALMIE.

Paul de Nancey et Alice passèrent l'hiver tout entier dans leur rustique demeure, perchée comme un nid de mouette au sommet d'une falaise abrupte.

Les jeunes gens avaient pour unique distraction le spectacle éternellement varié, éternellement nouveau du vieil Océan, brisant ses vagues avec des bruits de cataracte sur les roches amoncelées au pied de la muraille de granit. — Ils ne se lassaient point de contempler, aux heures de tempête, la gigantesque lutte de la mer en furie contre la digue qu'elle use depuis des siècles, ne pouvant la franchir.

— Les journées leur paraissaient courtes.

Alice était adorablement jolie, avec son beau regard un peu triste, sous le pittoresque costume de paysanne bretonne que Paul lui faisait revêtir. — Le comte lui-même s'habillait, presque aussi simplement que les pêcheurs de la côte, d'une vareuse de gros drap à capuchon rabattu sur le dos, d'un pantalon d'étoffe commune et de hautes bottes à fortes semelles.

Cette sorte de travestissement, loin de l'alourdir et de le vulgariser, donnait une piquante saveur à son visage plein de distinction et à sa tournure élégante.

Au moral, il était méconnaissable.

On ne retrouvait rien en lui du viveur un peu blasé, toujours à la recherche de sensations violentes et de jouissances pimentées. — Le sceptique avait disparu, le libertin n'existait plus. — Il se sentait de dix ans plus jeune, il croyait au bien, il admirait le beau. — Toutes sortes de bons instincts, de sentiments généreux, dont auparavant il ne soupçonnait point l'existence, s'éveillaient dans son âme.

L'amour avait fait ce miracle.

Oui, Paul aimait Alice, il l'aimait de toute la puissance de son être, de toutes les forces de son cœur. — Il l'aimait d'un amour *honnête* — (et, dût-on nous accuser de paradoxe, nous maintiendrons le mot). — Sa tendresse pour la douce enfant ne ressemblait en rien à cette passion malsaine, à ce délire des sens qu'il éprouvait auprès de Blanche Lizely...

C'était une affection d'une nature absolument différente, une adoration ardente, et cependant presque chaste. Paul respectait la jeune fille en l'adorant. Blanche Lizely, qui portait son nom, avait été sa maîtresse bien plus que sa femme. Alice lui semblait sa femme bien plus que sa maîtresse.

Si subtile que paraisse cette distinction, est-il une de nos lectrices, — en est-il une seule, — qui prétende ne la point comprendre?

L'ange pur et charmant qu'on nommait Marguerite méritait un pareil amour. Si Paul l'avait aimée ainsi, le bonheur qu'il tenait dans ses mains ne se serait point évanoui. Au lieu des angoisses, au lieu des douleurs d'une existence folle et criminelle, il aurait connu les joies de la vie honorée, de l'amour légitime, hors desquels il n'existe rien qu'abaissement moral, que désastre, que honte et malheur.

Peu à peu, à mesure que passaient les jours, une grande inquiétude vint troubler cette sorte d'éclaircie qui se faisait dans le ciel orageux du comte.

Alice devenait pâle et languissante. — Elle ne se plaignait point de souffrir, mais son dépérissement visible aurait frappé même des regards indifférents.

M. de Nancey consulta le médecin de Roscoff, qui ne manquait ni de savoir ni d'intelligence, et qui déclara qu'aucun principe vital ne lui paraissait attaqué sérieusement, mais que l'air de la mer était trop vif pour l'organisation délicate de la jeune fille.

Le parti de Paul fut pris aussitôt.

Il lui semblait certain que les recherches de M. Lafène pour retrouver sa nièce avaient cessé depuis longtemps. — Il résolut de ramener Alice à Paris, d'y cacher son bonheur avec autant de soin qu'il en aurait mis jadis à l'étaler à tous les regards, et de veiller sur sa maîtresse comme un avare veille sur son trésor.

Mais avant d'accomplir ce projet il avait quelques dispositions à prendre.

Il voulait qu'aucune des choses matérielles au milieu desquelles il vivrait désormais ne vînt lui rappeler le passé.

Il écrivit à un homme d'affaires, en le chargeant de trouver acquéreur pour l'hôtel de la rue de Boulogne, et d'envoyer à l'hôtel des Ventes le mobilier, les tableaux, les objets d'art garnissant cet hôtel, et au Tattersall les chevaux et les voitures.

Il quitta la Bretagne avec Alice, installa provisoirement la jeune fille dans une petite maison très-isolée de Bois-Colombes, et vint chaque jour à Paris où il se mit en quête d'un logis qui pût lui convenir.

Il ne tarda point à découvrir ce qu'il cherchait dans cette partie du bois de Boulogne qui s'étale sur la pente du coteau dont la faible déclivité aboutit au champ de courses.

C'était une villa toute neuve, d'une élégance exquise, construite pour un spéculateur homme de goût, rapidement enrichi par la Bourse, ruiné plus rapidement encore, et vendant sa maison avant de l'avoir habitée.

Un jardin assez vaste pour pouvoir, sans trop d'ambition, prendre le nom de parc, entourait ce bijou d'architecture. — Un rideau de grands arbres, au pied desquels s'élevaient des taillis épais, lui formaient une ceinture verdoyante et le cachaient absolument aux regards.

On ne voyait depuis le dehors qu'une grille entre deux pilastres. — Il était même impossible aux promeneurs curieux de deviner l'emplacement de l'habitation.

A côté de la grille, un petit pavillon en briques rouges encadrées de pierres blanches vermiculées servait d'habitation au concierge. — Les écuries et les remises se trouvaient cachées comme le bâtiment principal.

— Voilà le nid qu'il faut pour nos amours ! — pensa Paul. — Alice sera bien ici...

Il alla sans perdre une minute chez le notaire du vendeur, dont le gardien lui donna l'adresse, et il conclut, séance tenante, l'acquisition de la villa.

Dès le lendemain un tapissier, — qui n'était point le successeur de Lebel-Girard, — se mit à l'œuvre et fit ces prodiges d'activité qu'on obtient à Paris, plus qu'en aucun autre lieu du monde, à la condition de prodiguer l'or.

Avant qu'un mois se fût écoulé, la décoration intérieure et l'ameublement de la maison du bois de Boulogne se trouvaient terminés; — les armoires étaient pleines de linge, les buffets regorgeaient d'argenterie; — quatre chevaux mangeaient leur avoine dans les boxes de l'écurie; — trois voitures absolument neuves s'alignaient sous la remise, prêtes à rouler.

Enfin un valet de chambre, un cocher, un groom, un cuisinier, une femme de chambre et une fille de cuisine attendaient leurs nouveaux maîtres qu'ils ne connaissaient pas. — L'homme d'affaires les avait engagés sur le vu des certificats excellents qu'ils produisaient, et ils étaient arrivés, chacun de leur côté, le même jour.

M. de Nancey questionna les plus importants d'entre eux, fut satisfait de leurs réponses et leur annonça qu'il viendrait s'installer le lendemain *avec sa femme.*

Ces gens, ne sachant rien du passé, trouvèrent la chose toute simple. — L'idée qu'ils étaient au service d'un faux ménage ne pouvait se présenter à leur esprit, — ils appelèrent très-respectueusement Alice *Madame la comtesse*, et la première fois que la pauvre enfant s'entendit donner ce titre auquel elle n'avait, hélas! aucun droit, elle éprouva une sensation de gêne inexprimable et elle devint rouge jusqu'à la naissance des cheveux.

— Mon ami, — demanda-t-elle à Paul, — pourquoi vos domestiques me nomment-ils ainsi?

— Parce que pour eux vous êtes la comtesse de Nancey, chère Alice, — répondit le comte; — vous le serez certainement un jour, et fasse Dieu que ce jour soit proche!... — Ils prennent l'avance, voilà tout...

— Cette façon de me parler me cause un grand embarras. — Est-il impossible de la changer?

— Oui, mon Alice, tout à fait impossible. — Ceux qui vivent autour de nous doivent partager le respect que je vous témoigne en vous faisant porter mon nom. — Vous vous accoutumerez bien vite, croyez-le, mon enfant chérie, à l'innocent mensonge dont vous n'êtes point complice...

La jeune fille baissa les yeux et ne répondit pas.

Elle ignorait que Paul fût marié, et dans sa timidité touchante elle n'osait lui demander :

— Pourquoi ne suis-je pas votre femme?

L'installation de Paul et d'Alice avait eu lieu dans les premiers jours du printemps de 1870, — l'année funeste! l'année sinistre!

Une fois cette installation complète, M. de Nancey réalisa le projet qui depuis quelque temps déjà occupait son esprit. — Il trouva le moyen de s'isoler absolument dans son amour et dans son bonheur, et la villa du bois de Boulogne devint une solitude, moins sauvage mais aussi complète que celle de l'Océan.

Le comte ne renoua aucune de ses relations d'autrefois. — Il ne se présenta point aux deux cercles dont il faisait partie.

Il rompit absolument avec ses anciennes habitudes de boulevardier. — On ne le rencontra jamais à pied, ce qui lui permit d'éviter les poignées de main et les questions indiscrètes des curieux.

Ah çà ! monsieur, est-ce la mode dans votre pays de venir insulter les femmes ? (Page 36.)

Sa barbe, que maintenant il portait entière, et son teint bruni par le vent des côtes bretonnes, modifiaient assez son apparence pour que ses amis d'autrefois ne fussent pas tout à fait certains de son identité lorsqu'ils le voyaient passer en voiture ou à cheval. — Quand il recevait un salut, il le rendait avec la politesse froide et l'air étonné d'un homme qu'on salue par erreur.

On en arriva promptement à se dire qu'il existait dans Paris un gentleman dont la ressemblance avec le comte de Nancey était prodigieuse.

Quelques-uns nièrent cette ressemblance.

D'autres affirmèrent que le gentleman en question était bien M. de Nancey lui-même qui, pour des motifs inconnus, ne voulait point se laisser reconnaître et vivait mystérieusement dans une demeure ignorée.

Puis enfin, au bout d'un temps assez court, on cessa tout à fait de s'occuper de lui.

Nos lecteurs se souviennent sans aucun doute des précautions imposées par l'abbé *Carlos Herrera* à *Lucien de Rubempré* pour dérober la juive *Esther* aux poursuites amoureuses du banquier *Nucingen*.

Paul de Nancey prenait des précautions presque pareilles dans le but de soustraire absolument Alice à la curiosité des Parisiens.

S'il la conduisait en voiture découverte autour du lac ou dans les merveilleux environs de la grande ville, c'était le soir, quand les clartés blanches de la lune avaient remplacé les feux du soleil.

Parfois il la menait au théâtre, mais toujours dans une baignoire dont le grillage restait relevé. — La jeune fille arrivait à son bras, le visage caché sous une voilette de dentelle épaisse, et tous les deux quittaient leur loge un peu avant la fin du spectacle, évitant ainsi de se trouver pris dans la foule.

La santé d'Alice se raffermissait rapidement. — La douce créature reprenait peu à peu quelque chose de l'enfantine gaieté de son caractère. — Son regard devenait moins triste, son sourire moins mélancolique. — Elle avait dix-sept ans... — Elle aimait... — Elle était aimée.

M. de Nancey se trouvait, lui, absolument heureux.

Ce bonheur relatif, ce repos profond, ne rappellent-ils point à l'esprit ces heures de calme absolu qui précèdent les grandes crises de la nature, les tempêtes de l'équateur qui passent et, quand elles ont passé, ne laissent rien debout derrière elles?

V

SON EXCELLENCE.

Nous savons que Blanche et Grégory, — après le duel auquel nous avons assisté et dont les conséquences devaient être si funestes pour la pauvre Alice, — avaient quitté précipitamment Hombourg, ayant tous deux la conviction que le comte, mortellement blessé, ne reprendrait même pas connaissance.

— Grégory, — dit Blanche à son amant tandis que la vapeur les emportait dans la direction de Berlin, — grâce à vous, me voilà veuve! — Vous savez si je vous aimais!... Je vous aime cent fois plus encore, car vous venez de trancher d'un coup d'épée un lien qui me faisait horreur! — Le divorce devait m'affranchir; me voici libre par la mort! — L'amour m'a donnée à vous... Quand vous appartiendrai-je tout à fait?... Quand ferez-vous de la veuve du comte de Nancey la princesse Grégory?...

— Bientôt..., — répondit le Valaque; — dans quelques mois...

Blanche tressaillit.

— Dans quelques mois? — répéta-t-elle. — Pourquoi si longtemps attendre?... M'aimez-vous moins que je ne vous aime?...

— Je vous adore!... Mais, en ce moment, il y a des obstacles...

— Lesquels?

— Je suis proscrit... menacé...

— En France, oui... Mais nous ne sommes plus en France, et sur une autre terre le danger n'existe pas pour vous...

— Vous vous trompez, chère Blanche... — Les souverains de tous les pays se soutiennent entre eux... — Partout on peut m'atteindre... — Partout on peut, sinon me faire mon procès, au moins me frapper sans jugement. — Laissons aux puissants de ce monde le temps de m'oublier... — Je ne suis point ici le prince Grégory, mais le comte Labanoff. — Notre mariage me contraindrait à révéler mon nom et pourrait devenir ainsi le signal de ma perte... — Je veux que vous soyez ma femme, je ne veux pas que vous soyez ma veuve...

— Eh bien! soit, j'attendrai... — Mais au moins me conduisez-vous dans votre pays natal? J'ai hâte de vous voir au milieu de ces domaines immenses, où, vous me l'avez dit vous-même, — vous êtes presque roi.

— Et moi aussi j'ai hâte de voir votre jeune beauté rayonner dans mes vieux châteaux! — répliqua le Valaque. — J'ai hâte de voir ces tenanciers qui sont mes sujets s'incliner devant vous, vous rendre hommage et vous jurer, comme à moi, fidélité; — mais la prudence la plus élémentaire m'interdit de rentrer immédiatement en Valachie...

— Pourquoi?

— La police impériale, ne me trouvant plus à Paris, voudra savoir ce que je suis devenu. — Elle supposera naturellement que j'ai regagné mon pays natal... — A l'heure où je vous parle, un agent du pouvoir français m'y cherche peut-être déjà. Aussitôt qu'on aurait la preuve que je m'y trouve en effet, la diplomatie commencerait son œuvre... — Entre l'hospodar actuel et moi, il y a de vieilles haines de famille et des rivalités plus récentes... — Ce tyranneau, qu'un jour je renverserai, serait heureux de me livrer à un ennemi sans pitié! L'extradition, diplomatiquement demandée pour crimes politiques, pour complots dont le but est d'attenter à la vie d'un souverain et de changer la forme d'un gouvernement, peut s'obtenir sans peine... — D'empereur à hospodar il n'y a que la main! — Vous comprenez, chère Blanche, qu'avant de passer la frontière de mon pays natal il faut que je sache si je n'irai point, ainsi que le dit un proverbe de votre pays, me jeter dans la gueule du loup...

— Certes! — répondit la comtesse. — Mais comment saurez-vous cela?

— J'ai des amis dévoués dans l'entourage de l'hospodar. J'entretiens même là-bas une sorte de petite police qui, pour n'être point officielle, n'en est pas pour cela plus maladroite. — J'aurai des renseignements, et je suis sûr qu'ils seront exacts.

— Faites donc sans retard, et puissiez-vous être rassuré vite et me rassurer moi-même, car je vais sans cesse avoir peur.

Le Valaque et madame de Nancey arrivèrent à Berlin et descendirent dans l'un des principaux hôtels de la ville.

Une semaine s'écoula. — Grégory écrivait beaucoup et mettait chaque jour à la poste des lettres volumineuses pour la France, l'Angleterre, l'Italie et l'Autriche. — Il envoyait et recevait aussi de fréquents télégrammes.

Ne se cachant d'ailleurs nullement, il conduisait Blanche aux promenades, dans les lieux de plaisir fréquentés par la fleur du *high-life* prussien, et la menait régulièrement au spectacle, où sa merveilleuse beauté faisait sensation.

Un soir, au Théâtre-Royal, une seule loge restait vide, une des avant-scène de la cour, en face de celle qu'occupaient Blanche et Grégory.

On jouait le second acte d'un opéra français.

Tout à coup il se fit dans la salle un grand mouvement, suivi du bourdonnement sourd de quinze cents voix, échangeant tout bas quelques mots. Les artistes eux-mêmes, voyant à quel point l'attention du public se détournait d'eux, interrompirent le duo commencé; les musiciens de l'orchestre cessèrent de souffler dans les cuivres ou de promener leurs archets sur les cordes sonores, et dirigèrent leurs regards, comme le faisaient tous les autres spectateurs, vers un même point de la salle.

Ce point, c'était l'avant-scène inoccupée jusqu'à ce moment.

Trois hommes venaient d'en franchir le seuil.

L'un de ces hommes prit place au premier rang, s'assit, ôta l'un de ses gants et, avec la peau souple de ce gant, essuya soigneusement les verres de sa grande jumelle d'ivoire.

Il était de taille moyenne. — Il avait la carrure épaisse et portait, sans élégance, l'uniforme de colonel des cuirassiers blancs.

Sa tête grosse et ronde reposait sur un cou très-court, auquel servaient de base des épaules d'athlète.

Des cheveux plats et grisonnants encadraient les tempes et laissaient à découvert tout le sommet du crâne. — Les yeux aux paupières plissées, flasques et tombantes, ombragés par de gros sourcils bruns en broussailles, exprimaient à la fois la ruse cauteleuse et l'indomptable énergie d'une volonté de fer.

Le nez droit et massif offrait ces méplats fortement accusés qui naissent sous l'ébauchoir du modeleur quand l'œuvre est à l'état d'ébauche. — Des moustaches épaisses, grisonnantes comme les cheveux, vraies moustaches de vieux soldat, cachaient presque entièrement la bouche et descendaient sur le menton carré.

Il y avait du boule-dogue et du sphinx dans ce visage au teint brouillé et terreux, qui, sans beauté et sans distinction, attirait invinciblement le regard et commandait l'attention.

On se sentait en face d'une étrange et puissante personnalité.

Les deux autres spectateurs de l'avant-scène étaient de beaux hommes d'un blond fade, comme il convient à des Allemands ; — ils avaient la peau blanche et rose piquetée de taches de rousseur, des moustaches opulentes, de longs favoris en nageoires ; ils portaient la cravate blanche, le gilet blanc, et l'habit noir constellé de décorations multicolores.

Ces diplomates — (on ne pouvait se tromper en les désignant ainsi, tant ils étaient diplomates de la tête aux pieds) — s'assirent respectueusement dans le fond de la loge.

La comtesse de Nancey se pencha vers Grégory, et, désignant du bout de son éventail le colonel des cuirassiers blancs, elle dit tout bas :

— Je connais cette figure... — J'ai dû la rencontrer à Paris en 1867, à l'Exposition universelle... — Venez en aide à mes souvenirs... — Quel est ce personnage ?...

Le Valaque prononça un nom qui depuis a retenti dans l'Europe comme un coup de tonnerre.

C'était lui, en effet ! — Lui, le mortel ennemi de la France, le nouvel Attila, le moderne fléau de Dieu.

C'était lui ! L'homme qui laissera dans l'histoire une trace immense et funeste. — Il sera grand, parce que, rêvant sa patrie grande, il aura mis au service d'une idée toutes les ressources de son prodigieux génie. — On le proclamera colosse jusqu'au jour, prochain peut-être, où l'on verra que le colosse avait un pied d'argile. — Il sera maudit, parce que tout ce qu'il a fait, il l'aura fait en vain.

Rien ne dure de ce qu'on bâtit sur le sable. — Rien de ce qui repose sur un mensonge n'est solide.

Dieu ne bénit point les empires que fonde la *force* contre le *droit*. — Une heure arrive fatalement où le *droit*, à son tour, se relève et prime la *force*. — Les empires croulent alors, et plus ils se sont placés haut, plus leur chute est terrible et leur écroulement gigantesque.

Et puis, ce fils de Luther, après avoir combattu les peuples, déclare la guerre aux choses saintes, et dans cette guerre nouvelle ses canons seront impuissants. — Le victorieux, devenu persécuteur, écrit sur les casques de ses soldats : « *Avec Dieu, pour le roi et la patrie,* » et s'attaque à Dieu dans la religion catholique qu'il veut anéantir en Allemagne !...

Attendons... espérons... et si nous n'assistons point à la grande et inévitable revanche de Dieu contre l'impie, et du *droit* contre la *force*, nos fils, plus heureux que nous, verront ce spectacle sublime.

Le colonel des cuirassiers blancs avait achevé la toilette des verres de sa jumelle, il en braquait successivement le double canon vers tous les points de la salle, et faisait halte pendant quelques secondes quand il découvrait un joli visage au bout de ce télescope portatif.

Dans son exploration circulaire, il arriva à l'avant-scène où se trouvait madame de Nancey, et la halte de sa jumelle fut plus longue qu'elle ne l'avait été jusqu'alors.

Evidemment il prenait un plaisir extrême à étudier les détails de cette beauté si originale, si française, si parisienne, si peu semblable enfin, quoique blonde, à la beauté tudesque la mieux réussie.

Après un examen prolongé, il se tourna vers les deux personnages corrects et chamarrés qui se trouvaient derrière lui et leur adressa une question.

Les diplomates exhibèrent aussitôt des jumelles non moins monumentales que celle de Son Excellence, et avec une précision toute militaire visèrent la comtesse à leur tour.

Au bout d'une seconde ils mirent bas les armes en même temps, et firent une réponse accompagnée d'un mouvement de tête négatif.

A coup sûr l'homme d'État leur avait demandé s'ils connaissaient la séduisante étrangère, et ils répliquaient, avec un regret manifeste, qu'ils la voyaient pour la première fois.

Pendant toute la durée du spectacle, le colonel des cuirassiers blancs n'accorda qu'une attention distraite aux chanteurs de l'Opéra et même aux danseuses du ballet, qui d'ordinaire l'intéressaient beaucoup.

En revanche, madame de Nancey le préoccupait fort. — Les canons de sa jumelle étaient sans cesse braqués sur elle et ne s'en détournaient que pour y revenir.

Blanche, fatiguée de ce manége, se tourna vers Grégory.

— Ne trouvez-vous pas, — lui dit-elle, — que cet Allemand me regarde un peu trop?

— Que voulez-vous, ma chère? — répondit le Valaque avec insouciance. — Nous sommes au théâtre, et les spectateurs, les spectatrices surtout, font partie du spectacle... — L'insistance de l'Excellence, j'en conviens, est un peu bien impertinente, mais il faut la subir, ne pouvant l'empêcher... — Je ne suis point en position, vous le savez aussi bien que moi, d'aller chercher sottement querelle à un homme de cette importance...

— Qui vous parle de chercher querelle? — murmura la comtesse en haussant les épaules. — Vous ne rêvez que duels, cher prince! — Mais nous pouvons quitter le théâtre... — Y voyez-vous quelque empêchement?

— Je suis à vos ordres. — Partons.

Le dernier acte de l'opéra venait de commencer.

Blanche et Grégory sortirent de la loge et regagnèrent la voiture qui les attendait à la porte.

En même temps que la leur, une autre voiture s'ébranla. — Elle les suivit jusqu'à leur logis. — Un domestique en livrée noire descendit du siége qu'il occupait avec le cocher, entra dans le bureau de l'hôtel, exhiba une carte d'une forme particulière, demanda les noms des voyageurs qui venaient de rentrer, en prit note et s'éloigna.

VI

HERR BARON VON HERTZOG.

Le lendemain matin, après avoir reçu son courrier, Grégory prévint madame de Nancey qu'il allait sortir, et que son absence se prolongerait vraisemblablement jusqu'au soir.

Blanche déjeuna seule, et dans l'après-midi, comme les heures de cette journée se traînaient avec une lenteur desespérante, elle demanda une voiture et se préparait à quitter son appartement quand un maître d'hôtel frappa doucement à sa porte et la prévint que Herr Baron von Hertzog sollicitait l'honneur de lui présenter ses respects.

L'AMANT D'ALICE. 33

— Vous! — s'écria-t-elle, — c'est vous! — Pardieu! répondit le Valaque... (Page 45.)

— Je n'ai point le plaisir de connaître M. le baron de Hertzog, — répondit la jeune femme; et je ne reçois personne...
— J'oserai supplier humblement madame la comtesse de faire une exception... — reprit le maître d'hôtel.
— Je vous répète que je ne reçois pas..., — répliqua Blanche. — Congédiez ce visiteur...
— C'est impossible... impossible... impossible!...

Liv. 60. F. Roy, éditeur. 5

— Et pourquoi cela, s'il vous plaît? — demanda madame de Nancey avec hauteur.

— Parce que M. le baron vient de la part de Son Excellence...

— Quelle Excellence?

Le maître d'hôtel prit sa physionomie la plus soumise, son intonation la plus respectueuse, et murmura le nom prononcé par Grégory, la veille au soir, au spectacle.

— Madame la comtesse, — ajouta-t-il, — comprend certainement qu'on ne saurait refuser audience aux envoyés de Son Excellence... D'ailleurs, M. le baron est là, dans l'antichambre, il attend... Dois-je l'introduire?

Blanche n'était point femme à se laisser contraindre par une volonté quelconque; mais elle songea tout aussitôt aux poursuites dont Grégory, en sa qualité de conspirateur, se prétendait menacé. — Elle se dit que peut-être la visite de M. de Hertzog avait rapport à ces poursuites, et qu'il serait singulièrement impolitique d'indisposer le très-haut personnage qui pouvait, selon son caprice, livrer le prince aux autorités françaises ou le couvrir de sa puissante protection.

— Faites donc entrer M. le baron, — répondit-elle après avoir réfléchi pendant un instant, — je le recevrai, puisqu'il le faut absolument.

Sans doute le visiteur en question entendait depuis l'antichambre les paroles échangées, car à l'instant même il entra, et le maître d'hôtel sortit à reculons en saluant de plus en plus bas à chaque pas qu'il faisait en arrière.

Herr Baron von Hertzog était un joli petit Prussien d'une quarantaine d'années avec une figure rose et poupine, un nez retroussé, de gros yeux de faïence bleuâtre, un crâne chauve, poli et brillant comme de l'ivoire, et deux mèches de cheveux d'un blond de filasse ramenées en façon de cornes au-dessus de chaque oreille.

Un sourire chronique découvrait ses larges dents blanches. — Il était habillé comme pour aller au bal, et portait à la boutonnière de son habit une brochette de décorations presque aussi bien garnie que celles des diplomates de la veille au soir.

Herr Baron von Hertzog s'inclina devant madame de Nancey avec une galanterie suprême, se redressa de toute la hauteur de sa petite taille, en jetant sous son bras gauche son chapeau claque, doublé de satin bleu, avec un geste de la bonne école, corsa son sourire et dit en français, presque sans accent:

— Comment exprimer à madame la comtese toute ma vive reconnaissance pour l'accueil si exceptionnellement bienveillant dont elle daigne m'honorer?...

M. de Hertzog semblait parler avec un sérieux parfait, et cependant, s'il avait entendu — (chose probable) — les paroles de Blanche au maître d'hôtel, la phrase qu'il venait de prononcer cachait sans doute un peu d'ironie.

— Il était difficile de fermer ma porte à un visiteur de votre qualité, monsieur le baron, — répliqua la jeune femme en se demandant si ce début cachait quelque chose d'inquiétant; — néanmoins, je dois l'avouer, je cherche en vain...

— Le motif de ma visite, peut-être? — demanda le petit homme qui vit madame de Nancey s'interrompre.

— C'est cela même, monsieur le baron.

— Ce motif est bien simple, — reprit le Prussien avec un redoublement de sourire. — Son Excellence désirait passionnément savoir si madame la comtesse a bien passé la nuit, et si elle fait profession de quelque indulgence à l'endroit de notre opéra de Berlin, qu'elle a quitté hier, paraît-il, longtemps avant la fin du spectacle?...

— Je ne savais pas avoir l'honneur d'être connue de Son Excellence... — murmura Blanche en se sentant rougir malgré elle.

— Son Excellence connaît tout le monde, et, portant à madame la comtesse un intérêt particulier, m'a fait l'honneur de me choisir pour en être l'heureux interprète.

— Vous remercierez donc Son Excellence de ma part, et vous lui direz que l'opéra de Berlin me semble fort brillant.

— Son Excellence en sera tout à fait réjouie! — M. le comte Labanoff paraissait, m'a-t-on dit, écouter nos chanteurs avec quelque plaisir... — M. le comte est sujet russe, évidemment?

— Oui, monsieur le baron.

— Et sans doute madame la comtesse appartient à la même nationalité?

— Non, monsieur le baron; je suis Française.

— Mes compliments, madame la comtesse. — La France, beau pays! riche pays! charmant pays! grande nation! J'ose affirmer que Son Excellence éprouve pour la France une sympathie très-chaude, et qu'elle aime surtout Paris! — Charmant Paris, ville aimable et brillante... capitale de la civilisation, des arts et du bien vivre!... — J'avais l'honneur d'accompagner Son Excellence en 1867, à votre grande Exposition... — J'en ai rapporté d'impérissables souvenirs!... Quelle élégance! quel luxe! que d'esprit, et combien les Parisiennes sont jolies!... — Ah! je suis un maladroit, madame la comtesse... J'aurais dû deviner tout d'abord qu'une si gracieuse personne ne pouvait être que Parisienne... — Mais, pardon, l'enthousiasme m'égare et je m'en aperçois un peu tard... — Ma visite trop prolongée pourrait être importune et je ne me suis point encore acquitté de ma mission tout entière...

— Expliquez-vous donc, monsieur le baron.

— Je vais le faire de mon mieux, — dit le Prussien d'un petit air dégagé et coquet. — Son Excellence serait particulièrement désireuse d'avoir avec madame la comtesse quelques instants d'entretien confidentiel...

— Avec moi! — s'écria Blanche, chez qui grandit tout à coup l'inquiétude vague qu'elle ressentait depuis le commencement de l'entrevue.

— Quoi de plus naturel? — reprit von Hertzog en jouant avec son claque d'une façon toute galante. — Son Excellence ne pouvant, pour des raisons facilement appréciables, se rendre à cet hôtel, souhaiterait que l'entretien eût lieu dans un logis qui lui appartient et qui n'est point sa demeure officielle... C'est une petite maison mystérieuse et discrète, située non loin des faubourgs de la ville, au milieu d'un parc enchanteur... Il suffira d'éloigner M. le comte Labanoff, et le moyen ne sera point difficile à trouver... — Une voiture sans armoiries viendra prendre madame la comtesse, la conduira rapidement au pavillon dont je viens d'avoir l'honneur de lui signaler l'existence et la ramènera deux heures après... — Madame la comtesse choisira son jour... — Son Excellence serait très-heureuse si ce jour était celui de demain...

Madame de Nancey se leva, pourpre de confusion, les narines contractées, les yeux étincelants. — La colère l'emportait sur la prudence.

— Ah çà! monsieur, — s'écria-t-elle avec une hauteur écrasante, — est-ce la mode dans votre pays de venir insulter les femmes quand leurs maris absents ne peuvent les défendre? — Pour qui me prenez-vous donc?... — Allez dire de ma part à votre maître que vous vous êtes trompés tous deux, lui en vous envoyant ici, vous en y venant faire votre honteux métier! Et maintenant, s'il vous plaît, sortez!

Le baron de Hertzog, sans cesser un seul instant de sourire d'un air de bonhomie charmant, avait plié les épaules sous les paroles de Blanche.

Quand elle eut achevé, il salua profondément, et, mettant la main sur son cœur, il reprit :

— Je suis désespéré, vraiment, d'avoir provoqué ce courroux... Je ne fais que des maladresses!... — Mais il faut convenir aussi que madame la comtesse est peut-être un peu prompte... — Nous sommes en plein malentendu! — Je n'avais pas fini! — Quelques mots de plus (et j'allais les dire) contenaient ma justification tout entière.

— Achevez donc, monsieur, — fit Blanche en se mordant les lèvres.

— Madame la comtesse n'a point deviné sans doute quel sujet Son Excellence se propose de traiter avec elle dans l'entretien tout à fait intime que j'ai mission de solliciter?

— Non, monsieur.

— Eh bien! le hasard — (oh! le hasard seul! je supplie madame la comtesse d'en être convaincue) — fait que nous avons reçu ce matin de Saint Pétersbourg un télégramme où il est question longuement de M. le comte Labanoff. Ceci paraît intéresser madame la comtesse. Son intérêt grandirait encore si elle connaissait le télégramme en question.

— Que dit cette dépêche? — demanda madame de Nancey fort émue.

— Son Excellence, s'intéressant très-fort à madame la comtesse, se proposait de la lui communiquer, de contrôler avec elle les renseignements qu'elle contient, et d'agir entièrement sous son inspiration. — C'était là, j'ose le dire, une pensée toute gracieuse et de la plus haute bienveillance. — Madame la comtesse ne trouvant point à propos de s'y associer, qu'il n'en soit plus question. On mandera simplement M. le comte Labanoff chez le directeur de la police, et madame la comtesse, à qui je présente de nouveau tous mes respects, n'aura point à se déranger...

Le baron de Hertzog sourit, salua, sourit encore, salua de nouveau, mit une dernière fois la main sur son cœur, tourna sur les hauts talons de ses souliers de bal, et fit mine de se diriger vers la porte de l'appartement.

— Monsieur le baron..., — murmura Blanche oppressée et devenue soudain très-pâle.

Une nouvelle pirouette remit le petit Prussien en face de la jeune femme.

— Madame la comtesse me fait l'honneur de me rappeler? — demanda-t-il.

— Le télégramme... dont vous me parlez... contient donc des choses... dangereuses pour le comte?...

— Ce télégramme est très-nourri de faits, vrais ou faux, qu'il ne m'appartient pas d'apprécier... Son Excellence, je le répète, comptait le mettre sous les yeux de madame la comtesse et s'en rapporter de tout point aux renseignements qu'elle jugerait convenable de lui donner. C'était la chose du monde la plus simple... la plus honorable...

— Vous aviez raison, monsieur le baron, il y avait entre nous tout à l'heure un malentendu...

— Je l'ai toujours pensé et je le pense encore.

— Maintenant que ce malentendu a cessé d'exister, la situation est bien différente.

— N'est-ce pas? — Oh! madame la comtesse était une femme d'un trop vif esprit pour ne point le comprendre... un peu plus tôt ou un peu plus tard.

— Je remercie Son Excellence de ses bonnes dispositions à mon égard, et je me promets de les mettre à profit.

— Ainsi, madame la comtesse accepte l'entrevue demandée?

— Oui.

Les yeux de faïence de Herr von Hertzog prirent une expression tout à fait joyeuse.

— Quel est le jour choisi par madame la comtesse? — demanda-t-il.

— Demain.

— C'est à merveille. — Demain, à deux heures précises, la voiture dont j'ai parlé entrera dans la cour de l'hôtel... madame la comtesse sera prévenue...

— Mais mon mari...

— On se chargera de l'occuper ailleurs, et, les belles actions doublant de prix quand le mystère les entoure, on aura soin qu'il ignore le dévouement avec lequel madame la comtesse va travailler pour lui...

Après avoir détaillé cette phrase à double sens, le petit Prussien se sentit si enchanté d'avoir tant d'esprit, qu'il remplaça son sourire habituel par un éclat de rire contenu. — Ensuite il prit congé, mais définitivement cette fois, et il quitta l'appartement de madame de Nancey avec son claque, ses grâces tudesques, et la bimbeloterie de petites croix de tous les modèles qui tintinnabulaient, comme les sonnettes d'une mule, à la boutonnière de son habit noir.

VII

AVATAR.

Aussitôt que la porte se fut refermée derrière le baron de Hertzog, la comtesse de Nancey, qui jusqu'à cette minute avait fait bonne contenance, se laissa tomber sur un siége. — Ses nerfs, crispés outre mesure par l'entretien auquel nous venons d'assister, se détendirent tout à coup. — Une défaillance physique et morale dompta sa nature énergique, et cette femme si forte se mit à pleurer comme un enfant.

— Ces gens savent tout..., — murmura-t-elle. — Nous sommes perdus!

En toute autre occurrence, Blanche Lizely, comtesse de Nancey, aurait affronté sans inquiétude un tête-à-tête avec la célèbre Excellence, ayant la certitude d'être parfaitement capable de réduire à néant ses amoureuses tentatives, de déjouer haut la main ses galanteries tudesques, en un mot, de dominer la situation.

Par malheur, c'est la situation qui la dominait! — Elle se sentait prise au piége, elle avait les mains liées...

A coup sûr la police prussienne était avisée que Grégory le conspirateur se cachait sous le nom du comte Labanoff. — A coup sûr le gouvernement du roi Guillaume était saisi d'une demande en extradition formée contre le Valaque par l'ambassadeur de France à Berlin. — Il dépendait absolument de l'homme d'État de donner suite à cette demande, ou d'en paralyser l'effet en ordonnant aux agents de sa police de mal chercher celui qu'on cherchait...

Donc, sauver le prince semblait possible et facile. — Mais à quel prix?

Blanche ne pouvait et ne devait point passer pour une courtisane. — Si coupable qu'elle eût été, il n'y avait en somme que deux fautes dans sa vie.

Elle aimait Grégory. — (Que cet amour eût ses racines dans son cœur ou seulement dans son imagination, il n'en existait pas moins.) — Mais l'idée de lui prouver son amour en se livrant à l'homme d'Etat lui inspirait une horreur indicible.

Elle admirait, dans le drame de Victor Hugo, le sacrifice de Marion de Lorme s'abandonnant à Laffémas pour arracher à la hache de l'exécuteur la tête chérie de son Didier, mais elle se sentait incapable d'imiter cet héroïsme.

Cependant elle avait accepté le rendez-vous du lendemain...

Que se passerait-il à ce rendez-vous?

Les Allemands sont gens sérieux en affaires, et l'amour est pour eux une affaire comme une autre, — un peu plus amusante peut-être, voilà tout.

L'Excellence poserait d'abord un marché, et, ce marché conclu, il faudrait payer comptant. — Comment sortir de là ? — Par quelle habileté machiavélique, par quelle ruse féminine se tirer de cette impasse?

Blanche avait beau prendre sa tête dans ses deux mains et chercher, chercher avec fièvre, avec rage, elle ne trouvait rien.

L'impossibilité absolue de mettre le prince au courant de ce qui se passait redoublait encore ses angoisses.

Sûre que Grégory, instruit de l'insolente proposition formulée par le baron von Hertzog, fondé de pouvoirs de Son Excellence, irait, sans calculer rien et sans que rien pût l'arrêter, provoquer l'homme d'Etat, et se perdre par cela même irrémédiablement, il fallait lui cacher tout.

Nous n'avons ni la prétention ni le désir de rendre intéressante madame de Nancey, mais une femme qui aime, et qui souffre par son amour, est toujours et quand même à plaindre, et la comtesse souffrait beaucoup.

Or, il faut bien le dire, ces épouvantes et ces douleurs reposaient sur un raisonnement spécieux, mais absolument faux.

— Ces gens savent tout ! — s'était dit Blanche.

En réalité, ils ne savaient rien, ou du moins ce qu'ils savaient ne pouvait exercer une bien fâcheuse influence sur la destinée du Valaque.

La veille au soir l'homme d'Etat, impressionné vivement par la beauté de l'étrangère, et voulant apprendre qui elle était, l'avait fait suivre. — On était revenu en rapportant ces noms, inscrits sur le registre de l'hôtel : *Comte et comtesse Labanoff.*

—Grégory, je t'aime toujours, et je suis toujours belle..... (Page 49.)

Cinq minutes après, un télégramme demandant des renseignements au directeur de la police était parti pour Saint-Pétersbourg.

Le comte Labanoff, — Russe authentique d'ailleurs, et vraiment comte, — étant le très-intime ami du Valaque auquel il avait prêté son passe-port, on prévoit la nature des renseignements expédiés à Berlin quelques heures plus tard.

En voici la substance :

« Mauvais sujet de bonne famille. — Renié par les siens dont il compromet le nom honorable. — Ne peut habiter la Russie où ses créanciers forment une légion innombrable. — Vit à l'étranger des bénéfices du tapis vert, d'opérations de Bourse quelquefois heureuses, et souvent d'escroqueries. — On le soupçonne de voler au jeu. — Beau garçon d'ailleurs, bien élevé, très-gentleman, ayant de grands succès auprès des femmes de tous les mondes. — Célibataire et ne paraissant point songer au mariage. — Surveillé de fort près par la police française. »

Célibataire !

Donc, la comtesse Labanoff était une comtesse de fantaisie, quelque jolie Française déclassée, d'humeur accommodante, de vertu facile, et sachant à quoi s'en tenir sur la moralité de l'amant qui lui laissait porter son nom.

Dans le passé d'un homme comme Labanoff il existait certainement bon nombre de méfaits inconnus, assez graves pour que leur découverte amenât des conséquences sérieuses.

Il suffirait donc, sans aucun doute, de faire naître chez la pseudo-comtesse quelques inquiétudes au sujet de ce passé mystérieux pour l'amener à composition, — surtout si, chose probable, elle aimait son amant.

Ceci nous explique de façon surabondante le plan bien simple de Son Excellence et la visite de Herr von Hertzog à la comtesse de Nancey.

Mais Blanche ignorant ces choses, les angoisses qu'elle éprouvait n'avaient rien que de naturel et ne semblaient point exagérées.

La journée s'écoula lentement, tristement. — Le soir arriva, puis la nuit. — Grégory ne revenait pas.

La jeune femme se demandait avec épouvante s'il n'était point déjà aux mains de la police, malgré la promesse faite au baron de se rendre le jour suivant à la petite maison de l'homme d'État...

Enfin, au moment où sonnaient neuf heures, la porte s'ouvrit sans qu'on eût frappé, et la comtesse se leva en poussant un cri de surprise.

Elle se trouvait en présence d'un homme qui ressemblait à Grégory, mais qui certainement ne pouvait être Grégory lui-même, et paraissait de dix ans plus jeune.

Cet homme avait la même taille que le Valaque, des traits semblables, un regard pareil, mais là s'arrêtait la ressemblance. Les cheveux et les moustaches du prince étaient d'un noir bleuâtre, son teint brun et presque olivâtre, nos lecteurs le savent.

L'épiderme du nouveau venu offrait, au contraire, un ton d'un blanc rosé d'une délicatesse infinie, s'alliant très-harmonieusement avec ses moustaches d'un blond pâle et ses cheveux d'un blond ardent.

— Qui êtes-vous, monsieur? — demanda la jeune femme en regardant avec stupeur, à la lueur des bougies placées sur la cheminée, ce sosie étrange et incomplet de son amant. — Que me voulez-vous?... Qui vous a donné cette audace d'entrer ainsi chez moi sans vous faire annoncer? sans savoir si je recevais?

Le visiteur sourit sous ses moustaches couleur de blé mûr.

— Ainsi, — dit-il, — vous n'êtes pas sûre que ce soit moi? — Tout est donc pour le mieux et mon attente est dépassée.

Blanche ne pouvait conserver l'ombre d'un doute en entendant la voix qui venait de parler.

— Vous! — s'écria-t-elle, — c'est vous!

— Pardieu! — répondit le Valaque. — Qui serait-ce? Je n'ai pas de frère jumeau...

— Que signifie ce déguisement?

— Ceci, chère comtesse : — de même que le prince Grégory s'était métamorphosé en comte Labanoff par la vertu d'un passe-port, de même le comte Labanoff se transforme en très-honorable baronnet sir John Snalsby, de Snalsby-House, voyageant avec lady Esther Snalsby. — Voilà le passe-port bien en règle ; mais ce papier n'aurait pas suffi, le signalement du comte Labanoff étant connu et pouvant être transmis. — Il y fallait un peu plus de façons... — Une eau pour le teint, dont un chimiste de mes amis m'a donné la recette en Angleterre, et un demi-flacon de teinture indienne ont fait de moi, comme vous le voyez, un homme absolument différent. — Vous avez hésité, vous, Blanche, à me reconnaître ; il est donc absolument certain que personne ne me reconnaîtra tout à fait... Et c'est ce que je voulais...

— Vous vous cachez de nouveau... — dit la comtesse vivement, — donc le péril a grandi et s'est rapproché...

Grégory fit de la tête un signe affirmatif.

— Vous avez reçu de mauvaises nouvelles? j'en suis sûre... — poursuivit Blanche continuant à interroger, quoiqu'elle se crût mieux renseignée à ce sujet que celui qu'elle interrogeait.

— J'en ai reçu...

— De quelle nature?

— De la pire! On est sur ma trace... — La police française et la police prussienne sont d'accord et me cherchent ensemble! — Il n'y a plus entre elles et moi qu'un faux nom qui, dans quelques heures, peut être percé à jour.

— Il l'est, hélas! — pensa la comtesse.

— C'est pour cela que j'en revêts un autre avant que le premier ne puisse plus me protéger, — acheva Grégory.

— Mais, — reprit madame de Nancey, — les gens de cet hôtel connaissent le comte Labanoff et n'accepteront point son avatar... Ils parleront.

— Dites qu'ils parleraient, ma chère: mais ils n'en auront pas le temps. — Nous allons partir.

— Quand?

— Dans deux heures.

— Pour où?

— Pour Bade.

— C'est toujours l'Allemagne.

— Oui, mais ce n'est plus la Prusse.

— Êtes-vous certain qu'on ne s'opposera point à notre départ?

— Absolument certain... — Si des ordres avaient été donnés — (ce que je ne crois pas), — ils ne concerneraient que le comte Labanoff, sujet russe, ou le prince Grégory, sujet roumain... — Sir John Snalsby, sujet anglais, est maître de ses mouvements... — Attenter à sa liberté pourrait devenir un *casus belli*... — Le train que nous prendrons part à minuit moins cinq minutes... — Je vais quitter l'hôtel où l'on ne m'a point reconnu tout à l'heure quand je suis entré. — Fermez vos malles, payez la note et soyez à la gare à onze heures et demie. — Vous m'y retrouverez, nous monterons dans le même compartiment, mais, tant que nous n'aurons point atteint la frontière du grand-duché de Bade, nous paraîtrons ne point nous connaître... — C'est bien entendu, n'est-ce pas?

— Oui... — murmura Blanche oppressée, — et cela sera fait.

Elle se disait tout bas :

— Il ne songe pas au télégraphe! — A peine nous saura-t-on partis que les fils parleront, et, malgré le faux passe-port et le visage méconnaissable, on saura bien nous arrêter en route... — Enfin, dût cette fuite ne nous offrir qu'une chance de salut sur cent mille, il faut la tenter quand même...

Grégory sortit de l'hôtel en évitant de se laisser voir, et madame de Nancey prépara ses bagages.

VIII

A BADE.

Le maître de l'hôtel, lorsque la prétendue comtesse Labanoff fit demander sa note, éprouva quelque étonnement d'un si brusque départ ; mais, comme il n'avait reçu aucun ordre concernant la belle étrangère, il ne tenta point de retarder ce départ.

A l'heure précise indiquée par Grégory, Blanche arrivait à la gare avec ses bagages.

Voici maintenant quelle était la cause de la très-vive inquiétude du Valaque et de sa nouvelle transformation.

Grégory, avant de quitter l'hôtel, avait reçu des dépêches de ses correspondants de Londres, de Vienne et de Paris.

Celui de Paris lui parlait de l'effet produit par le non-payement des valeurs considérables présentées à l'encaissement au Comptoir d'escompte et du résultat de l'enquête immédiate ordonnée à ce sujet.

Les réponses catégoriques faites aux dépêches expédiées dans toutes les directions avaient fourni la preuve que le prétendu prince valaque était un habile aventurier, pratiquant le faux sur une vaste échelle.

La police se remuait. — Les recherches entreprises pour découvrir le faussaire se multipliaient. — Les maisons de banque exploitées par lui promettaient une somme importante, à titre de prime, à quiconque le découvrirait ou mettrait sur sa trace.

Or ce même jour, dans une rue, Grégory s'était trouvé presque face à face avec un agent de la brigade de sûreté qu'il connaissait de vue et qui vraisemblablement se trouvait à Berlin à son intention.

Il n'avait eu que le temps de se jeter dans un magasin pour échapper à l'attention du *detective* français, et, comme à une seconde rencontre il pouvait être moins heureux, il s'était empressé de modifier son apparence et de se procurer un passeport anglais, chose facile pour lui, grâce aux relations occultes qu'il entretenait dans toutes les grandes villes de l'Europe.

Nous savons le reste.

Les fâcheux pressentiments de la comtesse de Nancey ne se réalisèrent point. Les deux fugitifs dépassèrent la frontière du grand-duché de Bade sans avoir été inquiétés, et Blanche éprouva la double volupté de croire Grégory hors de péril, et de se sentir à l'abri du dangereux tête-à-tête imposé par l'homme d'État prussien.

Elle eut même un sourire aux lèvres en pensant à la figure que ferait cet homme d'État, le lendemain, lorsque la voiture sans armoiries arriverait vide à la petite maison mystérieuse où Son Excellence oubliait parfois les affaires européennes et se délassait des soucis de la politique en fêtant Vénus.

A coup sûr, Herr Baron von Hertzog ne recevrait point une décoration nouvelle à joindre à sa brochette, comme récompense de la façon toute magistrale dont il aurait mené à bien cette négociation galante ! — Un si joli petit baron, et qui portait si bien la bimbeloterie officielle !... quel dommage !

La *saison* de Bade touchait à sa fin ; mais elle était cependant très-brillante encore, et même on annonçait la prochaine arrivée d'augustes visiteurs.

En débarquant dans cette ville, qui avant la guerre paraissait presque française, tant le *high-life* français l'avait prise sous son patronage, et qui depuis a perdu sa splendeur, Grégory ne jugea point prudent de descendre dans un hôtel où la beauté de sa compagne ne manquerait point d'attirer outre mesure l'attention sur lui.

Il s'arrangea d'une petite maison toute meublée dans le quartier le plus éloigné du Salon de conversation. Il s'y installa avec la comtesse et prit, pour les servir, des domestiques de louage allemands.

— J'ai un sacrifice à vous demander, chère Blanche, — dit-il.

— Lequel ? — répliqua madame de Nancey. — Vous savez bien que, pour vous, je suis prête à tout...

— Je connais votre dévouement ! — Vous me l'avez prouvé déjà, et d'une façon que je n'oublierai point ! — Il ne s'agit de rien de grave, mais je vous supplie d'accepter pendant quelque temps une existence un peu isolée, un peu triste. — Nous ne pourrons sortir ensemble.

— Pourquoi ?

— Vous êtes trop belle et ne sauriez passer inaperçue nulle part. — Or en ce moment, vous le savez, j'ai besoin d'ombre. — En outre, il y a toujours ici bon nombre de Français, et quelques-uns, très-certainement, vous connaissent. — On n'ignore point à Paris que nous sommes partis ensemble ; il est donc utile d'éviter que les chroniqueurs des journaux parlent de votre présence à Bade...

— Je comprends cela et je m'enfermerai chez moi puisqu'il le faut absolument, ce qui d'ailleurs ne sera pas gai, comme vous l'avez fort bien dit tout à l'heure. — Mais ce que je ne comprends pas du tout, je l'avoue, c'est qu'ayant besoin d'ombre — (ce sont vos propres expressions) — vous ayez fait choix d'une ville que je ne saurais mieux comparer qu'au boulevard des Italiens transporté à deux pas de la forêt Noire !

Blanche était absolument dans le vrai.

Grégory fit si bien, cependant, qu'elle se paya de mauvaises raisons. — Il ne voulait pas lui donner la véritable, celle-ci : — joueur passionné, ayant en mains de grosses sommes et convaincu qu'il ne fallait que de l'audace et du sang-froid pour gagner des millions, il voulait, au risque de compromettre sa propre sûreté, se trouver dans une ville de jeu.

C'est pour cela qu'en quittant la France il était allé tout droit à Hombourg.

Ne pouvant rester à Hombourg après son duel avec le comte de Nancey, il venait à Bade.

Le soir même, laissant Blanche seule dans la triste maison meublée qu'ils habitaient depuis le matin, il mit dans sa poche une liasse de billets de banque et se rendit au jeu.

Il eut un moment d'émotion lorsqu'en entrant au Salon de conversation il se vit en face d'un groupe de jeunes gens avec lesquels, à Paris, il échangeait un salut lorsqu'il les rencontrait au bois, sur le boulevard ou au foyer de l'Opéra.

L'épreuve allait être décisive. — Si ces Parisiens ne le reconnaissaient pas, c'est qu'il était méconnaissable.

Instantanément il modifia la désinvolture habituelle de sa démarche, se donna l'allure digne, froide et quelque peu empesée qu'un baronnet qui se respecte conserve jusque dans les actes les plus intimes de sa vie privée, et il continua son chemin.

Les jeunes gens le regardèrent avec curiosité au moment où il effleurait leur petit groupe. — Sans doute ils allaient parler de lui. — Il ralentit le pas et prêta l'oreille.

— Qui est-ce? — demanda l'un d'eux.

— Un Anglais, sans nul doute... — répondit un des interlocuteurs.

— C'est la première fois que je le vois, et cependant il me semble que je connais cette figure... — Ah! j'y suis, c'est une ressemblance...

— Avec qui?

— Avec le prince Grégory S... — Ne trouvez-vous pas?...

— Mon Dieu, oui, peut-être... — Dans tous les cas, si la ressemblance existe, elle est bien vague et ne m'a pas frappé...

Grégory en avait assez entendu pour être certain que son nouvel avatar ne serait point percé à jour.

Il alla droit à une table de trente-et-quarante, mit un billet de mille francs sur la rouge, gagna, fit paroli quatre fois de suite et retira son argent juste au moment où la noire allait sortir.

Une heure après il rejoignait Blanche en emportant un bénéfice de cinquante-cinq à soixante mille francs.

— Voyez! — dit-il à la comtesse en étalant les rouleaux d'or et les billets de banque sur la petite table auprès de laquelle elle lisait à la lueur de deux bougies. — Ai-je perdu mon temps ce soir?

— Ainsi donc, — murmura madame de Nancey avec amertume, — c'est pour de l'argent que vous me quittez! — Ah! Grégory!

Le Valaque ne répondit point et se mit à compter son gain.

— Et d'ailleurs, — poursuivit Blanche, — que vous importe cet argent? — Vous n'en avez, grâce à Dieu, nul besoin! — Vous êtes riche.

— L'est-on jamais assez?

— Oui, certes! vous du moins... vous, Grégory, qui ne connaissez pas le chiffre de votre fortune... — C'est vous-même qui me l'avez dit...

— Sans doute; mais il peut se présenter telle circonstance qui me dépouille... Si, par exemple, les tribunaux français prononcent une condamnation contre moi, rien ne prouve qu'on n'obtiendra pas de l'hospodar que mes domaines de Valachie soient mis sous le séquestre. — Je me trouverais dans ce cas absolument sans ressources...

— Jamais, puisqu'en admettant même que ces choses arrivent, il vous restera ce que je possède.

Grégory fit un geste hautain.

L'AMANT D'ALICE.

Grégory ne pouvait se dispenser de baiser la jolie main. — (Page 54.)

— Et vous n'aurez pas le droit de refuser cette fortune! — ajouta vivement la comtesse, — je serai votre femme, vous l'avez juré, et ce qui appartient à la femme appartient au mari. — Est-ce qu'on s'enrichit au jeu, d'ailleurs? Qui gagne aujourd'hui perd demain. — Méprisez cet argent, je vous en supplie, et ne me quittez plus. Oh! ne me quittez plus! — Quand vous n'êtes pas là, voyez-vous, je suis triste à mourir. — Pour vous suivre, j'ai laissé tout! — Ma vie est en vous, Grégory!

Liv. 62. F. Roy, éditeur.

Blanche s'était levée.

Elle passa ses bras charmants autour du cou du Valaque, et reprit :

— Grégory, souviens-toi ! — Tu me disais un jour, et tes paroles enivrantes se sont à tout jamais gravées dans ma mémoire et dans mon cœur !... Oh ! souviens-toi, tu me disais : « *Qu'importe la chute des empires, l'ambition triomphante et le pouvoir suprême ? Il n'y a qu'une chose ici-bas qui soit vraie, qui soit grande et qui d'un homme fasse un dieu : c'est l'amour !* » Tu le pensais alors... L'as-tu donc oublié ? — Grégory, je t'aime toujours et je suis toujours belle !... — Souviens-toi ! souviens-toi !...

Elle était irrésistible, la sirène blonde, et le Valaque promit, ce soir-là, tout ce qu'elle éprouva le besoin de lui faire promettre.

Ce qui ne l'empêcha pas, le lendemain, de retourner au Salon de conversation, et d'y gagner, comme la veille, une somme agréablement ronde. — Que voulez-vous, il aimait passionnément, lui, ces espèces sonnantes et ces papiers soyeux que la comtesse méprisait si fort, et volontiers il eût répété, en y modifiant un mot, cette phrase lyrique que Blanche se rappelait si bien : « Il n'y a qu'une chose ici-bas qui soit vraie, qui soit grande et qui d'un homme fasse un dieu ; c'est L'ARGENT ! »

La veine de Grégory se soutint ! — Bientôt les feuilles allemandes et les journaux français entretinrent chaque jour leurs lecteurs des succès merveilleux du très-honorable baronnet John Snalsby, de Snalsby-House, nouveau Garcia dont la seule présence inspirait aux croupiers une respectueuse épouvante.

Et tandis que l'heureux Valaque empochait l'or de la banque, madame de Nancey, dans sa banale solitude, pleurait de douleur et de colère.

Elle se sentait dédaignée, elle, la femme ardente, exclusive, prête au dévouement absolu comme à la vengeance inflexible ! — Elle avait une rivale ! — La passion du jeu parlait plus haut que sa beauté dans le cœur de Grégory ! — A sa voix murmurant des paroles d'amour, il préférait la voix des croupiers répétant :

— Faites votre jeu, messieurs ! — Rien ne va plus ?... — Rouge passe, — impair gagne...

Elle souffrait beaucoup. — Elle allait bientôt souffrir davantage. — L'expiation commençait pour elle et devait être à la hauteur du mal qu'elle avait fait, du mal qu'elle allait faire encore...

Dieu est juste !...

IX

MADEMOISELLE MAXIMUM ET LA FÉE AUX ÉMERAUDES.

En ce moment-là se trouvaient à Bade deux Parisiennes du monde dramatique et galant dont s'occupaient beaucoup les reporters de journaux de *high-life*.

Toutes les deux étaient jolies.

La première — (les curieux trouveront son nom et son prénom dans les *Odes funambulesques* de Théodore de Banville) — avait rempli de petites rôles sur une de nos scènes de genre, à l'époque où sa chevelure la classait parmi les brunes.

Depuis elle était devenue rousse, trouvant sans doute que les yeux noirs font bien avec les cheveux fauves.

Des émeraudes de gros calibre et de royales intimités l'avaient rendue presque célèbre.

Elle jouait beaucoup et jouait gros jeu; elle avait tout d'abord gagné de fortes sommes, puis, la bonne chance ayant disparu, ce qui venait du trente-et-quarante s'en allait par la roulette.

La seconde Parisienne pouvait, — bien plus que la première, — passer pour une artiste, et l'est surtout devenue depuis, prouvant que le travail et l'énergique volonté peuvent faire d'une charmante femme, qui n'était que charmante femme, une comédienne de vrai talent.

Naturellement elle jouait aussi; — elle jouait avec fièvre, avec rage, et sa façon hardie de tenter la fortune lui avait valu le surnom de *Mademoiselle Maximum*, de même que les bijoux de sa collègue la faisaient désigner à Bade sous le gracieux sobriquet de la *Fée aux émeraudes*.

Le trente-et-quarante occupe la vie, la roulette agite les nerfs, mais les émotions du jeu ne suffisent point aux besoins du cœur, et le cœur des belles déclassées a généralement horreur du vide.

Mademoiselle Maximum et la Fée aux émeraudes étaient très-entourées, très-fêtées, très-courtisées, — avons-nous besoin de le dire? — Elles semblaient cependant ne distinguer personne.

Au fond elles avaient, toutes les deux en même temps, un fort joli caprice pour le seul des joueurs de Bade qui ne s'occupât point d'elles et ne parût même pas remarquer leur beauté.

Nous voulons parler de Grégory, ou plutôt du très-honorable baronnet sir John Snalsby, de Snalsby-House.

Il était bien séduisant, en effet, pour des filles d'Ève en quête d'émotions inédites, cet Anglais d'une beauté bizarre, correct et froid, réservé, presque hautain, passant comme la salamandre, sans s'y brûler, au milieu des flammes que tant de jolis yeux gris, bleus ou noirs faisaient jaillir sur lui quand il entassait dans ses poches, après une série de coups heureux, les billets et l'or de la banque.

Sans compter que sir John Snalsby était le héros d'un légende au Salon de conversation.

On racontait que ce fils d'Albion, très-épris sans doute et vraisemblablement très-jaloux, cachait sa femme au fond d'une petite maison isolée et bien close, ne la quittait que pour venir au jeu, et la faisait garder pendant ses courtes absences par des valets incorruptibles, rigides observateurs d'une consigne rigoureuse.

La beauté de cette étrangère, que personne n'avait vue, dépassait de beaucoup, ajoutait-on, tout ce qu'il était possible d'imaginer de plus parfait.

Triompher d'une pareille et si mystérieuse rivale, conquérir un cœur déjà pris, il n'en fallait pas tant pour exalter l'imagination de mademoiselle Maximum et pour piquer au vif l'amour-propre de la Fée aux émeraudes.

Eloignons avec soin de ces aimables pécheresses — (comme absolument indigne d'elles) — toute arrière-pensée de calcul, mais enfin la prudence est parfois une vertu féminine, et ne pouvait-il pas devenir bien utile, si la déveine était impitoyable, d'avoir des droits acquis à la reconnaissance d'un gentleman millionnaire, qui jouait toujours et qui gagnait sans cesse?

Et puis enfin, que diable! on est jolie ou on ne l'est pas, et, quand on l'est incontestablement, on a le droit et le devoir d'exiger de tous et de chacun le tribut d'admiration que l'homme le plus indifférent doit à la beauté rayonnante! — Pourquoi le jeune Anglais se soustrairait-il indûment à cette règle générale? — C'était là une exception qui ne se pouvait souffrir, et, si les empires se perdent, c'est par des concessions de ce genre!

Mademoiselle Maximum et la Fée aux émeraudes, chacune de son côté, faisaient ces raisonnements subtils.

On voit que la comtesse, avec de tels adversaires, était menacée sérieusement.

Elle qui s'irritait déjà d'avoir la passion du jeu pour rivale, elle allait avoir à combattre d'autres rivalités bien autrement dangereuses, et que les femmes acceptent et pardonnent beaucoup moins encore.

La Fée aux émeraudes ouvrit le feu.

Un soir — (mademoiselle Maximum n'étant point encore arrivée), — l'aimable enfant dit à Grégory, en lui lançant un regard assez aigu pour le percer de part en part, s'il n'avait pas le cœur blindé et cuirassé :

— Je m'assieds près de vous, monsieur, si vous le voulez bien permettre, et je vais suivre votre jeu. Un pressentiment m'avertit que ça me portera bonheur.

C'était une entrée en matière comme une autre. Moins forte qu'une autre, mais bah!

— Je souhaite que votre pressentiment se réalise, madame, — répliqua le Valaque en souriant. — S'il a dit vrai, tant mieux; s'il a menti, c'est à moi seul qu'il aura porté bonheur, puisque je lui devrai la joie d'avoir une si charmante voisine.

— Ah çà! mais, — pensa la Fée aux émeraudes, — il est galant!... c'est fort curieux!

Cinq minutes après ces paroles échangées, mademoiselle Maximum faisait son entrée et éprouvait un vif mouvement de colère en voyant *sa chère amie*, — c'est le nom que se donnent entre elles les gracieuses ennemies, — installée près de John Snalsby et causant familièrement avec lui.

Grégory gagna comme de coutume. La Fée aux émeraudes, suivant fidèlement son jeu, ne fut pas moins heureuse.

Elle voulut afficher son commencement de triomphe par quelque chose qui parût à la galerie un peu plus décisif qu'une causerie banale.

De sa main gauche dégantée elle tenait un bouquet de roses que, de temps en temps, elle approchait de ses narines fines et mobiles.

Au moment où le Valaque, ayant joué deux heures, quittait la partie pour rejoindre madame de Nancey, elle prit une des roses de son bouquet, et la mettant à la boutonnière de Grégory, elle lui dit avec un sourire à donner le vertige à un saint :

— Grâce à vous, monsieur, j'ai gagné beaucoup ce soir... — Donc je vous dois beaucoup... — Voici les intérêts du service rendu... — Ce n'est qu'une rose... Mais on m'a dit si souvent qu'une rose donnée par moi avait quelque valeur, que j'ai presque fini par le croire...

— Intrigante! — pensa mademoiselle Maximum en déchirant à demi, dans un mouvement nerveux, une petite liasse de billets de banque qu'elle allait placer sur la rouge.

Grégory ne pouvait se dispenser de baiser la jolie main qui venait de le décorer de l'ordre de la Rose...

Il le fit et s'éloigna.

La Fée aux émeraudes le suivit des yeux jusqu'à la porte du salon du trente et-quarante, puis elle promena autour d'elle un regard conquérant qui semblait dire :

— Je suis venue... j'ai voulu... j'ai vaincu!

— Ne triomphez pas trop tôt, ma chère! — murmura mademoiselle Maximum au moment où la noire, en sortant, lui faisait perdre le coup. — Vos coquetteries impudentes ont réussi ce soir, mais demain j'aurai mon tour!

Grégory avait-il aimé la comtesse? — Grégory l'aimait-il encore?...

Rien de plus facile que de répondre catégoriquement et surtout brièvement à cette double question.

Dans l'origine le but unique du Valaque en faisant la cour à Blanche était, nous le savons, d'épouser cette dernière lorsque l'épée de Cleveland aurait fait d'elle une riche veuve.

Devenu l'amant de madame de Nancey, Grégory, toujours froid, toujours calculateur, avait cependant subi l'empire de cette beauté divine et passionnée qui se donnait à lui.

Le limon dont son cœur était pétri avait battu vaguement. — En jouant la comédie de l'amour, il s'était identifié à son rôle comme font tous les grands comédiens. Un instant même il avait cru se sentir épris. — Illusion dissipée bien vite!
— Au bout de quelques semaines la satiété s'emparait déjà de lui, et au moment où nous sommes arrivés la première distraction venue devait être bien accueillie.

En entendant le bruit des pas du Valaque dans l'escalier conduisant au premier étage de la petite maison qu'elle habitait, madame de Nancey se leva vivement, courut à la porte, l'ouvrit, et posant ses deux mains sur les épaules de son amant, elle l'attira vers elle en murmurant à son oreille :

— Quand vous partez, je vous maudis... quand vous êtes absent, il me semble que je vous déteste... quand vous approchez, mon cœur bat... et quand vous entrez, je vous aime!...

Elle l'entraîna dans la chambre, tandis qu'il faisait du bout des lèvres une banale protestation de tendresse.

Lorsqu'il fut sous le feu des bougies, la comtesse s'éloigna de lui un peu et l'enveloppa tout entier d'un regard chargé d'amour.

Soudain elle tressaillit, — une contraction nerveuse très-poignante lui serra le cœur, et, désignant du bout du doigt la fleur qu'il avait négligé d'enlever de sa boutonnière, elle lui dit d'une voix altérée :

— Qu'est-ce que cela?

— Mais, — répliqua le Valaque en souriant, — vous le voyez, chère Blanche, c'est une rose...

— Elle est bien belle, cette rose!...

— N'est-ce pas?

— De qui vous vient-elle?...

— Seriez-vous jalouse, par hasard?...

— Il ne s'agit pas de jalousie... — De qui vient cette rose?

— De la bouquetière qui vend des fleurs à la porte du Salon de conversation....

— Vous ne lui achetez pas, d'ordinaire!

— La pauvre enfant, ce soir, semblait si désireuse de placer sa marchandise embaumée que j'ai cédé à ses instances...

— Vous ne me rapportez jamais de bouquet, Grégory...

— En désirez-vous un?... je cours...

— Merci! — Voulez-vous me donner cette fleur?...

— Certes!

Blanche prit la rose que Grégory lui tendait; elle l'approcha de ses narines et tressaillant de nouveau, mais cette fois comme si un serpent venait de la mordre, elle devint pâle.

Le Valaque, un peu embarrassé de sa personne, détournait la tête et ne vit rien.

Au lieu de l'arome si suave et si doux de la rose, madame de Nancey avait senti l'odeur pénétrante de l'oppoponax, parfum subtil dont la main tiède et nue de la Fée aux émeraudes avait imprégné la tige du bouquet en la pressant pendant plus d'une heure...

X

LES DEUX CARTES.

Lorsque les yeux de Grégory revinrent se fixer sur la comtesse, cette dernière avait déjà dominé sa poignante émotion; elle était cependant pâle encore et son visage décomposé gardait trace de la douleur aiguë qu'elle venait de ressentir.

— Blanche, — demanda-t-il, — qu'avez-vous?

— Rien... — répondit-elle avec froideur.

— Vous semblez souffrir...

— Pourquoi souffrirai-je?... Je vous ai dit hier que vos absences m'attristaient... Je vous ai prié de ne point me quitter ainsi chaque soir... Je n'ai rien obtenu... L'amour du jeu l'emporte sur l'amour de moi... J'en ai pris mon parti, je m'habitue à la solitude et tout est pour le mieux...

Madame de Nancey parlait ainsi dans le but unique de cacher au Valaque ce qui véritablement se passait dans son âme. Elle ne voulait pas qu'il pût deviner les soupçons qui naissaient en elle. Après s'être sentie délaissée, elle se sentait trahie ou au moment de l'être. Le parfum pénétrant dont la tige de la rose était imprégnée lui dénonçait une rivale. Cette fleur ne venait pas de la bouquetière du Salon de conversation. Une main de femme l'avait attachée à la boutonnière de Grégory; elle en était sûre!

— Je suis fatiguée, — reprit-elle sans laisser à son amant le temps de répondre, — et, d'ailleurs, il est tard... bonsoir...

Elle lui tendit la main que Grégory voulut porter à ses lèvres; mais par un mouvement brusque elle la retira et rentra dans sa chambre où le Valaque n'essaya point de la suivre.

L'AMANT D'ALICE.

Tâchez de vous taire, paltoquet!... Je ne vous connais pas!

— Ah! — murmura-t-elle restée seule, — il ne me connaît pas! — qu'il prenne garde à lui! — La femme légitime que trompe son mari peut courber la tête et subir l'offense... — A défaut de l'amour, il lui reste au moins le respect, et puis, malgré tout, le lien indissoluble subsiste... — Mais à la maîtresse trahie que reste-t-il? l'outrage et rien que l'outrage!... Je ne l'accepte pas!

Les réflexions forcées des longues heures d'une nuit presque sans sommeil rendirent un peu de calme à l'esprit en désordre de madame de Nancey.

Liv. 63. F. Roy, éditeur.

Elle se dit qu'en somme elle jugeait et condamnait le Valaque sur des preuves bien légères, que parfois les apparences étaient menteuses, et elle résolut d'attendre, avant d'agir, que quelque nouvel incident vînt confirmer ses soupçons jaloux.

Le lendemain soir il ne se produisit absolument rien.

Mademoiselle Maximum, dont nous connaissons les vues sur sir John Snalsby, très-mécontente du grand pas fait en avant, la veille, par la Fée aux émeraudes, s'était juré de prendre sa revanche et se tint parole de son mieux.

Arrivée la première au Salon de conversation, elle s'empara de Grégory et elle réussit, sinon à l'accaparer pour elle toute seule, du moins à entraver absolument les manœuvres de sa rivale, dont on voit d'ici la colère.

Pris entre ces deux jolies femmes qui très-évidemment se disputaient son cœur, le Valaque laissait faire, encourageait avec une impartialité superbe les folles amoureuses, et trouvait plus réjouissante que nous ne saurions le dire cette petite comédie de l'amour en partie double, jouée à son profit.

La chose, on le devine, semblait aux charmantes comédiennes infiniment moins gaie.

Elles avaient trop d'esprit l'une et l'autre pour ne pas comprendre que des forces rivales absolument égales, agissant en sens inverse, s'immobilisent en se neutralisant.

En continuant ainsi, ni l'une ni l'autre n'avancerait ses affaires, c'était incontestable. — Mais ni l'une ni l'autre ne voulait céder.

Il fallait trouver un biais, — aller droit au but, — brusquer l'aventure et piétiner un tant soit peu sur les convenances. — Pourquoi non?

Mademoiselle Maximum et la Fée aux émeraudes eurent, en même temps, la même idée.

Le surlendemain soir, au moment où Grégory venait de quitter, comme de coutume, pour se rendre au jeu, la petite maison où il laissait Blanche, un de ces commissionnaires polyglottes dont la spécialité, à Bade, était de faire dans toutes les langues les commissions galantes, s'approcha de lui et mit dans ses mains une enveloppe coquette, embaumant l'oppoponax.

— Très-bien! dit le Valaque en donnant un louis au porteur.

L'enveloppe contenait une carte de visite. — Sur cette carte, au-dessous du nom de la Fée aux émeraudes, cette adresse écrite à la main : — *Hôtel du Rhin*, et plus bas ces deux mots : — *Dix heures...*

Point de style, on le voit, mais à quoi bon le style quand si peu de mots en disent si long et le disent si clairement?

Cent pas plus loin, second commissionnaire, — seconde enveloppe, parfumée, celle-ci, à l'ylang-ylang, — second louis dans la main du messager de Cythère, et second : — *Très-bien !* — du Valaque.

Les esprits d'élite se rencontrent. —Le laconisme de mademoiselle Maximum égalait celui de la Fée aux émeraudes.

Comme sur la première carte, une adresse : — *Hôtel de Bavière*, — et, sans variante, au-dessous : — *Dix heures.*

Grégory se mit à rire.

— Mauvaise combinaison ! — se dit-il. — Les chères enfants auraient dû s'entendre ! — Toutes deux la même heure ! C'est bien embarrassant ! Ne jouissant point du don d'ubiquité, comment faire ? — Bah ! — se répondit-il après une seconde de réflexion, — l'une recevra ce soir mes respectueux hommages et je porterai demain à l'autre ce qui me restera de respects... Mais par laquelle débuter ? Elles ont des droits égaux, ces mignonnes, et je déteste les injustices, le hasard seul tranchera la question : je vais tirer au sort.

Le Valaque, riant toujours, mit les deux cartes dans son chapeau, les remua consciencieusement, en homme bien sûr de gagner, quel que soit le numéro qu'il amène, et enfin il en prit une.

— La Fée aux émeraudes l'emporte ! — dit-il. — Hurrah pour la Fée aux émeraudes !

Il glissa les deux cartes dans son portefeuille, entra au Salon de conversation et se mit au jeu.

Diverses choses, ce soir-là, causèrent une surprise extrême au public élégant de Bade.

D'abord on constata, — et ce fut un événement, — l'absence simultanée des deux jolies Parisiennes.

Ensuite, et pour la première fois, la fortune cessa d'être favorable au joueur heureux entre les joueurs, l'honorable baronnet John Snalsby, de Snalsby-House.

De même que sa veine, jusqu'alors, avait été prodigieuse, sa déveine devint inouïe. — Il suffisait qu'il pontât sur une couleur pour que la couleur adverse sortît aussitôt.

Il perdit une somme importante, — cinquante ou soixante mille francs qu'il avait sur lui, — et les vieux croupiers constatèrent, non sans une satisfaction très-marquée, qu'autant le prétendu baronnet était prudent, lucide et maître de lui dans le gain, autant, quand la chance tournait, il perdait la tête et s'obstinait follement à suivre son argent.

A dix heures moins un quart Grégory, parfaitement décavé, quittait la salle du trente-et-quarante et se dirigeait vers l'hôtel du Rhin.

— Trop heureux en amour! — murmura-t-il chemin faisant. — Est-ce que, décidément, le proverbe aurait raison?...

Avant de se rendre au rendez-vous de la Fée aux émeraudes, il entra dans un café, écrivit quelques lignes et les envoya à l'hôtel de Bavière à mademoiselle Maximum.

Il était tout près de minuit lorsque le Valaque franchit le seuil de la petite maison qu'il habitait avec la comtesse.

Son absence avait duré, ce soir-là, beaucoup plus longtemps que de coutume.

Il s'attendait à être reçu par une femme irritée, et il avait déjà préparé ses réponses aux paroles de reproche qui, vraisemblablement, allaient fondre sur lui.

Madame de Nancey, au contraire, calme, presque souriante, l'accueillit à merveille.

— Vous rentrez un peu tard, — lui dit-elle, — j'espère qu'il ne vous est rien arrivé de fâcheux?

— Je vous répondrais : — *Non!* — chère Blanche, si je faisais profession comme vous de mépriser l'argent... — répliqua le Valaque. — J'ai été malheureux ce soir...

— Vous avez perdu beaucoup?...

— Sinon beaucoup, du moins beaucoup trop.

— Eh bien! tant mieux! — Ce que je redoute le plus pour vous, c'est la réussite... — La mauvaise chance vous corrigera peut-être... — Voyez donc, Grégory, comme la perte vous rend sombre! — Votre portefeuille est allégé de quelques billets de banque!... Eh bien! après? — Est-ce une raison pour ne point m'embrasser?...

Le Valaque, stupéfait de cette bonne grâce impossible à prévoir, se pencha vers Blanche et appuya ses lèvres sur le satin animé et un peu pâli de sa joue.

En recevant ce baiser, la comtesse frissonna de la tête aux pieds. Ses soupçons se changeaient en certitude. Elle retrouvait sur la moustache de Grégory ce parfum subtil qui, la veille au soir, avait si brusquement éveillé sa jalousie.

Aucun doute n'était désormais possible pour elle. — Son amant venait la retrouver en quittant une rivale, et comme les femmes n'admettent en amour — (pour les hommes, bien entendu), — ni la fantaisie ni le caprice, cette rivale était une maîtresse!...

Madame de Nancey fut héroïque. — Elle cacha sa blessure au plus profond d'elle-même, au risque d'être étouffée par le sang qui coulait de cette blessure. — Elle causa pendant quelques minutes d'un air naturel et dégagé qui trompa Grégory complétement, puis, toujours calme en apparence et souriant comme au moment de son arrivée, elle lui souhaita une nuit tranquille après les émotions du jeu, et elle le quitta.

Seulement, à peine eut-elle refermé la porte de sa chambre, que la tempête éclata. — Tempête silencieuse, mais terrible, des nerfs tendus à se rompre et du cerveau surexcité jusqu'à la folie, et qui se termina par un déluge de larmes, comme les tempêtes du ciel par un déluge de pluie.

— Ah! — murmura Blanche en se laissant tomber brisée sur son lit, — je veux voir et savoir! — Je verrai! je saurai!

Le lendemain soir, au moment où le Valaque venait de la quitter, la comtesse, vêtue d'une robe sombre qui ne pouvait attirer l'attention, attacha sur sa tête un chapeau très-simple, cacha son visage sous un voile épais, comme elle en portait jadis pour gagner furtivement l'entresol du boulevard Haussmann, sortit de la maison par une porte de derrière donnant sur un petit jardin, gagna la rue, vit à soixante pas devant elle le Valaque marchant d'un air distrait, et, sans hésiter, le suivit.

Il alla droit au Salon de conversation dont il franchit le seuil, sans s'être retourné une seule fois.

Madame de Nancey ne pouvait pas, ou plutôt ne voulait pas y entrer après lui.

— Le jeu n'est qu'un prétexte! — se dit-elle, — il ne restera pas longtemps là!
— J'attendrai...

Elle s'assit au dehors et elle attendit en effet.

Son attente fut longue. — Enfin, à dix heures moins un quart, Grégory reparut...

XI

LES RIVALES.

La veine heureuse était revenue. — Le Valaque avait réparé ses pertes de la veille. — Il semblait d'une humeur charmante et fredonnait gaiement un motif des *Poules de la Cochinchine*.

Il s'arrêta pendant une ou deux secondes pour allumer un cigare, et la flamme de l'allumette se reflétant sur son visage permit à madame de Nancey de voir que ce visage était rayonnant.

— Il y va! — murmura la femme trahie; — c'est la joie de l'amour heureux qui le transfigure ainsi!

Grégory, ne se doutant pas qu'il était épié, prit d'un pas leste et dégagé le chemin de l'hôtel de Bavière.

La comtesse se remit à le suivre.

Un valet de l'hôtel fumait devant la porte une énorme pipe badoise, tout en courtisant avec des grâces allemandes une chambrière française.

Le Valaque s'approcha d'eux et s'enquit du numéro de l'appartement où vraisemblablement il était attendu.

— Je suppose que monsieur est le monsieur anglais qui devait venir hier au soir? — demanda la femme de chambre avec un petit rire effronté.

— Lui-même... — répondit Grégory.

— Alors, je vais conduire monsieur.

Ils entrèrent ensemble dans l'hôtel.

Madame de Nancey, immobile à quelque distance, avait assisté à ce dialogue, mais sans pouvoir entendre les paroles échangées.

Aussitôt que Grégory eut disparu, elle aborda vivement le valet qui tirait de sa pipe des bouffées colossales en attendant le retour de la camériste.

— Vous avez vu le gentleman qui vient d'entrer là? — lui dit-elle.

— Oui, je l'ai vu... — répliqua-t-il en toisant la questionneuse avec impertinence. — Pourquoi me demandez-vous cela?

— Chez qui va ce gentleman?

— Ah çà! mais, dites donc, madame, qu'est-ce que ça peut bien vous faire? Vous êtes curieuse, vous, pas mal!

— Prenez et répondez!... — ordonna la comtesse en mettant un billet de banque dans la main du valet.

Ce dernier déplia sans se presser le soyeux chiffon, vit le chiffre, devint tout aussitôt respectueux et souple et se hâta de donner le renseignement attendu.

— Chez mademoiselle ***, — dit-il, — une Française très-jolie. — Au second étage... — appartement numéro 7, par le grand escalier à droite.

Blanche n'avait pas besoin d'en savoir davantage. — Elle s'élança dans l'hôtel et gravit les marches si rapidement qu'elle se heurta presque contre la femme de chambre qui redescendait après avoir introduit le Valaque.

Arrivée sur le palier du premier étage, madame de Nancey fut obligée de faire halte... Son cœur trop gonflé l'étouffait. — La colère troublait sa vue. — Un tremblement nerveux secouait tout son corps.

Elle s'appuya contre la rampe, afin de se donner le temps de se remettre. — Ses lèvres agitées murmuraient machinalement :

— Le misérable!... le misérable!...

La félonie de son amant l'exaspérait. — Elle oubliait absolument que si une femme au monde devait se montrer indulgente pour la trahison, c'était elle, — elle qui avait trompé Marguerite avec Paul de Nancey!... elle qui avait trompé Paul de Nancey avec Grégory!...

Mais c'est ainsi! — Toujours ainsi!... Ainsi pour toutes choses!...

Essayez d'enlever au pick-pocket le porte-monnaie qu'il vient de cueillir dans la poche de son voisin, il vous appellera voleur, et, en vous gratifiant de cette épithète, il sera de bonne foi. — Eternellement la paille et la poutre!

Tandis que Blanche s'efforçait en vain de calmer ses nerfs, et sinon d'apaiser, au moins de dominer son indignation, une scène curieuse et inattendue se passait au second étage, dans l'appartement de mademoiselle Maximum.

— En vérité, monsieur, — dit en souriant la jolie Française, tandis que Grégory lui baisait la main sans respect, — en vérité, je ne sais pas pourquoi je vous reçois ce soir, et je m'étais, toute la journée, bien promis de n'en rien faire.

— Vous me recevez, mademoiselle, — répliqua le Valaque, — parce que vous n'êtes point injuste et ne voudriez pas me punir d'une faute involontaire... — Vous savez trop bien que lorsqu'on commet le crime de lèse-galanterie dont, hier, à mon grand regret, je me suis rendu coupable, on est à plaindre plus qu'à blâmer... — Qui donc, s'il pouvait faire autrement, retarderait d'un jour le bonheur espéré ?...

— Ainsi donc, à vous entendre, vous aviez pour ne pas venir des raisons ?...

— Plus fortes que ma volonté... ah ! certes !... — J'ai fait tout pour me rendre libre... Je ne l'ai pas pu... Plaignez-moi...

— Il est probable que vous mentez... les hommes mentent presque toujours... Mais enfin il me plaît de vous croire, et j'ai le cœur si bon, cher monsieur, que malgré moi je vous pardonne...

Un pardon à tel point généreux commandait la reconnaissance. — Grégory témoigna la sienne en appuyant ses lèvres sur le front de mademoiselle Maximum...

Ce marivaudage élégant commençait à peine, quand brusquement la porte s'ouvrit et...

Et la Fée aux émeraudes parut sur le seuil, les sourcils froncés, l'œil étincelant, les pommettes des joues brûlantes.

Mademoiselle Maximum poussa le plus joli cri du monde et se réfugia coquettement dans les bras de Grégory.

La nouvelle venue déchiqueta le mouchoir garni de dentelles sur lequel se crispaient ses petites mains bien gantées.

— Ah ! mordieu ! j'en étais sûre ! — dit-elle avec un ricanement que le Méphisto du *Petit Faust* aurait pu lui envier. — Bien joué, monsieur l'Anglais ! — Mes compliments, ma chère !

— Mademoiselle... — commença le Valaque.

La Fée aux émeraudes ne le laissa point continuer.

— Qui est-ce qui vous parle à vous ? — fit-elle en frappant du pied. — Tâchez de vous taire, paltoquet !... — Je ne vous connais pas !

Mademoiselle Maximum jugea convenable d'intervenir, et le fit en ces termes :

— Eh bien ! et à moi, ma chère, imposerez-vous silence aussi ? — M'est-il permis de vous demander ce qui me procure à cette heure votre visite inattendue ?... — Que venez-vous chercher chez moi ?

— J'y viens chercher monsieur ! — répliqua la Fée aux émeraudes en posant sa

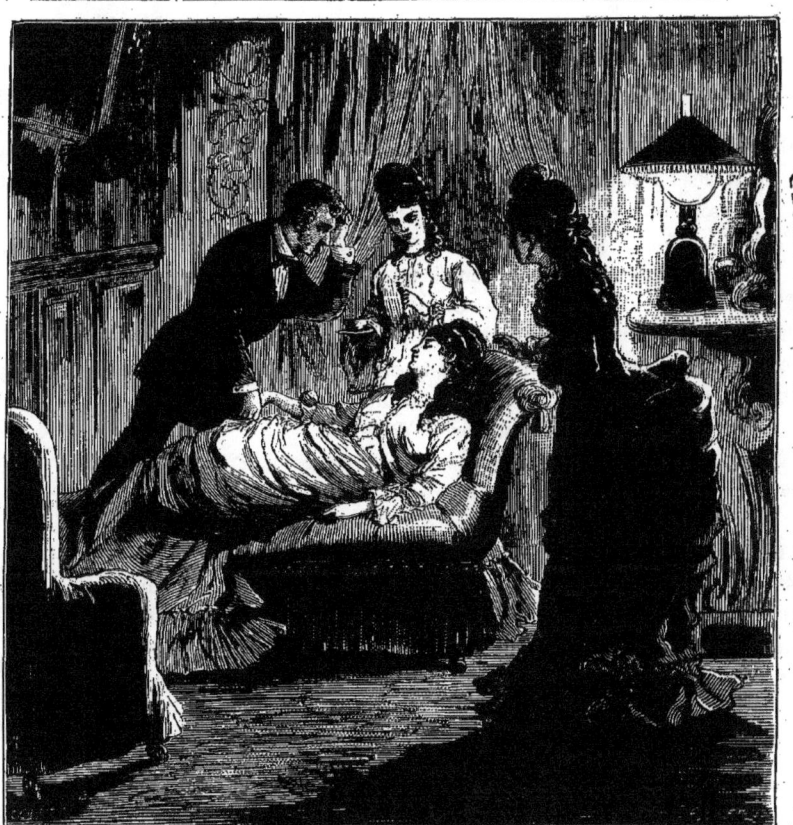

Madame de Nancey était étendue sur un grand fauteuil à dossier renversé. — Page 70.

main avec une violence de coup de poing sur l'épaule de Grégory. — Non que je m'en soucie, grand Dieu!... Ah! c'est moi qui m'en moque un peu de ce galant à cœur d'artichaut!... — Mais je défends qu'on me filoute!... — Vous m'avez volé ça!... rendez-moi ça!... — Je n'en veux plus, non! non! et non!... Mais vous ne l'aurez pas!... oh! non!

— Quelle chanson chantez-vous, ma chère? — reprit mademoiselle Maximum avec un sang-froid magnifique. — Je suppose que vous êtes folle!... — Vous réclamez monsieur, dites-vous?... — Le prétexte? — Avez-vous des droits?

— J'en ai...
— Et depuis quand ?
— Depuis hier... dix heures du soir...
— Ah! gueux! — cria la comédienne à son tour en s'adressant à Grégory. — C'était donc ça la raison sérieuse! C'était ça l'affaire importante! — C'était pour ça qu'il fallait le plaindre! En vérité !... — non, ça, c'est fort!

Elle croisa les bras sur sa poitrine avec un geste dramatique, et poursuivit en s'animant :

— Ah! mais c'est Joconde, ce monsieur! — Il lui faut la brune et la rousse! C'est un sultan! c'est un pacha! — Où est le sérail ? — Les odalisques, c'est nous, hein? — Merci, milord, et bon voyage! Vous savez, il n'en faut pas !... — Je vous restitue à madame dont les droits sont incontestés!... et vous, ma chère, emportez l'objet !... ah! vous voilà joliment lottie !...

La Fée aux émeraudes se cabra sous ce dédain.

— Qu'est-ce que c'est? — répliqua-t-elle, — ai-je besoin, s'il vous plaît, de votre permission, ma chère, pour reprendre ce qui est à moi ?...

— A vous? — Mais non, pas tant que ça! — dit mademoiselle Maximun mise tout à fait hors des gonds par les prétentions de sa rivale, — à vous pas plus qu'à moi, ma chère! — Monsieur était chez vous hier! — S'il n'y retourne pas aujourd'hui, c'est que l'attraction n'est point forte! — Une seule expérience a suffi! — Avez-vous un jugement contre lui, le condamnant à la récidive? — Si vous l'avez, faites-le voir! — Mais vous ne l'avez pas! Monsieur est ici... qu'il y reste...

— Je l'emmène...

— Nous verrons bien ! Essayez!

— Je vous répète que je le veux!

— Je vous répète que je le garde!

— Hier il m'a juré qu'il m'aimait...

— Il me jurait la même chose il y a moins de cinq minutes...

— Prenez garde, madame!

— A quoi, s'il vous plaît, madame?

— Quand la colère me grimpe au cerveau, je deviens mauvaise, madame!

— Ah! vous n'avez pas besoin de la colère pour ça, madame!

Peu à peu, à tout petits pas, en échangeant les répliques de ce dialogue haché et fiévreux, les deux jeunes femmes s'étaient rapprochées l'une de l'autre.

Elles se trouvaient maintenant face à face, l'œil enflammé, le geste menaçant.

On se souvient d'un duel qui fit grand bruit au siècle dernier à la cour du roi Louis XV.

Mesdames de Nesles et de Polignac, éprises du duc de Richelieu, se disputèrent son cœur à coups de pistolet, dans des circonstances à peu près pareilles à celles où les deux Parisiennes que nous mettons en scène se trouvaient placées.

Qui sait si mademoiselle Maximum et la Fée aux émeraudes n'allaient pas suivre cet exemple, et n'ayant à leur disposition immédiate d'autres armes que les griffes roses de leurs mains blanches, remplacer ce duel par un pugilat beaucoup moins aristocratique, mais aussi beaucoup moins dangereux?...

Grégory, — en l'honneur duquel des yeux charmants allaient être pochés peut-être, et de longues mèches parfumées arrachées de chignons coquets, — Grégory, disons-nous, jouait assurément le plus sot personnage qu'il soit possible d'imaginer... — Il en avait conscience et il aurait donné beaucoup pour se trouver à cent lieues de là... — Mais le moyen de disparaître?

— Croyez-moi! — reprit impétueusement mademoiselle Maximum, en plaçant son joli poing crispé sous le nez très-mignon de sa rivale, — il n'est que temps, je vous assure! — La patience à la fin m'échappe! Allez-vous-en, madame!...

— Je ne m'en irai pas seule, madame! J'emmènerai mon amant, madame!

— Je garderai le mien, madame!

Ces mots furent l'étincelle électrique qui met le feu aux poudres du baril caché sous une roche ou dans une torpille sous-marine.

Deux mains, — l'une gantée, l'autre nue, — se levèrent à la fois. — Elles n'eurent pas le temps de retomber.

La porte venait de s'ouvrir de nouveau, et une femme voilée se tenait debout dans l'embrasure de cette porte.

C'était la comtesse de Nancey!...

XII

LES RIVALES DE BLANCHE.

— Encore une? — murmura mademoiselle Maximum en se retournant et en apercevant la comtesse. — Ah! par exemple, ça, c'est raide! — Nous étions trois, ma chère! — ajouta-t-elle en s'adressant à la Fée aux émeraudes. — Le vaudeville se corse si bien que je commence à le trouver drôle!

Et les deux Parisiennes, oubliant aussitôt leur rivalité furieuse, se mirent à rire comme des folles.

Grégory, lui, ne riait pas, et même n'en avait guère envie.

Il avait reconnu madame de Nancey, et il pressentait une crise inévitable.

Blanche fit deux pas vers le Valaque.

— Ainsi, — lui dit-elle d'une voix brève, — vous avez voulu me tromper, croyant que ce serait facile! — Vous n'avez pas compris, maladroit, qu'une fois ma défiance éveillée, je voudrais tout savoir, et que je vous suivrais? — Eh bien! vous m'avez fait descendre jusque-là! — Je me suis cachée dans la nuit... j'ai payé des valets! j'ai joué le rôle d'espion! Il est bien vil, n'est-ce pas?... Oui, vil et honteux; mais moins sot cependant que le rôle de dupe! — Je suis venue, et me voilà!... Et je sais maintenant pour qui je suis trahie! — Et je vous trouve ici entre deux demoiselles se disputant à coups de poing, si ce n'est votre cœur, au moins votre porte-monnaie...

— Ah! mais, ah! mais, madame, — s'écria mademoiselle Maximum pâle de colère, — savez-vous que je suis chez moi, et que je trouve un peu trop raide qu'on se permette de forcer ma porte pour me dire des impertinences? — J'imagine que ça va finir ! — Faut-il appeler les gens de l'hôtel ? — Je ne vous connais pas ! — Qu'est-ce que vous réclamez ? — Qui êtes-vous ?...

— Je réclame ce qui est à moi ! Je réclame celui que vous attirez dans vos piéges ! celui que vous voulez me voler !... et j'en ai le droit... je suis sa femme ! — répliqua la comtesse.

— Ah ! vous êtes lady Snalsby !... — fit à son tour la Fée aux émeraudes, blessée au vif par les façons méprisantes de la nouvelle venue. — Mes compliments, madame !... On vous le rendra, votre époux, soyez tranquille, avec un bon conseil par-dessus le marché : — Quand un homme est aussi coureur et qu'on craint tant qu'il ne s'égare, on le tient en laisse... comme Azor ! — Pourquoi le laissez-vous sortir seul ? c'est imprudent, cela !...

— On vous disait jolie, madame... — reprit mademoiselle Maximum, voulant à son tour faire sa blessure, — je constate qu'il n'en est rien... — Les voiles épais comme le vôtre ne cachent que de laids visages...

Douter de la beauté d'une femme, c'est faire à cette femme une mortelle injure.

Cédant à un mouvement irraisonné et presque involontaire, Blanche, d'un geste brusque, écarta les dentelles opaques qui jetaient leur ombre sur sa figure.

— La trahison de ce lâche n'a pas même cette excuse ! — dit-elle ; — je suis plus belle que vous !...

Les deux Parisiennes regardèrent la prétendue lady Snalsby, avec curiosité d'abord, puis avec étonnement.

— Mais je vous reconnais, madame ! — s'écria la Fée aux émeraudes après un instant d'examen.

— Moi aussi, je vous reconnais ! — appuya mademoiselle Maximum.

— Je vous ai vue partout... aux courses... au bois... au théâtre...

— Qu'est-ce que vous nous racontiez donc, que vous étiez lady Snalsby ! — Jamais de la vie, chère madame ! — Vous êtes la comtesse de Nancey...

— La comtesse de Nancey, qui a filé un beau matin, ou plutôt un beau soir, avec le prince Grégory, — ajouta la Fée aux émeraudes. — Le *Figaro* a raconté l'affaire tout au long... C'était curieux, parole d'honneur !

— Sans compter que je le reconnais aussi, parfaitement bien, le faux Anglais ! — reprit mademoiselle Maximum ; — c'est Grégory lui-même qui s'est fait une autre tête avec de la teinture anglaise et de l'eau pour le teint de madame Rachel ! — Nous voyageons donc incognito, cher prince ! — Nous laissons au bureau des cannes notre principauté ! — L'embarras des grandeurs, n'est-ce pas ? — Mais alors, du moment qu'il n'y a plus de mari, nos droits sont parfaitement égaux ! — poursuivit la Fée aux émeraudes.

— La petite scène de tout à l'heure devient d'un mauvais goût suprême ! — ajouta la comédienne. — Est-ce votre couronne de comtesse qui vous rendait si dédaigneuse ?... — Mais les couronnes, chère madame, on ne rencontre que ça chez nous ! — Couronnes fermées, couronnes ducales, nous en avons porté qui nous allaient fort bien... — Autant que vous et plus que vous nous avons été grandes dames... — de la main gauche, j'en conviens, mais la main gauche a du bon, pas vrai ?... — Quittez donc ces airs de princesse !... — Nous sommes entre cascadeuses !...

Tandis que se croisaient autour d'elle, comme des sifflements de vipère, ces railleries brûlantes, madame de Nancey se sentait défaillir.

— Vous me valez cela, Grégory ! — dit-elle d'une voix mourante ; — me laisserez-vous donc insulter plus longtemps ?

— Eh ! que puis-je ? — balbutia le Valaque aux prises avec une situation impossible. — Comment forcer des femmes au silence ?

— Ah ! le lâche ! — murmura la comtesse, — le lâche ! il ne sait pas même me défendre contre ses maîtresses !... — A partir de cette minute, entre nous tout est fini ! — Grégory, je vous hais ! Grégory, je vous méprise ! Grégory, je me vengerai !...

Ces dernières paroles s'échappèrent comme un soupir ou plutôt comme un râle de la gorge contractée de Blanche, et la malheureuse femme, à bout de forces et de courage, tomba sans connaissance sur le tapis du petit salon de mademoiselle Maximum.

En face de cet évanouissement les deux Parisiennes, oubliant leurs griefs et leurs rancunes, redevinrent aussitôt bonnes filles et s'empressèrent de prodiguer les soins les plus affectueux à la rivale qu'elles venaient de malmener si durement.

Elles lui mouillèrent les tempes avec de l'eau fraîche, elles lui firent respirer des sels anglais violents, elles brûlèrent sous ses narines quelques brindilles de plume d'autruche détachées d'un chapeau fringant de mademoiselle Maximum.

Tout cela fut inutile.

Madame de Nancey n'était point morte, car son cœur battait, mais son évanouissement offrait tous les symptômes de la catalepsie.

Elle avait été assise par Grégory, ou plutôt étendue sur un grand fauteuil à dossier renversé. — Sa tête pâle, couronnée de ses splendides cheveux blonds à demi défaits, s'inclinait sur son épaule.

— Pauvre femme!... — murmura mademoiselle Maximum en jetant tour à tour un regard sur la figure de la comtesse et sur une glace qui lui renvoyait sa propre image. — Elle a pourtant raison!... elle est *presque* plus jolie que nous!

La comédienne ajouta, en s'adressant à Grégory :

— Elle vous adore! Elle l'a bien prouvé en quittant son mari pour vous suivre, et c'est un beau garçon, Paul de Nancey! Je le connais...— Ça n'empêche pas que vous la trompez! Oh! les hommes! quels brigands! — Tous sans cœur! — car enfin, dites-moi, pourquoi la trompez-vous, cette jolie comtesse?

— Mais il me semble que vous devez bien vous en douter un peu, — répondit le Valaque, — car enfin...

— En voilà assez! — interrompit brusquement la Fée aux émeraudes. — C'est une abomination toute pure, et je regrette de toutes mes forces ce qui est arrivé hier soir...

— Et moi, ce qui aurait pu arriver ce soir... — appuya mademoiselle Maximum; — mais je ne pouvais pas deviner... — A propos, prince, expliquez-nous donc un peu pourquoi cette transformation du Valaque en Anglais, ce changement de nom, cette métamorphose de figure?...

— Mais, — répondit non sans quelque embarras Grégory qui ne s'attendait point à une semblable question, — tout simplement pour faire perdre notre trace au comte de Nancey, qui, vous le savez peut-être, s'était mis à notre poursuite...

Mademoiselle Maximum se frappa le front.

— Mais non... mais non... — dit-elle, — ce n'est pas ça du tout, ou tout au moins il n'y a pas rien que ça... — Attendez que je me souvienne... M'y voici...
— Vous avez eu des ennuis avec le procureur impérial, cher prince, ou vous en auriez eu si vous étiez resté à Paris... Les journaux ont parlé de cette anecdote... — Que diable avez-vous bien pu faire? — Il était question de billets enrichis par vos soins de signatures de haute fantaisie... C'est bien cela, n'est-il pas vrai?

— En aucune façon! — répliqua le Valaque.

— Cependant... ma mémoire est bonne...

— Elle vous sert mal aujourd'hui... — J'ai eu des embarras, c'est vrai... mais de simples embarras d'argent... — Mes créanciers ont pris la mouche, et, en ma qualité d'étranger, songeaient à me faire arrêter... — Voilà tout...

— Ce ne serait pas grave... — les créanciers, ça me connaît! et ils me connaissent aussi ! — Ah ! les gueux ! Combien de fois ils m'ont fait saisir... et vendre, qui plus est ! — Seulement, vous ne m'ôterez point de l'esprit qu'il y a autre chose dont vous ne parlez pas... — Seriez-vous, par hasard, une jolie canaille, cher prince ?...

En entendant cette question, faite du ton le plus sérieux et de l'air le plus naturel, Grégory se cabra.

— Mademoiselle, — s'écria-t-il, — un tel soupçon...

— Bah ! bah ! — calmez-vous ! — interrompit la comédienne, — je suis saint Jean Bouche-d'Or, moi... — je dis tout ce qui me vient à l'esprit. — Si je me trompe, tant mieux ! — si je ne me trompe pas, je plains cette pauvre femme le jour où elle découvrira le pot-aux-roses... car, vous savez, le pot-aux-roses se découvre toujours ! — Se figurer qu'on quitte sa maison, son mari, tout enfin, pour un beau prince, et s'apercevoir un matin qu'on n'a suivi qu'un vulgaire filou ! — C'est ça qui doit être bien gai ! — brrr ! rien que d'y penser, ça me donne le frisson...

— Encore une fois, mademoiselle, — murmura Grégory, — cette insistance...

— C'est bien... c'est bien... — N'en parlons plus... — Dites donc, prince...

— Vous m'obligerez infiniment en ne me donnant pas ce titre.

— C'est juste... l'incognito, n'est-ce pas ? — Dirai-je *milord* ? — Ça sera bien gênant ! — Je m'embrouille dans ces pseudonymes ! Enfin, prince ou milord, votre comtesse ne peut passer la nuit ici... — Elle aurait certainement une crise nouvelle en se voyant chez moi... — Il faudrait l'emporter... mais de quelle façon ?

— Rien n'est plus facile... Je vais chercher une voiture et je descendrai madame de Nancey dans mes bras.

— En la pressant contre votre cœur, n'est-il pas vrai ? — Vous l'aimez si tendrement... et surtout si fidèlement ! — Oh ! les hommes ! — Quels polichinelles, tous ! — Ah ! si on pouvait s'en passer !

— Oui, mais on ne peut pas, — répondit philosophiquement la Fée aux émeraudes.

Grégory descendit sans perdre une minute. — Le tapis de l'appartement où il se trouvait lui brûlait les pieds, depuis que mademoiselle Maximum, avec son franc-parler habituel, avait formulé certains soupçons qui par malheur n'étaient que trop fondés.

Il revint avec une voiture dans laquelle il porta Blanche, toujours sans connaissance, et, cinq minutes après, la comtesse reposait sur le lit de sa chambre, dans la petite maison qu'elle habitait avec le Valaque.

L'AMANT D'ALICE.

Moi, la comtesse de Nancey, moi, j'aimais un voleur! — Pag. 80.

La première idée de ce dernier aurait dû être d'envoyer chercher un médecin afin de combattre par les moyens énergiques que fournit la science le trop long évanouissement de madame de Nancey.

Il n'en fit rien.

Il expliqua aux deux servantes effrayées que lady Snalsby subissait une crise nerveuse à laquelle elle était sujette et qui n'offrait aucun péril, et il leur ordonna de regagner leur lit.

Liv. 65. F. Roy, éditeur.

Resté seul dans la chambre de Blanche, il s'assit devant une petite table, appuya ses coudes sur cette table et serra son front entre ces deux mains.

Au bout d'une heure de rêverie profonde il se leva brusquement :

— Cette femme est un danger pour moi maintenant, — murmura-t-il, — il faut en finir !

XIII

SEULE.

Quand la comtesse de Nancey revint à elle-même, il faisait grand jour. — Un joyeux rayon de soleil traversait les vitres, et s'étalant sur le tapis poudreux et sur les meubles lourds aux étoffes fanées, mettait vigoureusement en relief les misères prétentieuses de cette chambre banale.

A la suite d'un long évanouissement du corps, la pensée, presque toujours, demeure pendant quelques minutes enveloppée d'une sorte de brouillard.

Blanche ne fournit point d'exception à cette règle générale, et, ne se souvenant pas d'abord des événements accomplis la veille au soir, elle éprouva un extrême étonnement de se trouver tout habillée sur son lit.

Physiquement, elle ressentait une grande fatigue. Il lui semblait que ses membres étaient brisés. — Au moral, une sorte de poignante angoisse lui serrait le cœur.

Elle chercha les causes de cette double et douloureuse sensation. — Elle interrogea sa mémoire. — La réponse ne se fit pas attendre, le brouillard se souleva comme un rideau de théâtre au moment où le spectacle va commencer ; et elle revit jusqu'en ses moindres détails la scène si cruellement humiliante pour elle jouée quelques heures auparavant à l'hôtel de Bavière, et dans laquelle elle avait eu son rôle.

Ce souvenir net et précis lui rendit comme par enchantement toute sa colère, toutes ses forces, toute son énergie.

Elle s'élança du lit et se dirigea vers une glace qui lui montra sa figure pâle, ses lèvres décolorées, ses paupières entourées d'un large cercle bleu.

— Ah ! — murmura-t-elle en prenant à deux mains sa longue chevelure dénouée, pour la tordre de nouveau sur sa tête endolorie — j'ai été faible, j'ai été lâche ! — Je n'ai pas su lutter, moi faite pour la lutte ! — J'aurais dû cracher au visage du misérable qui me valait toutes ces hontes !... — J'aurais dû le tuer !... Je ne l'ai pas fait... Je ne le ferai plus maintenant, il est trop tard !... Mais je vais au moins le chasser !... oui, le chasser comme on chasse un laquais !...

Elle sonna si violemment que le cordon de la sonnette lui resta dans la main.

La femme de chambre allemande accourut.

— Où est le prince ? — lui demanda madame de Nancey.

— Le prince ? — répéta la Badoise effarée et un peu inquiète, car il lui semblait que sa maîtresse devenait folle, — quel prince, madame ?

— Sir John Snalsby ? — reprit Blanche, qui dans le désordre de son esprit avait oublié le changement de nom de Grégory.

— Nous n'avons pas vu milord ce matin... — répliqua la femme de chambre. — Faut-il aller prévenir milord que madame voudrait lui parler ?

— Oui... allez... Je l'attends ici...

La Badoise sortit, et reparut presque aussitôt. — Madame de Nancey l'interrogea du regard.

— Milord n'est pas dans sa chambre ! — répondit-elle. — Le lit de milord n'est point défait. — Du reste, en nous levant, nous avons trouvé la porte de la maison ouverte, ce qui est bien dangereux, madame. — Les voleurs pourraient entrer...

— Certainement milord est sorti cette nuit.

— C'est bien, — dit Blanche en congédiant du geste la servante.

Restée seule, la comtesse se mit à marcher rapidement, allant et revenant sans cesse comme une jeune lionne prisonnière.

— Est-il parti ? — se demandait-elle, — parti pour toujours ? N'a-t-il pas osé reparaître devant moi ? A-t-il craint ma colère ? A-t-il eu peur de ma vengeance ? —

Qui sait, — ajouta-t-elle avec un ricanement sinistre, — qui sait s'il n'a pas cru que j'allais le dénoncer? — M'en supposer capable, ce serait digne de lui! — Est-ce que je me sers de ces armes-là, moi? Est-ce que je suis infâme? Est-ce que je suis lâche? Est-ce que je livre aux gens de police l'homme à qui j'ai dit : « Je t'aime! »

Madame de Nancey traversa le couloir qui séparait sa chambre de celle du Valaque.

Tout était en désordre dans cette dernière pièce. — Une malle ouverte, à moitié pleine de vêtements jetés au hasard les uns sur les autres, prouvait jusqu'à l'évidence qu'on avait fait un choix parmi ces vêtements.

Une valise portative avait disparu.

— Il est parti... — murmura la comtesse en se laissant tomber sur un siége, — il ne reviendra plus... — Me voilà seule au monde!

Quelques secondes auparavant Blanche haïssait Grégory de toutes les forces de son indignation. — La pensée de l'outrage qu'il lui avait infligé, des humiliations sanglantes qu'elle venait de subir à cause de lui, soulevait au fond de son âme un flot d'inexprimable amertume. — Elle le cherchait pour le chasser.

Eh bien! en se trouvant dans cette chambre vide, où tout parlait du départ accompli, madame de Nancey sentit quelque chose se briser dans son cœur. — Elle cacha son visage entre ses mains jointes, des sanglots convulsifs secouèrent sa poitrine et des torrents de larmes ruisselèrent de ses yeux.

— Il m'abandonne... — balbutia-t-elle. — Mon Dieu! mon Dieu! mon Dieu!...
— Les hommes sont donc tous ainsi! Pas de cœur et point d'âme! — Pourquoi donc n'a-t-il pas imploré son pardon? — Je l'aurais repoussé... Je l'aurais menacé... J'aurais évaporé ma colère en justes plaintes, en cris de douleur... et j'aurais pardonné! — Il eût compris, il eût deviné cela s'il m'aimait... mais il ne m'aime plus!... mais il ne m'aime pas! M'a-t-il jamais aimée seulement? Et moi... moi... — Ah! ce serait trop lâche!... — moi j'ai peur de l'aimer encore...

En raison même de sa violence, cette crise de désespoir ne fut pas de longue durée. — Madame de Nancey essuya ses larmes, puis fermant, pour ne la plus rouvrir, la porte de l'homme en qui elle avait mis une si aveugle foi, elle regagna sa chambre, et, commandant à son cœur de se taire, à son esprit de se calmer, elle se mit à réfléchir.

L'heure était grave, le moment décisif.

Pour la troisième fois, depuis que Dieu l'avait fait naître en un jour de colère, Blanche se trouvait absolument isolée dans le monde...

Isolée comme au soir de la mort de son père...

Isolée comme au lendemain du jour où Paul de Nancey l'avait trahie lâchement, et lâchement abandonnée...

Grégory, lâchement à son tour, la trahissait et l'abandonnait.

Quel parti prendre?

Où traîner sa vie? — Sa vie sans espoir et sans amour! — L'amour, elle n'y croyait plus. — L'espoir, d'où viendrait-il?

La comtesse comprit bien vite qu'on ne bâtit point en une heure un avenir nouveau sur les ruines du passé, surtout dans l'état de défaillance physique et de désarroi moral où elle se trouvait.

— Le plus pressé, — se dit-elle, — est de partir d'ici... Cette maison me fait horreur... J'y mourrais! Où aller? — En France... A Paris... Là seulement je pourrai vivre... Là, je me cacherai à tous les regards, ironiques ou compatissants... Personne ne saura mon retour, et d'ailleurs je suis veuve et maîtresse de moi... Avant la nuit je serai partie...

Le désir ardent de se trouver loin de cet odieux pays, de cette ville maudite, de cette demeure détestée où elle venait de tant souffrir, s'empara de madame de Nancey et lui donna une activité fiévreuse.

Il lui sembla qu'en s'occupant sur l'heure des préparatifs de son départ, elle hâterait ce départ lui-même. — Elle appela ses deux servantes et le domestique qui remplissait auprès de Grégory les fonctions de valet de chambre, leur annonça que le soir même ils seraient libres de se placer où bon leur semblerait, et leur enjoignit d'apporter les malles qu'elle allait garnir à l'instant.

Tandis qu'ils exécutaient cet ordre, madame de Nancey chercha dans sa poche la clef d'une grande armoire de noyer sculpté, du dix-septième siècle, qui se trouvait en face de son lit.

Cette armoire renfermait son linge, ses robes, et, chose infiniment plus précieuse, le sac de voyage en cuir de Russie contenant un million et demi en traites à vue et au porteur sur les principales maisons de banque de l'Allemagne, et, en outre, tous ses écrins qui représentaient, nous le savons, une fort grosse somme.

Blanche ne quittant jamais la maison et ne sortant guère de sa chambre, ces valeurs importantes se trouvaient parfaitement en sûreté.

Elle fouilla dans sa poche, avons-nous dit, pour y prendre la clef du vieux meuble.

Recherche vaine. — La poche était vide.

Etonnée, mais non inquiète, la comtesse supposa très-logiquement que la veille au soir elle avait perdu cette clef lors de son évanouissement à l'hôtel de Bavière.

Elle se disposait à mander un serrurier, lorsque, jetant les yeux sur la vieille armoire, elle vit la clef dans la serrure...

Difficilement nous donnerions une idée de la stupeur de madame de Nancey, certaine d'avoir fermé cette porte et non moins assurée de ne l'avoir point rouverte.

Elle s'approcha rapidement du meuble antique, fit jouer la serrure, tourner le lourd battant sur ses gonds, et se sentit presque rassurée.

Tout semblait en bon ordre, — Aucune main indiscrète ne s'était égarée sur les robes symétriquement étendues par Blanche elle-même. — Le sac de voyage était à sa place habituelle.

Sans le déplacer, la comtesse toucha le ressort de ce sac qui s'ouvrit aussitôt, laissant voir à l'intérieur les écrins et le portefeuille de chagrin noir contenant les traites.

La comtesse alors, luttant contre la certitude absolue de ses propres souvenirs, se persuada qu'elle s'était trompée la veille en croyant emporter la clef.

— Heureusement, — pensa-t-elle, — ces valets de hasard ne se sont aperçus de rien — Je ne sais s'ils sont honnêtes, mais dans tous les cas il est bien imprudent de mettre à une si rude épreuve une honnêteté au moins douteuse.

Les malles étaient apportées.

— Madame déjeunera-t-elle bientôt? — demanda la femme de chambre.

— Plus tard! — répondit Blanche.

— Madame attendra peut-être milord? — reprit la Badoise dont l'absence de sir John Snalsby et le brusque départ annoncé piquaient au vif la curiosité.

— Je n'attends personne... laissez-moi... Quand j'aurai besoin de vous, je sonnerai...

La femme de chambre sortit et la comtesse, toujours agitée, toujours fiévreuse, s'imposa la tâche ingrate de préparer elle-même ses malles.

Selon l'habitude invariable des gens experts en ces sortes de choses, elle commença par entasser au fond des larges valises le linge et les vêtements lourds, rien ne devant fripper les robes légères aux garnitures élégantes.

Au moment de quitter Paris avec le Valaque, madame de Nancey, nous l'avons dit, avait conservé, pour subvenir aux premières et urgentes dépenses, un petit paquet de vingt-cinq billets de banque de mille francs chacun.

Sept ou huit mille francs ayant été dépensés à Cologne quand il avait fallu s'improviser une garde-robe absolument complète, le reste de la somme était intact.

et la comtesse plaçait habituellement cette mince et soyeuse liasse sur un rayon et sous une pile de chemises.

En soulevant les chemises, elle chercha les billets et ne les trouva point.

Aucune erreur, aucune illusion n'étaient possibles cette fois... — Si ces billets avaient disparu, c'est qu'ils étaient volés...

Blanche prit les chemises une à une, les déplia, les secoua. — Ce fut en vain.

Une épouvante inouïe s'empara d'elle aussitôt.

Elle saisit le sac de voyage qui contenait toute sa fortune, le prit pour l'ouvrir de nouveau et pour en vérifier le contenu...

Avant même d'avoir pressé le ressort, elle chancela.

Les pierres précieuses sont lourdes, — et le sac était bien léger.

XIV

APRÈS LA CRISE.

Il est des catastrophes si complètes, si foudroyantes, qu'on refuse d'y croire dans le premier moment. — On se dit : — *Ce n'est pas possible!* — et, malgré l'évidence, on doute...

Madame de Nancey tenait dans ses mains ce sac de voyage, alourdi la veille par le poids de ses pierreries et de leurs montures, et maintenant si léger.

Elle le soupesait, tremblante. — A chaque seconde la certitude de son malheur devenait plus absolue, et cependant, d'une façon presque machinale, ses lèvres murmuraient :

— Je rêve!...

Enfin, et brusquement, elle appuya sur le ressort. — Les écrins apparurent. — Elle en ouvrit un, il était vide... — Elle explora le deuxième... le troisième... tous enfin, avec le même résultat. — Le contenant seul lui restait, le contenu avait disparu !...

Ce fut le tour alors du petit portefeuille contenant les traites à vue.

La comtesse, d'un mouvement convulsif, en brisa le fermoir qui ne cédait pas assez vite, et son regard effaré plongea dans la poche doublée de satin.

Les traites avaient suivi les diamants.

Un gémissement rauque s'échappa du gosier contracté de Blanche. — L'effroyable vérité lui apparut tout entière, à l'instant même, dans sa nudité hideuse. — Le voile qui l'avait aveuglée se déchira d'un seul coup. — Pas même pendant la centième partie d'un seconde ses soupçons ne s'égarèrent sur ces gens de service qu'elle ne connaissait pas. — Ils allèrent droit à Grégory.

— Je comprends tout ! — cria-t-elle avec une indicible expression d'horreur et de dégoût, en enfonçant ses mains crispées dans sa chevelure qui s'éparpilla. — Le prétendu conspirateur était un échappé du bagne ! — Il ne fuyait ni la police impériale ni la haute cour de justice, mais les gendarmes et la cour d'assises ! — Un voleur ! un voleur ! — Moi, la comtesse de Nancey, moi, j'aimais un voleur ! — Oh ! misérable femme que je suis !

Blanche frissonnait de la tête aux pieds. — L'idée d'avoir été la maîtresse du bandit qui s'enfuyait en la dépouillant causait uniquement d'abord cette révolte de tout son être. — Sa lèvre lui semblait à jamais souillée par la lèvre de Grégory. Son cœur se soulevait au souvenir de la flétrissure immonde qu'elle avait subie par sa faute.

Puis, à cette torture méritée, une angoisse nouvelle se joignit.

Sa ruine était complète ! — Riche quelques heures auparavant, elle se trouvait pauvre tout à coup. — Qu'allait-elle devenir, et quelle serait son existence désormais avec le spectre de la misère debout à son côté ?...

La comtesse était courageuse, mais à certains chocs écrasants aucune force ne résiste. — Une terreur folle s'empara de la femme adultère et brisa son âme hautaine. — Tout s'écroulait... — La fortune et la passion disparaissaient en même temps. — L'isolement absolu, la pauvreté froide et noire, arrivaient à leur place...

Madame de Nancey pleura, et pendent de longues heures s'épaissit autour de son intelligence une sorte de brouillard qui lui laissait la perception de la douleur, mais qui ne lui permettait pas de penser.

Les crises les plus effrayantes ont une fin. — Le larmes de Blanche se ralenti-

— Donnez-moi, s'il vous plait, monsieur, une petite fiole de laudanum. — Page 84.

rent peu à peu, puis cessèrent de couler. — Son esprit redevint lucide. — Elle eut le courage de regarder sa situation face à face et elle se posa cette terrible question :

— Que faire ?

La comtesse s'était dit qu'il ne lui restait aucune ressource, pas même la plus insignifiante, et que le lendemain elle serait certainement sans asile et sans pain, faute de pouvoir payer un repas et un abri...

Il était vraisemblable que dans un laps de temps très-court il faudrait en arriver là ; mais enfin ce double péril était moins imminent que Blanche ne l'avait cru d'abord.

Elle examina le contenu de son porte-monnaie resté intact dans sa poche, sans doute par suite d'un involontaire oubli du Valaque.

Ce porte-monnaie renfermait un billet de mille francs et une vingtaine de louis.

Avec cette somme, — si faible qu'elle fût pour la comtesse habituée à une grande et facile existence, — il était possible de vivre pendant un certain nombre de jours. — La vente de la montre qu'elle portait, et d'une partie de son linge et de ses vêtements, produirait aussi quelque argent. — Mais cet argent serait vite épuisé... et ensuite?...

Blanche, — rendons-lui cette justice, — n'eut pas même la pensée de s'adresser à la police badoise, de dénoncer Grégory et de télégraphier dans toutes les directions pour faire arrêter le bandit chargé de ses dépouilles.

La jeune femme aurait mieux aimé mourir de faim, mourir à l'instant, que d'afficher sa honte et de dire au monde entier : — *J'étais la maîtresse d'un voleur!*

Par exemple il fallait, sans le moindre retard, — ainsi que d'ailleurs elle en avait manifesté l'intention, — quitter la maison qu'elle habitait et dont le loyer, beaucoup trop élevé, absorberait rapidement ses misérables ressources.

Mais où aller?

Rentrer en France? — Madame de Nancey n'y songeait plus. — Qu'irait-elle faire, sans un sou, dans ce Paris qu'elle avait ébloui de son luxe? — A quel genre de travail demanderait-elle le moyen de vivre ? — Redeviendrait-elle comme autrefois institutrice, en déguisant son nom, en cachant son passé? — Ferait-elle concurrence à *Jenny l'Ouvrière* — au cœur content — content de peu?...

La vocation manquait à Blanche, et, d'ailleurs, elle le savait, l'ouvrière à qui l'habitude rend le travail facile ne gagne qu'à grand'peine sa maigre nourriture !

— Que faire donc?...

Une idée lui vint, — idée qu'elle repoussa d'abord, et qu'elle finit par accueillir.

Puisqu'elle était à Bade, la ville du jeu, pourquoi ne jouerait-elle pas?

Elle avait vu souvent Grégory revenir près d'elle les poches pleines d'or et de billets de banque gagnés en moins de deux heures. — Qui sait si quelque chance favorable ne lui permettrait point, sinon de se refaire une fortune, au moins de se procurer les moyens d'attendre sans trembler pour le lendemain ?...

Si vague que fût cette espérance, la comtesse, en l'entrevoyant, se sentit un peu ranimée.

Combien souvent n'a-t-on pas vu une illusion décevante, soutenant un courage défaillant, donner le temps d'arriver enfin à une réalité heureuse?

Blanche paya au valet et aux deux servantes les gages qui leur étaient dus, solda la semaine commencée du loyer de la maison, envoya chercher une voiture sur laquelle on chargea ses malles, et se fit conduire à un hôtel de second ordre où le prix d'une chambre n'avait rien d'effrayant.

Pour vingt et un thalers par semaine elle eut deux petites pièces au deuxième étage avec un balcon sur la rue, et elle s'installa sous le nom de madame Lizely.

Un repas modeste, dont elle avait grand besoin étant à jeun depuis la veille, fut apporté chez elle, et ce soir-là, brisée par les émotions terribles qui venaient de se succéder, elle ne sortit pas.

Il en fut de même le lendemain pendant la journée, mais, vers le soir, la comtesse fit une toilette d'une élégante simplicité, et à l'heure où la foule des joueurs se pressait autour des tables du trente-et-quarante et de la roulette, elle se dirigea vers le Salon de conversation où son entrée produisit un effet de surprise et d'admiration plus facile à comprendre qu'à décrire.

Mademoiselle Maximum et la Fée aux émeraudes, installées depuis assez longtemps déjà, jouaient avec un malheur soutenu, et s'obstinant follement contre la mauvaise veine, ainsi qu'il arrive presque toujours — (et c'est là une des raisons qui rendent si forte la banque impassible), — perdaient de grosses sommes et risquaient beaucoup d'être obligées sous peu de temps de mettre en gage, l'une ses bijoux, l'autre sa vertu...

On avait remarqué, la veille, l'absence du plus beau joueur de Bade, le prétendu baronnet sir John Snalsby, de Snalsby-House.

Lorsque Blanche apparut si gracieuse, si belle, si souverainement séduisante malgré son extrême pâleur, une sorte de murmure courut dans les salons. — Les joueurs se demandaient les uns aux autres :

— Quelle est cette inconnue charmante ?

— C'est lady Snalsby, — répondit quelqu'un qui par hasard, une semaine auparavant, avait vu les voyageurs arriver de Berlin et descendre du chemin de fer.

— Jamais de la vie! — répliquèrent à la fois la Fée aux émeraudes et mademoiselle Maximum, devenues les meilleures amies du monde depuis qu'elles avaient été rivales, — c'est la comtesse de Nancey... une Parisienne en rupture de contrat, qui vient nous faire ici déloyalement concurrence...

Le nom de la comtesse circula de bouche en bouche avec la rapidité de l'étincelle électrique.

L'incognito de Blanche, on le voit, ne durait pas même cinq minutes!

La jeune femme avait échangé son billet de banque contre cinquante pièces d'or.

Elle s'assit à une table de trente-et-quarante, et sans faire le moindre calcul de probabilités, — calcul qui d'ailleurs ne sert absolument à rien, — elle se mit à ponter selon son inspiration. — L'inspiration sans doute était mauvaise, car elle ne gagna pas un seul coup, et, quand elle reprit le chemin de son hôtel, après une longue séance énervante, son humble pécule s'était allégé de quinze louis.

Le lendemain il y eut des intermittences; — la comtesse gagna, puis reperdit, et cela plusieurs fois de suite. — Bref, le résultat de sa soirée fut absolument nul, ne se soldant ni par une perte ni par un bénéfice.

Les jours suivants les intermittences continuèrent, mais la veine fâcheuse avait le dessus. — Madame de Nancey perdit, — dans une proportion modeste, il est vrai, — ce qui n'empêcha pas les cinquante louis de se trouver réduits à vingt, après avoir atteint pendant une heure le chiffre de cent cinquante.

Dans ces alternatives pleines de fièvre, la comtesse devenait joueuse. — Elle se passionnait, et, se croyant toujours au moment de saisir par un de ses trois cheveux la déesse au bandeau, elle faisait tout éveillée ces rêves miroitants auxquels se livrent si volontiers les joueurs.

Personne n'ignorait plus à Bade que, le baronnet John Snalsby ayant disparu pour une cause inconnue, madame de Nancey était restée seule.

Une jolie femme *en rupture de contrat*, — ainsi que l'avaient fort bien dit les deux Parisiennes, — et passant ses soirées à piquer des cartes, n'inspire aux hommes qu'un respect limité. — C'était à qui voulait plaire à la comtesse. — Les plus irrésistibles habitués du Salon de conversation s'efforçaient de se faire remarquer par elle. — Les bouquets et les lettres affluaient à l'hôtel modeste qu'elle illuminait de sa présence.

Indifférente et dédaigneuse, Blanche avait l'air de ne rien voir et de ne rien comprendre... — Elle ne s'occupait que du jeu. — Si par hasard on lui adressait la parole, elle répondait avec un sécheresse hautaine qui n'encourageait point à recommencer. — Elle déchirait les lettres sans les lire, et les fleurs, refusées par elle, encombraient le bureau de l'hôtel.

Nous avons dit qu'il lui restait encore vingt louis.

Elle les perdit un soir en dix coups.

Le lendemain elle fit venir un brocanteur juif, lui vendit sa montre et la presque totalité de sa garde-robe, réalisa ainsi une quinzaine de cents francs, paya une semaine à son hôtel, alla au jeu en se jurant d'être prudente, et quitta le Salon de conversation au bout d'une heure, pâle comme une morte et n'ayant plus rien au monde qu'une pièce de cinq francs en or enfouie au fond d'une des cases de son porte-monnaie.

Elle entra résolûment dans la boutique d'un pharmacien, dont les bocaux rouges, bleus et verts illuminaient la rue. — Elle posa sur le comptoir sa piécette, et elle dit d'une voix très ferme :

— Donnez-moi, s'il vous plaît, monsieur, une petite fiole de laudanum.

XV

OU REPARAIT UN PERSONNAGE DÉJA CONNU.

L'apothicaire — (en Allemagne les pharmaciens ont conservé ce nom classique) — regarda, non sans quelque étonnement, cette jeune femme parfaitement belle, élégamment vêtue, très-pâle, mais en même temps très-calme.

Rien en effet dans la physionomie de Blanche ne décelait l'agitation qui, presque toujours, accompagne le projet d'un suicide ou la pensée d'un crime.

Elle demandait du poison de l'air le plus simple, comme elle aurait demandé du sirop de gomme ou de la pâte de lichen.

Croyant qu'elle avait été mal entendue ou mal comprise, madame de Nancey formula de nouveau sa requête.

— Mais, madame, — dit en bon français le maître de la boutique, — le laudanum est une substance extrêmement dangereuse. — Le savez-vous ?

— Je le sais, monsieur.

— Avez-vous une ordonance du médecin ?

— Non, monsieur.

— Permettez-moi, dans ce cas, madame, de vous demander à quel usage vous destinez ce laudanum ?

— Je suis sujette, depuis quelque temps, à de très-pénibles insomnies... — Je compte prendre de l'opium pour me procurer un peu de sommeil...

L'explication était plausible.

En France la loi, ou tout au moins les règlements de police qui régissent la pharmacie défendent absolument de vendre une substance vénéneuse à quiconque ne justifie point d'une ordonnance bien en règle.

En Allemagne ces règlements n'existent pas, ou du moins sont mal observés. — Quand l'auteur de ce récit, pris par les Prussiens en décembre 1870, avait le triste honneur d'être interné à Brême comme *otage*, un apothicaire de la ville Anséatique lui vendit du laudanum sans la moindre difficulté, et ne lui demanda même pas ce qu'il en voulait faire.

Madame de Nancey ne fut pas moins favorisée.

Le pharmacien ne souleva aucune autre objection, versa dans une petite fiole un liquide brun foncé, à l'odeur âcre et *sui generis*, boucha, cacheta, étiqueta, enveloppa d'un papier bleu, et présenta le tout à sa jolie cliente, en lui disant :

— Cinq ou six gouttes, prises dans un verre d'eau sucrée au moment de vous mettre au lit, suffiront, je n'en doute pas, pour combattre victorieusement l'insomnie. — Il serait dangereux de forcer la dose, et le contenu de ce flacon suffirait à empoisonner une demi-douzaine de personnes. — Ayez de la prudence, madame...

— Merci, monsieur, j'en aurai, — répondit la comtesse. Et elle sortit de la boutique.

Un personnage dont l'apparence et les allures n'offraient rien de mystérieux se trouvait au Salon de conversation ce soir-là, et n'avait point cessé d'observer madame de Nancey tandis qu'elle luttait contre la mauvaise chance et qu'elle était vaincue dans la lutte.

Quand elle quitta la salle de jeu il la suivit de près, et il appuyait son visage contre les vitres de la pharmacie tandis qu'avait lieu la courte scène que nous venons de raconter.

Ce personnage était un petit homme tout rond, très-blond, prétentieusement vêtu d'un pantalon gris perle et d'une étroite redingote noire, sanglée comme un corset sur sa taille épaisse et sur ses hanches massives.

Il portait à la boutonnière un ruban bigarré de toutes les nuances et qui semblait une réduction de l'arc-en-ciel.

Madame de Nancey, tenant de la main gauche son flacon, se remit en marche dans la direction de l'hôtel qu'elle habitait.

Le petit homme la suivit de nouveau, ouvrit de son mieux le compas de ses courtes jambes et hâta si bien le pas qu'au bout de deux ou trois secondes il la rejoignit. — Au moment de la dépasser, il ôta son chapeau de soie tout neuf, qui découvrit un crâne nu et luisant encadré bizarrement entre deux mèches rougeâtres de cheveux révoltés, et il dit en courbant l'échine :

— Madame la comtesse, j'ai l'honneur de mettre à vos pieds mes respects les plus empressés...

Blanche tressaillit, se ralentit presque à son insu et regarda curieusement son interlocuteur. — Il lui semblait reconnaître la voix qui venait de parler.

Elle ne se trompait pas.

— Monsieur le baron ! — s'écria-t-elle.

— Lui-même, madame la comtesse, et bien heureux d'être assez favorisé du hasard pour pouvoir, si peu de temps après son arrivée dans cette ville, vous présenter ses plus humbles hommages...

Et Herr Baron von Hertzog, — car c'était lui, — s'inclina de nouveau en mettant la main sur son cœur.

Blanche à qui ce personnage, nous le savons, était peu sympathique, et qui d'ailleurs ne se sentait pas d'humeur à causer, rendit le salut et pressa sa marche.

M. de Hertzog ne voulut point comprendre la signification de ce salut muet, et décidé à continuer la conversation, fût-ce malgré la jeune femme, se remit en mouvement en même temps qu'elle et régla son pas sur le sien.

— Madame la comtesse, — reprit-il, — s'est moquée de nous, là-bas, à Berlin, de la façon la plus spirituelle, la plus ingénieuse, la plus gaie... — Nous sommes bien loin de lui garder rancune au sujet de son procédé un peu cavalier, comme diraient des gens sans esprit... — Nous savons trop bien qu'à une aussi charmante personne tout est permis, absolument tout, excepté cependant de commettre une irréparable et lugubre folie qui mettrait en deuil les amis bien dévoués de madame la comtesse...

En prononçant les paroles qui précèdent, le petit baron, avec une dextérité de prestidigitateur, enleva de la main de Blanche le flacon de laudanum; le laissa tomber sur le pavé et le brisa d'un coup du talon de sa botte fine.

— Monsieur, — s'écria la jeune femme prise d'une colère soudaine, — vous vous êtes permis...

— D'acquérir des droits imprescriptibles à votre reconnaissance... — interrompit le petit Prussien. — C'est vrai, madame la comtesse...

— Des droits à ma reconnaissance... — murmura Blanche stupéfaite.

— Certes! puisque je vous sauve la vie... une vie précieuse que vous alliez trancher en sa fleur! — Je me suis permis cela, j'en conviens, et j'en suis fier!

— Qui vous a dit?...

— Personne... — J'étais ce soir au salon de jeu... — Je vous ai vue ponter votre dernier louis sur la rouge... — Vous n'avez pas d'idée, madame la comtesse, combien la figure d'une jolie femme est expressive quand elle ponte son dernier louis... et surtout quand elle le perd! — Vous songiez à un coup de tête... — Ça se lisait sur votre visage et ça s'écrivait dans vos yeux... — Je vous ai suivie... — J'avais le nez contre le vitre pendant que vous achetiez du poison... — c'était du laudanum... — En sentez-vous l'odeur? C'est très mauvais, le laudanum, et l'on souffre beaucoup, paraît-il, avant de mourir, quand on se tue avec cette drogue! — Quelle folie, grand Dieu! quelle folie! — Heureusement j'y ai mis bon ordre.

— Eh! monsieur, — répliqua Blanche avec amertume, — qui vous dit que je ne recommencerai pas demain?

— Vous ne recommencerez point, madame, parce qu'il n'y aura point lieu de recommencer. — Je connais votre situation...

— Vous! — dit Blanche, — c'est impossible.

— Je vais avoir l'honneur de vous donner la preuve du contraire... — En arrivant à Bade aujourd'hui je savais vous y trouver... et vous y trouver seule... — Le départ un peu brusque du baronnet John Snalsby, ou, si vous l'aimez mieux, du comte Labanoff, à moins que vous ne préfériez le Valaque Grégory, abandonnant madame la comtesse de Nancey, n'était point un secret pour moi...

— Quoi!... — balbutia la jeune femme tout effarée — vous savez aussi cela!

— Ah! j'en sais bien plus long encore! — reprit von Hertzog triomphant, — et pour peu que vous en soyez désireuse, je vous raconterai par le menu l'histoire de l'adroit coquin qui vous a prise pour dupe. — Il n'avait jamais été prince, je pense que vous vous en doutez un peu maintenant; car, ou je me trompe fort, ou bien en vous quittant il a dû vous voler!... — Croyez-moi, madame la comtesse, notre police est très bien faite...

— Vous vous dites mon ami !... Vous !.. — Et à quel titre? — Pag, 91.

Blanche, en écoutant von Hertzog, avait penché sur sa poitrine sa tête qui lui semblait trop lourde.

Elle la releva.

— Eh! bien, monsieur le baron, — fit-elle — puisque vous savez tant de choses, vous devez comprendre que je ne puis vivre...

— Pourquoi?

— Ah! ne me forcez point à le dire...

—. Je le dirai donc à votre place... — Vous croyant sans ressources, vous voulez mourir. — Mais des ressources, on en trouve toujours, et d'absolument inépuisables, quand on a des amis.

— Je n'en ai pas...

— Vous en avez, madame la comtesse... à commencer par moi...

— Vous vous dites mon ami!... Vous!... — Et à quel titre?

— A titre honorable, croyez-le!!! — Ma respectueuse sympathie ne vous compromet point... ne vous engage à rien... qu'à me permettre cependant de vous venir en aide dans la crise que vous traversez... — Cette crise sera courte... un pressentiment me l'annonce... — Laissez-moi mettre mon portefeuille à votre disposition... ou, ce qui vaudrait mieux, laissez-moi vous ouvrir un crédit chez un des banquiers de la ville...

— Monsieur, — demanda Blanche en regardant bien en face le baron de Hertzog, — dois-je voir une insulte nouvelle dans ces offres incompréhensibles?

— Gardez-vous d'avoir cette pensée, car rien au monde ne serait plus injuste...

— Je me souviens de l'entretien qu'il me fallut subir à Berlin, et vous conviendrez...

— Non pas, madame! — interrompit le petit Prussien. — Je ne conviens pas de cela! — Je vous l'ai dit alors et je vous le répète, il y eut entre vous et moi, madame la comtesse, un gros malentendu... — Vous, vous êtes entièrement méprise sur des intentions que Son Excellence se réservait de vous expliquer... — Elles n'étaient point du tout folâtres...

— Cependant...

— Oui, je l'avoue, les apparences... Mais les apparences sont menteuses... — Vous sachant si jolie, si gracieuse, si séduisante, l'idée vous vient naturellement que votre beauté doit tourner les têtes, qu'on ne peut vous voir sans vous aimer, vous aimer sans désirer vous le dire, et vous le dire sans désirer vous le prouver...

— En France vous auriez raison, mais nous autres Allemands nous sommes gens graves et moraux, et si nous admirons la beauté, c'est d'une façon toute platonique, comme une œuvre parfaite sortie des mains du Créateur... — En présence de ce chef-d'œuvre nous élevons nos âmes, et nous ne nous enveloppons jamais, non, jamais, *dans un amadou imprégné de miel et d'amour!*... (1).

Blanche écoutait avec stupeur ce langage hypocrito-mystique, confit en pleine

(1) L'auteur de ce récit n'invente point cette phrase impossible et grotesque. — Il vient de la trouver textuellement dans la correspondance d'une *Prussienne* qui croyait écrire en français.

tartuferie, et auquel, malgré la tension de son esprit, elle ne pouvait absolument rien comprendre.

— D'augustes personnages arriveront demain dans cette ville... — reprit M. de Hertzog. — Permettez-moi de vous aboucher avec Son Excellence...

— Jamais ! — interrompit la comtesse, — non, jamais !... — Vous avez vu, il n'y a qu'un instant, que je voulais mourir... — Sachez que tout l'or de la terre ne m'achèterait pas !... Je ne suis point à vendre !

— Toujours le même malentendu ! — murmura le baron d'une voix gémissante. — Vous êtes à mille lieues du vrai ! — Nous sommes renseignés sur vous, madame la comtesse, — nous connaissons les ressources de votre intelligence si brillante, la souplesse de votre esprit si fin ! — Nous songeons à vous faire, non point en Allemagne, mais à Paris, une situation digne de vous, — c'est dire qu'elle serait brillante ! — Le revenu de trois millions immédiatement assuré, et le capital lui-même devant vous appartenir au bout d'un certain temps... que penseriez-vous de cette offre ? Elle est acceptable, n'est-il pas vrai ?...

Madame de Nancey frappa du pied.

— Que me parlez-vous de millions ? — s'écria-t-elle. — En supposant qu'on me les offrît, ce dont je doute infiniment, que me demanderait-on en échange ?

— La chose du monde la plus facile... Vous savez recevoir, on nous l'a dit, et vous recevez à merveille... — On vous achèterait un hôtel, vous resteriez chez vous deux soirs chaque semaine, et votre salon deviendrait un salon politique... Vous voyez que c'est bien simple...

XVI

TENTATION.

Tout en échangeant les répliques qui précèdent, les deux interlocuteurs avaient marché, lentement il est vrai, mais la tortue, aussi bien que la lièvre, finit par arriver au but.

M. de Hertzog et madame de Nancey se trouvaient à deux pas de l'hôtel habité par cette dernière.

Le petit Prussien se mit à tousser.

— Allons! — murmura-t-il, — voilà que je m'enrhume! je suis vêtu de façon légère, et la soirée est un peu fraîche... — Je désirerais fort, cependant, achever cet entretien... — Daignerez-vous me faire l'honneur, madame la comtesse, de m'accorder chez vous une audience de dix minutes?...

— C'est que, — répondit Blanche avec embarras, — je suis bien simplement logée...

— Ah! ne dites pas cela! — s'écria le baron, — qu'importe la simplicité du logis quand les rayonnements de la fée qui l'habite lui donnent l'éclat d'un palais?

— Montez donc... — fit la comtesse en souriant malgré elle de cette galanterie germanique.

Cinq minutes après, M. de Hertzog et madame de Nancey, éclairés par deux bougies, s'asseyaient en face l'un de l'autre de chaque côté d'une petite table sur laquelle un valet de l'hôtel venait de placer du thé.

La curiosité de la jeune femme, nous devons en convenir, était excitée très-vivement. Elle s'avouait tout bas qu'en vérité le petit Prussien n'avait point l'air d'un mauvais homme. — Peut-être qu'en effet, à Berlin, elle ne l'avait pas bien compris, et par conséquent pas bien jugé... — Toujours on devrait être en garde contre les impressions trop promptes !...

— Monsieur le baron, — dit-elle en renouant la première l'entretien interrompu, — vous parliez tout à l'heure d'un salon politique?

— Dont vous seriez la reine, madame la comtesse, et où les personnalités les plus éminentes de la diplomatie, de l'administration, du Sénat et du Corps législatif, tiendraient à honneur d'être admises...

— Et, — s'écria Blanche incrédule, — on me proposerait pour cela cent cinquante mille francs par an?...

— On augmenterait même le chiffre s'il paraissait insuffisant... — En outre, dans un temps donné, le capital de ce revenu, c'est-à-dire trois millions, deviendrait votre propriété absolue... je crois vous l'avoir déjà dit...

— Et, dans ce salon, quel serait mon rôle?

— Celui d'une maîtresse de maison sans rivale pour son esprit, pour sa grâce et pour sa beauté... — Vous causeriez beaucoup... Vous écouteriez davantage encore...

— Voilà tout?

— Tout absolument, sauf un détail...

— Lequel?

— Le plus illustre des hommes d'État de l'Allemagne attache une haute importance à se rendre compte du mouvement politique dans les grands centres de l'Europe... — Il vous prierait donc de lui faire tenir, après chacune de vos réceptions, quelques notes écrites avec ce charme que votre plume élégante et facile doit posséder au plus haut point...

— Des notes?... A quel propos? — demanda la comtesse.

— A propos de ce qui se serait dit d'intéressant entre les hôtes considérables de votre salon... — à propos surtout de ces conversations presque confidentielles qui s'engagent au coin de la cheminée ou dans l'embrasure d'une fenêtre, entre deux tasses de thé... — Son Excellence se plaît, plus que je ne saurais le dire, à regarder l'envers de la tapisserie diplomatique...

— Ah çà! mais, — s'écria Blanche, — c'est de vrais rapports de police que vous me parlez là! — Le métier que vous me proposez est un métier d'espion!

Le baron de Hertzog sourit bénévolement et plia les épaules, ainsi qu'il en avait l'habitude.

— Ah! madame la comtesse, — répliqua-t-il de sa voix la plus douce, en mettant la main sur son cœur, — de quels vilains, de quels affreux mots vous venez de vous servir, et combien je suis étonné qu'ils sortent d'une si jolie bouche ! — En quoi la correspondance dont il s'agit, brillante, spirituelle, écrite par la plus charmante main du monde sur papier parfumé et armorié, se pourrait-elle assimiler, je vous prie, à la vilaine chose qu'on nomme rapport de police ? — Vous écoutez ce qui se dit dans votre salon tout haut, sans nul mystère, et vous le répétez. — Où est l'espionnage ? — Qui réclame de vous le secret ? — Personne. — Pourquoi donc le garderiez-vous ? — Les journaux ont leurs reporters qui les tiennent au courant de tout ; ils répètent cela au public, et naturellement les mieux renseignés sont aussi les plus répandus. — Y a-t-il là-dedans, je vous prie, la moindre trace d'espionnage ? — Ce qu'on vous demande pourrait s'appeler le *reportage politique*... reportage évalué pour vous à cinquante mille écus par an et devant rester inédit ! — Je vous assure que c'est fort beau !

Madame de Nancey, sinon complétement convaincue, tout au moins ébranlée par la spécieuse argumentation du baron, ne se révoltait plus mais semblait indécise encore.

M. de Hertzog reprit :

— Faut-il vous rappeler, madame la comtesse, que ces communications officieuses ne peuvent causer à qui que ce soit le plus minime préjudice ? — Nous avons trop de moralité, croyez-le bien, pour tenter seulement de mettre à l'épreuve votre patriotisme dont nous ne doutons pas ! — Un scrupule serait naturel, et même légitime, si l'offre qui vous est faite venait d'une nation ennemie ou rivale de la France. Il n'en est rien ! L'Allemagne en général et la Prusse en particulier professent à l'endroit de votre patrie une sympathie non moins vive que sincère. — Nous avons pour elle autant d'admiration que d'amour, et notre ambition la plus haute est de lui ressembler par les côtés brillants. — Voilà ce que Son Excellence m'a chargé de vous dire et ce que certainement elle se réserve de vous répéter elle-même... Vous me rendriez bien heureux en m'autorisant à transmettre à Son Excellence, de votre part, au moment même de son arrivée, un réponse favorable. — Puis-je le faire ?

Madame de Nancey secoua la tête.

— Vos offres sont séduisantes j'en conviens, monsieur le baron, — répliqua-t-elle, — si séduisantes que par cela même elles m'inquiètent...

— J'ose garder l'espoir, cependant, que vous ne les repoussez pas ?...

— Je ne les repousse ni ne les accueille... — Je veux réfléchir...

— C'est très-juste... — Je suis d'ailleurs parfaitement tranquille sur le résultat de vos réflexions... — Vous êtes femme de trop d'esprit pour hésiter longtemps...

— Peut-être, — murmura Blanche en souriant.

— Je vais avoir l'honneur de prendre congé de vous, madame la comtesse, — dit Herr von Hertzog en se levant, — et j'aurai l'honneur d'attendre vos ordres pour me présenter de nouveau devant vous... — Voici l'adresse de l'hôtel où je suis descendu, — ajouta-t-il en déposant une carte sur le plateau de la théière. — C'est là que toute communication émanée de madame la comtesse me trouvera prêt à mettre à ses pieds mon dévouement et mon respect.

Le petit Prussien fit un de ces beaux saluts à trois compartiments dont il avait le secret, baisa respectueusement et victorieusement la main de Blanche, pivota sur ses hauts talons avec une allure conquérante et quitta la chambre.

Moins d'une minute après son départ madame de Nancey s'aperçut que, par un oubli visiblement prémédité, il avait laissé sur un meuble certain joli portefeuille en cuir du Levant, à coins et à fermoirs de vermeuil. — Un vrai portefeuille de femme.

Elle l'ouvrit. — Il contenait, en beaux billets neufs de la Banque de Berlin, une somme de mille thalers.

— J'accepte le prêt... — se dit la jeune femme. — Avec la moitié de cette somme je puis gagner beaucoup ! — Mon instinct m'avertit que la chance va tourner et je rembourserai sur mon gain ce brave Allemand qui vraiment est un galant homme...

A quoi tiennent les destinées des créatures vivantes et les récits des romanciers, ces historiographes de la vie intime?

Au moment où madame de Nancey, une heure auparavant, quittait le Salon de conversation, son parti était pris absolument. — N'ayant plus de ressources immédiates, ne voyant dans l'avenir aucun point lumineux et ne voulant pas faire métier de sa beauté, elle avait résolu de mourir.

Sans la rencontre de Herr baron von Hertzog, arrachant de sa main le flacon de laudanum et le brisant sur le pavé, on aurait trouvé le lendemain le corps de la jeune femme déjà raidi par la mort et bleui par le poison.

Tout se modifiait alors.

La nouvelle du suicide, publiée par les journaux de Bade, reproduite par les feuilles parisiennes, arrivait jusqu'à Paul de Nancey et le rendait libre...

Il épousait Alice, il vivait heureux auprès d'elle ; — le drame que nous écrivons n'avait plus de dénoûment, et Marguerite n'était pas vengée, ou ne l'était du moins que par la mort de Blanche, l'un de ses assassins et le plus coupable peut-être...

La Providence, qui veut que tout se paye, en avait décidé autrement.

C'est d'une façon très-sérieuse et très-sincère que la comtesse hésitait en présence de la proposition si inattendue et si brillante du baron de Hertzog.

— En dehors de ce qui touchait à son cœur blessé et méconnu, à son amour dédaigné et trahi par Paul après les nuits d'ivresse du chalet de Ville-d'Avray, Blanche gardait en elle un grand fond de loyauté.

Les sophismes du Prussien n'avaient pu la convaincre tout à fait. — Cette tâche d'adresser à l'homme d'État des notes si princièrement payées sur ce qui se dirait dans son salon continuait à s'accoupler pour elle à l'idée d'espionnage.

Fille d'un colonel français, d'un commandeur de la Légion d'honneur, la pensée de se mettre à la solde d'une Excellence allemande révoltait quelque chose en elle.

Elle sentait bien cependant qu'elle finirait par transiger avec sa conscience si aucune autre éclaircie ne se faisait dans son horizon noir. — On ne revient pas volontiers à l'idée du suicide quand une circonstance inattendue vous en a détourné. Lorsqu'on a passé, volontairement, si près de la mort, la mort fait peur aux plus résolus.

Le lendemain la ville de Bade était, sinon dans la joie, du moins dans une grande agitation. — Les établissements publics et nombre des maisons particulières habitées par des Allemands se pavoisaient de drapeaux.

Les augustes personnages annoncés depuis quelques jours arrivaient; la réception officielle qui leur fut faite laissa madame de Nancey si parfaitement indifférente qu'elle ne se dérangea même pas pour assister aux pompes du cortège et à l'enthousiasme banal d'une population de maîtres d'hôtel et de loueurs de maisons meublées.

Le soir, elle échangea contre de l'or les billets laissés chez elle par le baron de Hertzog, ne prit que la moitié de cet or, bien décidée à ne point lutter contre la veine si cette veine se montrait défavorable, et se rendit au Salon de conversation.

L'affluence des joueurs et des curieux était considérable.

Madame de Nancey aperçut dans un groupe le petit Prussien, répondit par un mouvement de tête et par un sourire à son salut respectueux et prit place à une table de Rouge et Noir.

Une heure après, elle perdait le dernier louis de la somme apportée. — Il est vrai de dire qu'au lieu de suivre son inspiration elle avait obstinément ponté sur la rouge, quand mademoiselle Maximum et la Fée aux Émeraudes pontaient sur la noire, et *vice versâ*. — Or, les jolies Parisiennes gagnant beaucoup ce soir-là, madame de Nancey, nécessairement, subissait la chance contraire.

Elle se leva, décavée, et quitta le Salon de conversation; — mais la fièvre du jeu

L'AMANT D'ALICE.

La loge de madame de Nancey se trouvait en face de la loge officielle — Pag. 100.

s'était allumée dans ses veines, étouffant la voix de la prudence qui lui disait de s'en tenir là...

Blanche alla tout droit chez elle, prit le reste de son or et revint.

M. de Hertzog, sans doute, s'attendait à ce retour. — Il observait la comtesse du coin de l'œil et se frottait joyeusement les mains comme un brave Allemand qu'il était.

XVI

UNE SOIRÉE AU THÉATRE DE BADE.

Madame de Nancey se remit au jeu, changeant absolument sa marche et pontant sur la même couleur que mademoiselle Maximum et que la Fée aux Emeraudes.

Le seul résultat qu'elle obtint fut d'entraîner les deux Parisiennes dans sa déveine persistante...

Nous n'étonnerons point nos lecteurs en leur disant qu'en moins d'une heure la comtesse avait tout perdu. — Il ne lui restait même pas, comme la veille, de quoi faire emplette de poison.

Pendant les derniers coups de cette lutte contre la mauvaise chance, Herr baron von Hertzog avait tracé rapidement quelques lignes au crayon sur une page détachée de son portefeuille. — Il quitta la salle de jeu au moment où Blanche, absolument dépouillée, abandonnait la place. — Il monta dans une voiture qui l'attendait à la porte et qui partit au grand trot de ses chevaux.

Lorsque madame de Nancey franchit, un quart d'heure après, le seuil de l'hôtel qu'elle habitait, un des valets lui remit une enveloppe qui venait, dit-il, d'être apportée à l'instant même.

Rentrée dans son appartement, Blanche ouvrit cette enveloppe et lut les lignes suivantes :

» Madame la comtesse :
« La mauvaise chance s'est permis de vous maltraiter ce soir avec une obstina-
« tion bien cruelle, mais le plus empressé de vos serviteurs ose vous supplier avec

« humilité de ne vous inquiéter absolument de rien. — Peu importe l'argent que
« vous avez perdu. — Cet argent était inutile.

« Un crédit illimité vous est ouvert dans le logis indigne de vous que vous avez
« choisi.

« L'ordre est donné au bureau de votre hôtel de solder à présentation tous les
« achats, quelle que soit leur importance, que vous jugeriez convenable de faire
« et qui vous seraient apportés.

« J'ai l'honneur de vous adresser ci-joint une loge pour la représentation qui
« doit être donnée demain, par la troupe française, au théâtre de Bade.

« Je prends la liberté d'insister de façon pressante pour que vous daigniez hono-
« rer de votre présence cette représentation. — Tenez pour assuré que personne
« ne se permettra d'y troubler votre solitude. »

Suivait la formule des respects les plus exagérés et la signature du baron de
Hertzog.

Cette lettre, écrite au crayon, renfermait en effet un coupon de loge portant la
date du lendemain.

Madame de Nancey n'hésita point.

— J'irai, — se dit-elle. — Il me faut vouloir désormais tout ce que voudra cet
homme... Mon avenir est dans ses mains, puisque je n'aurais plus à présent le
courage de mourir...

Blanche subissait fatalement cette démoralisation rapide que la fièvre du jeu
apporte avec elle, car le jeu, croyons-nous, est un dissolvant d'une incomparable
puissance.

La notion de la valeur réelle de l'argent s'efface quand on gagne. — L'or et les
billets de banque, résultant d'un coup heureux, favorisent neuf fois sur dix les
dépenses folles et les regrettables excès.

La perte au contraire énerve l'âme des plus forts, amollit l'énergie des mieux
trempés.

Combien ils sont rares les joueurs que l'on pourrait citer, et qui comblent par
le travail les trous creusés par la déveine !

Le lendemain, un valet de l'hôtel vint prévenir madame de Nancey qu'à l'heure
du spectacle une voiture serait à ses ordres.

Elle fit une de ces toilettes élégantes qu'elle savait porter avec une distinction si
grande, avec un charme si vainqueur, et elle descendit.

Un coupé de maître à deux chevaux, avec cocher et valet de pied en livrées de
fantaisie, l'attendait dans la cour et la conduisit en quelques minutes au théâtre.

La troupe française allait jouer une pièce inédite de Théodore Barrière, charmante comédie en deux actes que les Parisiens applaudissent aujourd'hui au Vaudeville, sous le titre de *Dianah.*

Un public d'élite remplissait la salle. — Beaucoup de jolies femmes en robes de couleurs claires et vives lui donnaient l'aspect joyeux d'une vaste corbeille de fleurs, à laquelle rien ne manquait, même le parfum.

La loge de madame de Nancey se trouvait en face de la loge officielle où d'augustes personnages devaient prendre place, et où ils s'installèrent en effet quelques secondes avant l'heure fixée pour le lever du rideau.

Blanche revit alors, non sans une sorte de vague inquiétude, l'homme d'État fameux, à visage de sphinx, dont nous avons tracé le portrait dans un précédent chapitre de ce livre; mais, cette fois, Son Excellence n'occupait que le second rang.

Sur le devant, au milieu de la loge, très-raide dans les bras dorés d'un fauteuil recouvert en velours rouge à crépines d'or, trônait un grand vieillard qui semblait imposant, mais qui ne l'était en réalité que par ce prestige très-réel inséparable du rang suprême.

Deux touffes de cheveux blancs encadraient le crâne dépouillé de ce vieillard robuste. — D'épaisses moustaches blanches cachaient presque entièrement la bouche, de longs favoris blancs descendaient plus bas que le menton.—Ses yeux pâles avaient la froideur, la dureté, et par moments les reflets métalliques de l'acier. — Il ne semblait pas qu'un rayon brûlant pût jamais glisser entre ces paupières boursouflées, soit dans les discussions du conseil, soit sur la terre piétinée et sanglante des champs de bataille.

Le nez se retroussait, vulgaire et gros du bout. — La physionomie était morne. — L'ensemble du visage faisait penser au type cosaque beaucoup plus qu'au type allemand.

En 1867, à l'Exposition universelle, en face des canons Krupp envoyés par la Prusse, la comtesse de Nancey, qui s'appelait alors Blanche Lizely, avait vu cette tête de Kalmouck. — Elle la reconnut aussitôt; et d'ailleurs la présence de l'homme d'État derrière le grand fauteuil doré ne pouvait lui laisser aucun doute sur l'exactitude de ses souvenirs.

Le petit baron de Hertzog, orné de toutes ses décorations, exhibant sur sa poitrine rebondie un plastron brodé et bouillonné de vingt centimètres de largeur, occupait un fauteuil d'orchestre et se donnait beaucoup de mouvement pour attirer sur sa personne gracieuse et sur sa tenue correcte l'attention de la comtesse.
— Il n'y parvenait point.

Mademoiselle Maximum et la Fée aux émeraudes, qui n'avaient pu, malgré de nombreuses démarches, se procurer qu'une loge de second étage — (toute la salle était louée d'avance!) — étalaient des toilettes ultratapageuses, mais d'un goût exquis et portées avec une crânerie suprême, et servaient de point de mire à bon nombre de lunettes prussiennes. — Plus d'un officier d'état-major, vertueux fils de la vertueuse Allemagne, songeait à trahir un peu pour elles sa Gretchen conjugale ou sa Dorothée légitime...

Blanche, armée d'une mignonne jumelle à douze verres qu'elle avait conservée dans son désastre, examinait le morne vieillard à physionomie de Cosaque avec un peu plus de curiosité que ne le permettait l'étiquette.

Elle vit tout à coup Son Excellence se pencher vers le haut personnage et lui dire quelques mots tout bas. — Presque aussitôt les verres d'une auguste lorgnette se braquèrent sur la comtesse, avec une telle persistance qu'elle en éprouva un extrême embarras et qu'elle se sentit devenir rouge jusqu'à la racine des cheveux.

En étudiant ainsi la jolie Française, le personnage auguste souriait sous ses rudes moustaches argentées, et, quand il déposa son télescope portatif, ses yeux habituellement atones offraient ces lueurs phosphorescentes qui jaillissent la nuit des prunelles dilatées du chat.

A vingt reprises différentes, pendant la durée du spectacle, ce manége se reproduisit, suivi du même phénomène.

La comtesse, dont l'embarras grandissait à mesure que cette attention devenait plus intense et significative, n'osait maintenant tourner les yeux du côte de la loge officielle.

Le spectacle s'acheva, sans autres incidents que ceux dont nous venons de parler. — Blanche, ne voulant point se trouver prise au milieu de la foule, attendit pour sortir que la salle fût à peu près vide.

Elle se vit, dans le couloir, face à face avec M. de Hertzog, radieux, le visage illuminé, bombant sa poitrine, jouant avec son claque, ébauchant des effets de torse, et faisant carillonner à chaque mouvement sa bimbeloterie.

— Madame la comtesse, — dit-il, — je vous attendais respectueusement. — Permettez-moi de vous offrir mon bras pour vous conduire jusqu'à votre voiture.

Blanche n'avait aucune raison de refuser. — Elle accepta.

— Vous devez être contente de votre soirée, madame la comtesse, — reprit le petit Prussien. — Quel succès!

— La nouvelle pièce est en effet charmante. — L'auteur a tant d'esprit...

— Je ne songe point à la pièce... — répliqua Herr von Hertzog. — Elle est charmante, puisque vous le dites, et que d'ailleurs on applaudissait fort... mais je n'écoutais pas... — Je parle d'un autre succès... d'un succès bien plus grand encore... du vôtre!...

— Du mien?... — demanda Blanche. — Comment?

— Sans doute... — Si prodigieuse que soit votre modestie, il est impossible, il est absolument impossible que vous ne vous soyez aperçue de rien! — J'étais tout à ce qui se passait dans la salle, moi! — Je ne perdais aucun détail... J'en ai presque un torticolis, tant je regardais en arrière, au premier étage... — Ah! madame la comtesse, permettez-moi de mettre à vos pieds mes félicitations bien sincères!

— A quel propos, monsieur le baron?

— Vous ne comprenez pas?... Pas un peu?...

— Non, pas du tout... — et je vous prie de vous expliquer...

— Je ne le puis ce soir... je ne l'ose... — J'aurai l'honneur demain de me présenter chez vous. — A quelle heure me ferez-vous, madame la comtesse, la grâce insigne de me recevoir?...

— A celle qui vous conviendra le mieux... — Vous savez que je suis toujours libre...

— Entre deux heures et demie et trois heures, alors, si vous le voulez bien...

Blanche fit un geste d'assentiment.

Nos personnages, en échangeant les paroles qui précèdent, avaient descendu d'une façon très-lente les marches de l'escalier du théâtre. — Ils étaient arrivés près de la voiture dans laquelle madame de Nancey monta. — M. de Hertzog lui baisa la main, et, dans l'empressement de sa galanterie suprême, il ne laissa point au valet de pied le soin de refermer la portière.

Tant que les lanternes furent en vue, il demeura militairement immobile, dans une attitude penchée et obséquieuse, la bouche en cœur, le claque sous le bras.

Quand la voiture eut disparu au tournant d'une rue, il rajusta ses deux mèches rousses, ébouriffées par le vent frais du soir, couvrit son crâne luisant, alluma un cigare et prit le chemin du Salon de conversation en se disant tout bas :

— Lola Montès était bien moins jolie, et la Bavière est pays allemand... Qui sait? c'est sans doute un coup de fortune, et peut-être, par mon mérite, vais-je monter... monter... monter...

Le lendemain, un peu avant trois heures, un maître d'hôtel entrait chez madame de Nancey et posait devant elle un bouquet, ou plutôt un véritable monument d'une incomparable beauté.

Ce bouquet, dont le diamètre était invraisemblable, se composait de camélias rouges et de camélias blancs, formant des bandes concentriques de pourpre et d'ivoire, d'un effet merveilleux.

— De quelle part? — demanda la comtesse.

— On n'a rien dit, — répliqua le maître d'hôtel.

A trois heures précises la porte s'ouvrit de nouveau, et on annonça :

— M. le baron de Hertzog.

XVIII

DUCHESSE!

Le petit Prussien entra, plus respectueux, plus obséquieux, plus servile et plus plat encore que de coutume.

Quand il eut présenté longuement ses hommages, son attention fut conquise par le bouquet placé sur une table auprès de madame de Nancey.

— Ah! quel bouquet! — s'écria-t-il avec exaltation. — Que voilà donc un beau bouquet!... Que voilà donc un bouquet merveilleux!

Blanche se hâta de couper court à ce trop verbeux enthousiasme.

— Il serait de bon goût de l'admirer moins, — interrompit-elle. — Je suppose qu'il vient de vous...

— Erreur, madame la comtesse, — répliqua M. de Hertzog, — son origine est bien autrement illustre!... — Je ne me permettrais pas, moi chétif, de vous adresser un *sélam* à ce point significatif, car, ou je connais mal le langage des fleurs, ou l'union de ces camélias couleur de neige et couleur de feu dit clairement qu'on espère avec les flammes de l'amour fondre les glaces de votre cœur... — Ne vous semble-t-il pas, comme à moi, qu'il y a quelque chose de royal dans cet envoi fait par une main inconnue à une reine de beauté?...

— Je sais mal, je l'avoue, deviner les énigmes, — reprit madame de Nancey. — Vous m'obligerez fort en vous expliquant mieux...

M. de Hertzog prit une physionomie solennelle.

— L'explication que madame la comtesse me fait l'honneur de réclamer de moi, — dit-il, — est bien difficile à donner...

— Pourquoi donc?...

— Quand Sémélé, simple mortelle, aimée de Jupiter, — (était-ce bien Sémélé?... peu importe d'ailleurs...) — voulut voir le dieu dans sa gloire, au milieu des attributs de sa toute-puissance, l'imprudente fut consumée par les feux trop vifs qui rayonnaient autour de son amant... — Un sort pareil pourrait devenir le vôtre, madame la comtesse, quoique vous soyez à coup sûr une demi-divinité... tout au moins...

— A quel propos cette mythologie? — demanda Blanche en souriant. — Je vous en prie, monsieur le baron, revenons sur la terre...

La solennité de Herr von Hertzog redoubla.

— Les plus hautes destinées vous attendent! — murmura-t-il. — Oserais-je supplier madame la comtesse de se souvenir un jour que j'aurai eu l'honneur insigne d'être le premier échelon, grâce auquel elle atteindra le sommet des grandeurs?...

— Je vous comprends de moins en moins... — Quelles grandeurs me réserve donc ce salon politique dont nous avons parlé?

Le petit baron prit un air incomparablement dédaigneux.

— Il n'est plus question de cela! — reprit-il, — oh! plus du tout... et, maintenant, c'est bien autre chose!

La comtesse frappa du pied avec impatience. — Les périphrases du Prussien l'énervaient outre mesure.

M. de Hertzog le sentit, car il se hâta d'ajouter :

— D'augustes regards se sont fixés sur vous... — Vos charmes transcendants ont fait une impression profonde sur un auguste cœur... — Hier soir, au spectacle, toutes les grandes dames qui se trouvaient dans la salle ont été jalouses de vous, et non pas sans raison! — Madame la comtesse comprend-elle?

— Je commence...

Chers parents, bien chers, bien aimés. — Page 111.

— Il ne tient qu'à vous d'être reine...
— De la main gauche... — interrompit Blanche.
— Daignez vous rappeler quel rôle les reines de la main gauche, comme vous dites si bien, ont joué dans l'histoire de votre pays! — Agnès Sorel, la belle Gabrielle, Montespan, La Vallière, sont des figures immortelles, admirées dans le monde entier. — Sans compter que la porte est ouverte aux rêves ambitieux qui peuvent, au moment le plus imprévu, devenir des réalités. — En notre Alle-

magne, madame la comtesse, le mariage morganatique est une institution sérieuse.

— Pas pour les souverains mariés...

— Tout mari peut devenir veuf... — Or, vous êtes trop belle, et surtout trop habile, pour ne pas prendre sur un Jupiter à son déclin une influence immense et durable, qu'aucune volonté contraire, aucune intrigue de cour ne pourraient entamer... — Il ne tient donc qu'à vous de régner sur un roi ; et cela, madame la comtesse, c'est être deux fois reine...

Blanche secoua la tête et dit d'un ton railleur :

— Vous m'étonnez, monsieur le baron ! — Hier, vous étiez plus moral !

— Je le suis comme hier, madame la comtesse, — répliqua vivement von Hertzog. — Oui, je le suis encore et certes le serai toujours... — C'est la moralité qui fait notre Allemagne si grande ! — Nous autres Allemands, nous sommes moraux, tous moraux, mais protestants... Nous savons lire la Bible avec intelligence, et nous puisons à cette source les bons exemples qu'il nous faut. — Sarah, l'épouse légitime, était vieille et peu séduisante. Dieu trouva bon que le patriarche eût pour la belle Agar de tendres procédés... — Or, l'auguste moitié d'un personnage auguste a cessé d'être jeune. — Concluez, madame la comtesse.

Madame de Nancey eut un ressouvenir de l'époque où le clan des cocodès formait son *escadron volant*, et elle se dit tout bas, avec cette forme pittoresque que le petit d'Alban s'efforçait de mettre à la mode :

— Très-malins, ces Allemands, parole d'honneur ! — beaucoup de cachet ! — Leur morale de la main gauche est d'un relief à tout casser !

Cette réflexion ainsi formulée mit un sourire sur les lèvres de la comtesse, et le Prussien, voyant ce sourire, pensa qu'il avait ville gagnée et reprit avec entraînement :

— J'ai parlé de l'avenir parce qu'un rêve de grandeur, facilement réalisable peut-être, est ce qui doit frapper surtout une âme grande comme la vôtre, mais je ne puis passer sous silence les avantages immédiats résultant d'une situation si brillante et si justement enviée... — Ces avantages sont innombrables. — D'abord on vous placerait très-haut... — De la ballerine Lola Montès on avait fait, vous le savez, une comtesse de Lansfeld... — Il est bien autrement facile de mettre une couronne de duchesse sur les adorables cheveux blonds de la comtesse de Nancey... — Qui donc pourrait s'en étonner ? — Grande dame authentique déjà, vous le devenez plus encore... — C'est tout simple et ça va de soi !... — Autre côté de la question : En France comme ici, il ne vous reste rien de ce qui fut votre fortune...

— Le faux prince a tout emporté... — Nous avons eu l'idée de l'arrêter en route, nous l'aurions pu certainement, mais — (voyez jusqu'où va ma franchise!) — il convenait à nos projets de vous tenir ainsi dépouillée... — On constituera pour vous un apanage vraiment ducal... — Vous aurez des domaines dont personne au monde, quoi qu'il arrive, n'aura le droit de vous dépouiller... — Vous serez riche, reçue à la cour, entourée, fêtée, courtisée, et, — croyez-le bien, — respectée... — Permettez-moi de vous le dire, madame la comtesse, pour repousser une destinée pareille à celle que je viens vous offrir, il faudrait être folle... et vous ne l'êtes pas...

Blanche avait écouté, rêveuse, tandis que M. de Hertzog, à qui son ambition personnelle donnait une sorte de verve gasconne, faisait scintiller devant elle tous ces mirages éblouissants.

Quand il eut achevé, elle pencha sa tête sur sa poitrine et garda le silence pendant quelques minutes.

Elle se disait tout bas :

— J'ai résolu de vivre, puisque je ne trouve plus en moi le courage qu'il faut pour mourir. — Que me garde la vie? — La misère et l'humiliation. — Que suis-je? — Une déclassée, une femme adultère ayant fui le toit conjugal, et volée par un amant de hasard. — Redevenir honnête, est-ce possible? — L'essayer seulement, à quoi bon? — Qui m'estimera jamais? — Personne. — Le passé ne s'efface pas. — Je porte au front la tache indélébile! — Je n'ai plus d'honneur, et rien ni personne au monde ne peut me rendre cet honneur perdu! — La honte est mon lot désormais... Eh bien! qu'elle soit au moins rayonnante! — Cet homme avait raison tout à l'heure; pour refuser, il faudrait être folle! — J'étais la maîtresse d'un voleur... Je monte en devenant la maîtresse d'un roi!...

Madame de Nancey releva la tête et regarda M. de Hertzog.

— Eh bien! — s'écria-t-il avec une anxiété fiévreuse, — madame la comtesse a réfléchi?

— Oui.

— Et, que décide-t-elle?

— J'ai décidé que je serai duchesse.

En entendant cette réponse favorable, la joie du Prussien fut si vive qu'il devint pourpré, ou plutôt violet, et qu'une attaque d'apoplexie parut imminente ; mais le petit homme était solide, — il se remit vite, passa deux de ses doigts entre son cou massif et sa cravate blanche, appuya la main sur son cœur, salua jusqu'à terre et dit :

— J'aurai l'honneur ce soir, à neuf heures, de venir demander une tasse de thé à *madame la duchesse* — (il souligna le titre), — je ne serai pas seul... madame la duchesse me permettra de lui présenter un visiteur dont le respect me défend de prononcer le nom.

Blanche fit un signe afirmatif et M. de Hertzog, après avoir pris congé selon toutes les formules du cérémonial et multiplié les courbettes, sortit, marchant sur les nuages et se voyant déjà ministre.

* *

Tandis que se passait entre le Prussien et la comtesse la scène à laquelle nous venons de faire assister nos lecteurs, l'homme d'État au visage de sphinx allait et venait dans son appartement, les sourcils froncés et le front couvert de nuages.

L'intrigue ébauchée ne lui plaisait point. — Faire de madame de Nancey un espion à la solde de la Prusse, oui, c'était bien ; — en faire une favorite, cela l'inquiétait. — Comment admettre une influence autre que la sienne? une influence française? une influence qui pourrait grandir un jour et devenir sérieuse?... — Impossible!... — Mais le moyen d'empêcher ce qu'on souhaitait en haut lieu ?

Tout à coup le visage sombre de l'Excellence se rasséréna, — les sourcils froncés se détendirent. — Un sourire plissa les lèvres sous la moustache épaisse et rude.

— La solution du problème était trouvée.

A neuf heures précises, M. de Hertzog montait l'escalier conduisant au logis de la comtesse. — Il avait un compagnon dont un chapeau large, posé presque sur les yeux, cachait le haut du visage, tandis que le bas de ce visage disparaissait sous le collet relevé d'un grand manteau qui certes n'était point de saison. — Entre le chapeau et le manteau, on distinguait à peine de longs favoris blancs.

Madame de Nancey attendait, gracieuse, séduisante, et d'autant plus irrésistible qu'une fièvre facilement explicable mettait un ton rosé d'une finesse exquise sur ses joues habituellement un peu pâles.

La lampe à esprit-de-vin brûlait sous le *samovar*, les tasses à thé étaient prêtes. L'arrivée inopportune d'un valet n'avait point de raison d'être.

L'entretien s'engagea, très-vif.

Tout à coup, dans la rue, sous les fenêtres, un murmure se fit entendre, harmonieux et vague d'abord, puis, soudain, l'air national de Prusse joué par soixante exécutants avec ce merveilleux ensemble qui caractérise les instrumentistes allemands, éclata comme le tonnerre et fit trembler les vitres.

La musique des régiments badois qui chaque soir, par une galanterie officielle, donnait une sorte de concert au palais, en face de la chambre à coucher du personnage auguste, apprenait à la ville de Bade que, ce soir-là, le personnage auguste prenait le thé, — chez une jolie femme, — au deuxième étage d'une hôtellerie de second ordre... (1).

Et, non loin de cette hôtellerie, l'Excellence, en casquette à bande rouge, en uniforme sombre, écoutait et souriait...

XIX

A PARIS

Au moment où nous retournions en arrière pour rejoindre à Berlin et pour suivre à Bade la comtesse de Nancey et le Valaque Grégory, nous avons laissé Paul et Alice à Paris, cachant leur amour dans la villa mystérieuse ombragée par les grands arbres du bois de Boulogne, et jouissant d'un calme profond.

La santé de la jeune fille, ébranlée par les bises trop âpres des grèves de l'Océan pendant l'hiver passé en Bretagne, s'était raffermie et ne donnait plus d'inquiétude.

La douce enfant, — avons-nous dit, — reprenait chaque jour et peu à peu quelque chose de la gaieté presque enfantine de son caractère.

Son regard devenait moins rêveur, son sourire moins mélancolique.

(1) Historique.

Elle avait dix-sept ans. — Elle aimait. — Elle était aimée.

Paul de Nancey se trouvait, lui, absolument heureux. — Il ne vivait que pour Alice. — Rien, en dehors d'Alice, n'existait pour lui dans le monde.

Un matin, il s'aperçut avec une angoisse inexprimable que la jeune fille avait les yeux rougis.

— Mon enfant chérie, — lui dit-il après avoir embrassé passionnément ses petites mains qu'il garda dans les siennes, — vous avez pleuré?...

Alice ne savait pas mentir.

— C'est vrai, — répondit-elle en appuyant sa jolie tête sur l'épaule de Paul, — j'ai pleuré...

— Vous avez un chagrin?...

— Oui...

— Pourquoi?

— Parce que ma conscience me reproche d'être ingrate et cruelle.

— Ingrate et cruelle vous, mon Alice! — s'écria Paul, — et envers qui, grand Dieu! chère enfant adorée?

— Envers ceux qui m'aimaient avant vous... qui m'entouraient d'une tendresse profonde, infinie, dont vous ne pouvez être jaloux... — Envers ces êtres excellents que j'ai quittés, qui ne savent pas ce que je suis devenue et qui pleurent à présent sur moi comme si j'étais morte... — Hélas! ils ont raison. — Ne suis-je pas morte pour eux?...

— Chère mignonne, — répondit le comte très-ému, — moi seul je suis coupable, et, vous le savez bien, votre ingratitude apparente ne doit se reprocher qu'à moi. — Que pouviez-vous changer, pauvre Alice, à la situation que je vous ai faite?

— Paul, — murmura la jeune fille, — Paul, ils souffrent là-bas... — Songez donc! depuis tant d'années j'étais la joie de leur foyer, l'espoir de leur avenir... Maintenant ils sont seuls... bien seuls, et, j'en suis sûre, bien tristes... Ils se croient oubliés... — Ah! s'ils savaient du moins à quel point ils se trompent...

— Est-il un moyen de les rassurer?

Alice fit un signe affirmatif.

— Lequel? — continua M. de Nancey.

Alice dégagea doucement ses mains des mains de son amant et se dirigea vers un petit meuble de marqueterie, qu'elle ouvrit.

Dans un des tiroirs de ce meuble, elle prit une lettre toute écrite, mais non pliée, et revint à Paul en lui disant :

— Vous êtes mon maître bien-aimé, et je ne puis vouloir autre chose que ce que vous voulez aussi... — Permettez-moi d'envoyer cette lettre... — Au moins ils apprendront, là-bas, que ma pensée est avec eux.

— Puis-je lire? — demanda le comte.

— Quelle question me faites-vous là?... — Est-ce que j'ai des secrets pour vous?...

Elle n'était pas bien longue, la lettre de la pauvre Alice; la voici :

« Chers parents, bien chers, bien aimés :

« Non, elle n'est point ingrate, votre petite Alice... Ni ingrate, ni oublieuse!...
« De son cœur elle a fait deux parts, et vous en avez une... — Elle vous aime
« autant qu'autrefois, elle vous aime plus encore peut-être... — Vous en doutiez...
« N'en doutez plus... je vous le dis, je vous l'affirme, et c'est la vérité.

« Si coupable que je fusse envers vous, vous ne m'avez point maudite, n'est-ce
« pas? — Si vous en aviez eu la volonté, en auriez-vous eu le courage... — Vous
« avez bien compris qu'en vous abandonnant je cédais à une force autrement puis-
« sante que ma faible volonté... — Avais-je seulement une volonté? — Étais-je
« autre chose qu'une enfant?

« L'enfant d'alors a cessé d'exister... Aujourd'hui je n'ai qu'un an de plus, à
« peine, et bien peu d'expérience; mais j'ai souffert, mais j'ai aimé, et je com-
« prends ce que pour moi vous avez dû souffrir, vous qui m'aimiez si tendrement.

« Il y a un an j'ignorais certains aspects de la vie... Je les vois à présent tels
« qu'ils sont... je les comprends et je les juge...

« Vous n'avez pas voulu me maudire, je le crois, je le sais, mais il faut faire
« plus, il faut me pardonner... et ce pardon, pourtant, je n'ose dire que j'en sois
« digne...

« Quand je vous ai quittés — (je le jure devant Dieu qui me voit, devant Dieu
« qui m'entend), — je n'étais point coupable; — je n'étais coupable de rien, ou
« du moins j'ignorais la faute commise!... — Oui, je l'ignorais!... Comment donc
« en aurais-je été complice?

« Aujourd'hui mes yeux se sont ouverts... — Je connais ma faute et je suis
« vraiment coupable, car aujourd'hui je suis heureuse...

« C'est pour cela, vous le voyez bien, qu'il faut me pardonner... — Ceux qui sont
« innocents peuvent avoir besoin de pitié... — ils n'ont pas besoin de pardon...

« Je vous envoie mon cœur, — un cœur rempli de vous! — et, de toute mon
« âme, je vous aime...

« Celle qui toujours sera   « votre petite ALICE. »

A mesure que M. de Nancey lisait, la jeune fille étudiait son visage pour tâcher de découvrir l'impression produite sur son esprit par cette lecture.

Il lui sembla que les yeux de Paul exprimaient un attendrissement profond.

— Eh bien? — lui demanda-t-elle quand il eut achevé.

Le comte la prit dans ses bras, l'attira vers lui, et longuement la pressa contre sa poitrine.

— Eh bien ! chère petite Alice, — répondit-il ensuite d'une voix très-émue, — il faut mettre à la poste la lettre que voilà... — Ces âmes aimantes, ces cœurs d'élite auxquels elle est adressée, seront heureux en te sachant heureuse...

— Paul, cher Paul; — murmura timidement la jeune fille, osant à peine lever sur le comte ses grands yeux toujours candides et chastes comme autrefois, — le jour n'arrivera-t-il jamais où vous rendrez ce bonheur complet?... — Le jour où il me sera permis d'écrire à ceux dont j'étais l'enfant chérie : — « *Il ne vous reste qu'à m'aimer... — Je n'ai plus besoin de pardon... Je suis sa femme...* »

M. de Nancey devint un peu pâle.

— Ce jour arrivera !... — fit-il, — et, si Dieu daigne exaucer mon ardente prière, il sera proche !!!

— Pourquoi tarde-t-il si longtemps? — poursuivit la jeune fille. — Plus d'une fois déjà je t'ai fait cette question, tu ne m'as jamais répondu...

— Et, cette fois encore, — dit Paul, — je ne répondrai pas... Mon enfant chérie, mon Alice, je t'en supplie ne m'interroge plus. Tu me brises le cœur, et tu me le brises en vain. Il y a là un secret funeste... Tu le connaîtras, mais plus tard, quand aura sonné l'heure bénie où je pourrai réparer tout... — Jusque-là, contente-toi de savoir que je n'aime au monde que toi; que je suis à toi pour toujours, et que les seules chaînes indestructibles qui puissent lier deux cœurs l'un à l'autre, ce n'est pas la loi qui les rive, mon enfant chérie, c'est l'amour...

Alice baissa la tête, un peu triste et mal convaincue. — Quel était ce secret qu'avec une obstination si grande lui cachait M. de Nancey? — Elle essayait vainement de percer cette inquiétante obscurité.

Mais elle n'interrogea plus et, comme toujours, se résigna.

Quelques semaines plus tard commençaient les événements sinistres préparés depuis si longtemps dans l'ombre par la Prusse. — Ces événements sont du domaine de l'histoire et nous voudrions n'y point toucher ; mais il nous faut en dire quelques mots, car ils devaient exercer une action directe sur les faits qui nous restent à raconter.

Le roi Guillaume venait d'insulter la France dans la personne du comte Bene-

L'AMANT D'ALICE.

C'était bien notre Valaque en effet, — c'était bien Grégory. — Pag. 118.

detti. Le duc de Gramont montait à la tribune du Corps législatif et la déclaration de guerre éclatait comme un coup de foudre.

En apprenant cette nouvelle inattendue, la France éprouva-t-elle un sentiment d'angoisse et de terreur? — Non, certes! La France, si fière de sa puissance militaire ; la France victorieuse à Sébastopol, victorieuse à Magenta, victorieuse à Solférino, et partout généreuse dans la victoire, ne pouvait, sans s'outrager elle-même, admettre la possibilité d'un revers.

Comment supposer que les trois quarts de notre armée n'existaient que sur le papier ? — que nos arsenaux étaient vides ? — que Napoléon III, auteur d'ouvrages estimés sur l'artillerie, n'avait pas un canon capable de soutenir la lutte contre les formidables canons prussiens ? — Comment admettre enfin que l'empereur, après avoir fait de grandes choses, après avoir donné à la première nation du monde dix-huit ans d'une prospérité inouïe, serait aveugle et trompé tout à coup au point de déclarer la guerre, avec trois cent mille hommes difficilement mobilisables, aux douze cent mille soldats de l'Allemagne ?

Aussi l'on criait : — *A Berlin !* et l'on disait de nos régiments : — *Ils ne partent pas pour la guerre, ils partent pour la victoire !*

L'illusion, hélas ! fut courte ! — La réalité terrible apparut avec la nouvelle du désastre de Wissembourg... Et, après Wissembourg, Wœrth, après Wœrth, Reichshoffen, combats sublimes d'un contre dix, où la gloire tout entière était pour les vaincus, pour cette poignée de héros écrasés par les masses prussiennes, brisés par les boulets prussiens...

Puis Sedan ! — Quatre-vingt mille hommes enfermés dans un cirque de collines dont l'artillerie allemande couronnait les crêtes, rendant toute lutte impossible ! — Une armée prise d'un coup de filet, — Mac-Mahon blessé, — l'empereur prisonnier...

....
....
....
....
....

Les événements marchaient vite : — l'armée du prince Frédéric-Charles immobilisait sous les murs de Metz la dernière armée de la France.

Déjà les flammes blanches et noires des lances des uhlans apparaissaient sur les routes des environs de Paris. — Le cercle de fer qui devait isoler la grande ville du reste du pays se resserrait rapidement, et devait bientôt joindre ses deux extrémités à la façon d'un serpent qui se mord la queue.

Le 17 septembre l'investissement de la capitale était complet.

Paul de Nancey ne pouvait habiter pendant le siége sa villa du bois de Boulogne, et, l'eût-il voulu, le génie militaire s'y serait opposé.

Il loua, au rez-de-chaussée d'une maison de la rue de Lille, près de l'endroit où elle coupe la rue du Bac, un grand appartement au rez-de-chaussée, donnant sur un jardin. — Il y fit apporter les meubles nécessaires et s'installa avec Alice, bien convaincu que cette installation toute provisoire ne durerait que quelques semaines.

XX

UN COLONEL DE FÉDÉRÉS.

Paris était menacé. Il fallait défendre Paris.
Paul de Nancey s'engagea comme volontaire dans l'état-major du général D... et fit son devoir en gentilhomme.
Il reçut une balle dans l'épaule gauche au combat du Bourget, à côté d'Ernest Baroche tombant comme un héros.
Le comte fut rapporté mourant à la maison de la rue de Lille, et pour la seconde fois la pauvre Alice, imposant silence au désespoir qui s'emparait d'elle, joua auprès de lui son rôle touchant de sœur de charité.
Pour la seconde fois aussi la douce et charmante créature devint l'ange sauveur de celui qu'elle aimait.
Comme en Allemagne, après le duel avec Grégory, M. de Nancey lui dut la vie, mais sa convalescence fut longue, et quand, à la suite de l'armistice, arriva le 18 mars, il était trop faible encore pour quitter Paris.

La grande ville s'occupait beaucoup d'un colonel de fédérés devenu rapidement populaire et presque légendaire.

On le disait prince valaque, mais *pur* parmi les plus purs, malgré son rang dont il faisait fi, malgré son titre qu'il dédaignait. — La rumeur publique affirmait qu'il avait tenté, jadis, d'assassiner Napoléon III. — Il occupait dans l'Internationale un rang considérable. — Le Prussien Franckel l'estimait. — Cluseret répondait de lui.

Il était brave d'ailleurs et payait de sa personne avec un sang-froid superbe.

Sa beauté brune et bizarre, ses moustaches longues et fines, ses allures pittoresques, sa générosité surtout, impressionnaient vivement les fédérés en vareuses de mobiles qui lui formaient une garde prétorienne et qui lui savaient gré de n'être que colonel quand si facilement il aurait pu s'élever au grade de général par le fait seul de sa volonté.

Ils l'acclamaient quand il suivait à cheval la ligne des boulevards, coiffé crânement du képi à cinq galons, son grand sabre de cavalerie battant les flancs de sa monture, et ses revolvers étincelants attachés à son ceinturon par deux chaînettes d'acier, — ou bien lorsque, le soir, cherchant dans les voluptés molles une distraction bien permise après les fatigues de la guerre, il passait étendu sur les coussins d'une grande calèche à huit ressorts.

Ce colonel faisait de temps en temps sa petite proclamation, toujours écrite en fort bons termes.

Il ne la signait point de son titre de prince, — avons-nous besoin de le dire? — mais simplement du nom de GRÉGORY.

C'était bien notre Valaque en effet, — c'était bien Grégory à qui les femmes, et le jeu surtout, avaient, en quelques mois, enlevé les dépouilles de la comtesse.

En se voyant tout à coup maître d'une fortune considérable, dont le chiffre dépassait ses rêves les plus ambitieux, le gredin, malgré le caractère énergiquement trempé que nous lui connaissons, s'était senti comme enivré.

Ayant perdu la tête, ainsi qu'il arrive toujours, il avait résolu de doubler, de tripler, de décupler l'énorme somme qu'il tenait dans ses mains.

On n'a point oublié le célèbre Garcia, riche de plus d'un million conquis sur les banques allemandes, et n'ayant pas su le conserver.

Il en fut de même pour Grégory, et naturellement alors cet oiseau de proie de haut vol se sentit attiré, comme tous ceux de son espèce, vers Paris affolé.

Le moment est venu de dire en quelques lignes ce qu'était au vrai le Valaque, et comment il avait pu pendant plusieurs années faire prendre au sérieux son nom et sa principauté, et se voir tendre la main par beaucoup de gens honorables.

Une famille princière portant le nom historique de S..., existait véritablement et existe encore en Valachie.

Cette famille, riche autrefois, mais que des revers successifs avaient réduite à une fortune presque modeste, habitait un château très-antique situé au milieu des bois, loin de toute grande voie de communication.

Le prince S... était mort depuis longtemps.

La princesse vivait seule avec son fils unique qui s'appelait Grégory et qui, quelques années avant l'époque où cette histoire commence, atteignait l'âge de quinze ans.

Ni la mère ni le fils ne quittaient jamais leur domaine, où des serviteurs peu nombreux les entouraient.

La princesse douairière rêvait de reconstituer pour Grégory, à force d'économies, une partie de l'opulence disparue, et de rendre à son illustre maison un peu de sa splendeur d'autrefois.

Pour que le petit prince fût à la hauteur des destinées que sa mère entrevoyait pour lui dans l'avenir, il était indispensable qu'il reçût une éducation brillante, et la princesse ne voulait à aucun prix se séparer de lui...

Comment faire?...

Elle résolut de lui donner un précepteur, et ce précepteur fût un jeune homme de vingt ans, doué d'une intelligence hors ligne et qui, fils d'un ancien tenancier de la famille S..., venait de terminer des études très-fortes à l'université de Bucharest.

Avide de savoir, travailleur infatigable, se faisant un jeu des difficultés les plus ardues, le jeune Georgy, — ainsi se nommait le précepteur, — possédait surtout ce qu'on peut appeler, croyons-nous, le don des langues. — Les mots, les phrases, les façons de dire des idiomes étrangers se logeaient dans sa mémoire avec une rapidité merveilleuse et n'en sortaient plus.

Avec des aptitudes si grandes, Georgy, malgré l'obscurité de sa naissance, obstacle difficile à franchir dans le pays où il était né, — pouvait et devait conquérir un jour, selon toute apparence, une position considérable; — malheureusement toutes sortes de mauvais instincts mal endormis existaient en lui et n'attendaient qu'une occasion pour s'éveiller complétement et parler en maîtres.

Le luxe, la vie agitée, les femmes, les repas délicats, les vins choisis, le plaisir sous toutes ses formes, attiraient Georgy, occupaient sa pensée et troublaient ses rêves, mais sans le détourner du travail.

Guidé par un tel précepteur, le jeune prince, quoique son intelligence ne dépassât pas la moyenne d'une honnête médiocrité, fit des progrès assez rapides.

A dix-huit ans il en savait plus que presque tous les étudiants de son âge, et nul doute que Georgy n'eût réussi à faire de lui un homme distingué, quand un beau jour il tomba de cheval à la chasse, en franchissant un tronc d'arbre, et cela d'une façon si malheureuse que vingt-quatre heures après il mourait sans avoir repris connaissance.

La princesse au désespoir s'abîma dans les larmes et transforma sa demeure en une sorte de cloître d'où elle ne sortit plus et où elle ne reçut plus personne; mais auparavant elle témoigna sa gratitude à Georgy par le don d'une somme relativement forte, qui pouvait constituer pour le jeune précepteur une véritable aisance.

La possession de cette somme fut l'occasion qu'attendaient, pour se réveiller tout à fait, les mauvais instincts de Georgy.

Muni de son petit trésor, le Valaque résolut de réaliser sans retard son rêve de luxe et de plaisir.

Il se rendit d'abord en Allemagne, joua, gagna, et se vit adulé par la tourbe des exploiteurs et des courtisanes qui cherchent fortune aux villes d'eaux. — Ces gens-là le traitaient, pour son argent, en grand seigneur. — Une jolie femme lui dit un jour :

— Je suis sûre que vous êtes un prince voyageant incognito !

Ce mot funeste décida de son avenir.

Il se démontra combien il serait facile de prendre le titre de prince que sa bonne mine lui faisait attribuer, et de se substituer à ce Grégory S... que personne n'avait jamais vu et dont tout le monde ignorait la mort.

Cette idée s'empara de son esprit avec une puissance inouïe. — Elle le fascina, elle lui donna le vertige et ne lui laissa pas une heure de repos jusqu'au moment où il finit par céder à la tentation.

C'est alors qu'apparut dans les grandes villes d'Europe le brillant prince Grégory S..., — authentique et indiscutable en apparence, puisque la princesse douairière seule aurait pu réclamer, et qu'enfermée dans sa morne solitude, sans rap-

Oui! oui!... monsieur le comte fera bien de ne pas sortir. — Page 125.

ports avec le monde extérieur, elle ignorait ce qui se passait et devait sans doute l'ignorer toujours.

Le reste se devine.

La veine un beau jour changea.

Le faux Grégory reperdit ce qu'il avait gagné, et, ne pouvant renoncer désormais à une existence qu'il aimait éperdûment, il résolut de la continuer *par tous les moyens* et devint le séduisant et dangereux aventurier que nous avons présenté à nos lecteurs, et qu'ils viennent de retrouver colonel de la Commune de Paris.

XXI

RUE DE LILLE.

On était au mois de mai. — Un soleil splendide éclairait dans les campagnes fleuries ce grand réveil de la nature qu'on appelle le printemps.

Ses joyeux rayons criblant de flèches d'or l'asphalte poudreux des boulevards et les feuillages des Champs-Elysées, semblaient rendre plus lugubre encore l'attitude de la malheureuse ville.

Comme au temps du siége prussien, on entendait le canon tonner sans relâche autour de Paris. — De minute en minute, les embrasures du Mont-Valérien se couronnaient d'une fumée blanche.

Dans les rues presque désertes, sur les boulevards mornes, passaient et repassaient au galop de leurs chevaux les officiers de l'état-major fantastique des Cluseret, des Dombrowsky et des La Cécilia.

Paul de Nancey ne souffrait plus de sa blessure lentement guérie. — Il avait repris ses forces, et malgré les tendres instances d'Alice qui voulait le garder près d'elle et redoutait un péril pour lui s'il la quittait, ne fût-ce qu'une heure, il s'apprêtait à faire un tour dans Paris, afin de s'assurer par ses propres yeux de ce qui se passait.

Paul, habillé complétement, et debout sur le seuil d'une porte vitrée tout ouverte conduisant au jardin, mettait ses gants, dans une pièce très-simplement meublée.

Nous avons dit qu'en s'installant rue de Lille, au commencement du siége, il croyait le faire seulement pour quelques semaines. — Il n'avait donc apporté aucun des meubles de la villa du bois de Boulogne, et le mobilier, loué par un tapissier de la rue du Bac, constituait, quoique suffisant et même confortable, la plus bourgeoise installation qu'il fût possible d'imaginer.

Le côté artistique n'était représenté dans cette pièce que par une belle photographie de M. de Nancey, en uniforme d'aide de camp volontaire du général D... — Alice avait désiré passionnément le portrait du comte sous ce costume qui, d'après la jeune fille, le rendait encore plus charmant, et, pour satisfaire ce désir, il s'était adressé à l'habile artiste Reutlinger.

Le sabre de cavalerie et les revolvers formaient au-dessous du cadre une sorte de petit trophée.

— Ainsi, — demanda Alice, assise sous un rayon de soleil près de la porte-fenêtre ouverte, — ainsi vous allez me laisser seule?

— Mon enfant chérie, — répondit Paul en se penchant vers la jeune fille et en appuyant ses lèvres sur la frange soyeuse de ses cheveux, — si vous avez peur, je resterai...

— Oui; quelque chose m'épouvante...

— Aucun danger cependant ne peut vous menacer ici...

— Je le sais; aussi n'est-ce pas pour moi que j'ai peur, Paul, c'est pour vous...

— Mais, chère petite Alice, songez-y donc, on ne se bat point dans Paris, et je n'ai nulle envie, je vous l'affirme, d'aller aux avant-postes... — La balle qui m'a frappé au Bourget venait au moins des Prussiens, celle-là!... — Celle que je recevrais aujourd'hui sortirait d'un fusil français... elle me serait adressée par un soldat de notre cause! — Soyez tranquille, je n'en veux pas...

— Quel motif si pressant vous attire dehors?

— La curiosité tout simplement... — Depuis des mois, ma mignonne Alice, je n'ai pas mis le pied dans la rue. — Je voudrais voir l'aspect de la ville... il doit être étrange et sinistre...

— Emmenez-moi...

— Ce n'est pas possible.

— Pourquoi?

— Entendez-vous le bruit sourd des canons qui roulent, des troupes qui marchent, des chevaux qui passent? — Au milieu de ce mouvement, de ce désordre, de cette cohue, un homme seul se glisse... Une femme n'en peut faire autant et tout est obstacle pour elle.

— Allez donc, puisque vous le voulez absolument... — murmura la jeune fille avec un gros soupir. — Mais au moins revenez vite! — Jusqu'à votre retour, je vais être inquiète... — Oh! sans raison, je le sais bien, mais que voulez-vous? il y a en moi une vague angoisse qui m'oppresse... un serrement de cœur que je ne puis dominer...

Le valet de chambre de Paul entra dans le petit salon et annonça que le concierge de la maison demandait à parler à M. le comte.

— Qu'il vienne ici... — répondit Paul.

Ce concierge, ancien cocher de grande maison, mis à la retraite après de longs et loyaux services, était un domestique de la vieille école, *de l'ancien jeu*, aurait dit le petit baron d'Alban. — Hâtons-nous d'ajouter qu'en cette occurence l'ancien jeu valait mille fois mieux que le nouveau.

Le brave homme croyait de la meilleure foi du monde appartenir par un lien quelconque à l'aristocratie pour laquelle, pendant tant d'années, il s'était magistralement assis sur son siége à housse drapée. — Il professait à l'endroit de la caste patricienne le respect le plus profond, et tout homme bien né avait droit à son dévouement absolu et l'obtenait sans conteste.

L'honorable concierge de la rue de Lille était un grand vieillard de bonne mine, à cheveux blancs, de physionomie digne et presque distinguée.

Il entra, salua sans exagération d'humilité, et attendit que M. de Nancey lui adressât la parole.

— Qu'y a-t-il, Laurent? — demanda Paul.

— Les gens de monsieur le comte m'ont appris tout à l'heure que monsieur le comte avait l'intention de sortir... — fit l'ancien cocher.

— Sans doute. — Eh bien?

— Eh bien! je supplie monsieur le comte de n'en rien faire...

— Vous voyez, Paul! vous voyez! — dit vivement Alice.

— Se passe-t-il quelque chose de nouveau et d'inquiétant? — reprit M. de Nancey.

— Il se passe, monsieur le comte, que les choses ne vont pas bien... pour les insurgés du moins... — Le bruit se répand que les troupes de Versailles remportent de grands avantages — Ils voient bien qu'ils auront le dessous tout à fait dans un temps donné, qui ne peut pas être bien long, et ça les exaspère... — Quand ils se sentiront absolument perdus, ils feront quelque chose... je ne sais pas quoi, mais bien sûr ce sera terrible. — Oui, oui... monsieur le comte fera bien de ne point sortir... — Personne ne l'a vu depuis sa blessure... On ne se souvient plus de lui... — Les malintentionnés du quartier, s'il y en a — (mais malheureusement il y en a partout!) — oublieront de le dénoncer. — Pour plus de précautions, j'ai mis sur la porte un écriteau : *«Appartement au rez-de-chaussée à louer de suite.»* — Croyant l'appartement vide, on n'y fera point de recherches; mais que monsieur le comte ne se montre pas...

Alice s'était levée.

— Paul... — dit-elle d'une voix suppliante et les yeux remplis de larmes, en saisissant les mains du comte, — Paul, je vous en conjure, restez! — Vous voyez que mon pressentiment ne me trompait point!... Vous voyez que j'avais raison de craindre...

M. de Nancey, mal convaincu et un peu contrarié, mais ne voulant pas prolonger les poignantes angoisses qui se peignaient dans les grands yeux effarés de sa chère Alice, répondit en souriant à la jeune fille :

— Eh bien! soit. — Vous l'emportez, madame la comtesse! — Je renonce à mon projet... Je reste...

Sans la présence de Laurent, Alice se serait certainement jetée dans les bras de Paul pour lui témoigner sa reconnaissance. — Elle se contenta d'approcher de ses lèvres une des mains de son amant.

— Je ne me permettrais pas de donner un conseil à monsieur le comte... — reprit le concierge si dévoué, — mais enfin une précaution est toujours bonne à prendre... — Si monsieur le comte chargeait les deux revolvers que voilà, certainement il ferait bien... — Au moment où nous vivons, sait-on jamais ce qui peut arriver d'une heure à l'autre?

— Vous avez raison, Laurent, et je les chargerai... — reprit M. de Nancey, — mais expliquez-vous clairement, — il y a autre chose que ce que vous venez de nous dire? il y a quelque chose de moins vague?

— Eh bien! oui, — murmura le concierge, — je n'aurais pas voulu tourmenter madame la comtesse, mais il vaut mieux tout savoir. — *Un bon averti en vaut deux!* comme dit le proverbe. — Notre quartier, qui était assez tranquille, plus tranquille du moins que les autres, commence à s'inquiéter beaucoup... Il est occupé depuis ce matin par des bandes de fédérés qui veulent s'y retrancher et faire tout sauter plutôt que de se rendre si les Versaillais entrent. — Ils marquent des places pour des barricades. — Il doit y en avoir une rue du Bac, à deux pas de la maison. — Ils sont sous les ordres d'un colonel, un grand beau garçon qui ne ressemble point aux autres... il a l'air d'un prince, ce gaillard-là! Rien ne m'ôtera de l'idée que je l'ai vu plus d'une fois passer à cheval avant la guerre, avec ses longues moustaches noires, ou bien conduisant lui-même un joli phaéton. Dans tous les cas, si je me trompe et si ce n'était pas lui, c'était quelqu'un qui lui ressemble terriblement... Deux gouttes d'eau, quoi! Deux gouttes d'eau!!! — Voilà. — Monsieur le comte n'a rien à me commander?...

— Non, Laurent, et je vous remercie de vos bons avis...

— Aux ordres de monsieur le comte....

Le concierge sortit, et Alice, pâle et tremblante, se jeta dans les bras de Paul et se blottit contre son cœur comme une colombe effarouchée.

— Qu'as-tu donc, mon enfant chérie? — demanda M. de Nancey.

— Ah! — murmura la jeune fille, — mes pressentiments sombres ont pris une figure!... C'est lui, maintenant, qui m'épouvante...

— Lui, qui?

— Ce jeune homme aux longues moustaches... cet inconnu... ce colonel... le chef des fédérés... — Le danger, c'est lui... l'ennemi, c'est lui... — Paul, oh! mon Paul, il me fait peur!

XXII

UNE NUIT DE MAI.

Les jours s'étaient succédé, se traînant avec une lenteur sinistre, sans que rien néanmoins fût venu justifier les appréhensions d'Alice.

La grande lutte semblait toucher à son dénoûment.

Pendant la nuit du dimanche au lundi 22 mai, une brèche avait été ouverte par l'artillerie versaillaise dans le bastion 64, et les fédérés, étourdis et décimés par la grêle des projectiles qui tombaient sur eux, avaient abandonné les abords de ce bastion.

Trois heures du matin sonnaient.

Une heure après, le général Douay franchissait la brèche avec quelques détachements du génie, d'artillerie et d'infanterie, et derrière lui un défilé lent et continu s'organisait. — Bientôt les généraux Ladmirault et Clinchant suivaient le général Douay. — Avant l'aube la position de la Muette était emportée. — L'armée régulière enlevait tous les bastions, depuis le Point-du-Jour jusqu'à Levallois, et le drapeau tricolore, remplaçant le drapeau rouge, flottait au Trocadéro et sur l'Arc de Triomphe de l'Étoile.

Jusqu'à ce jour et jusqu'à cette heure, la Commune, le Comité central, le Comité de Salut public, avaient nié sans cesse les succès de l'armée de Versailles.

L'AMANT D'ALICE. 129

Grégory, la gorge coupée, s'abattit lourdement. — Il était mort..... — Pag. 139.

En face de ces drapeaux étalant sur l'azur du ciel leurs trois couleurs éclatantes, il n'y avait plus moyen de douter! — Dans la matinée du 22, *le Comité de Salut public* poussa donc pour la première fois un cri d'alarme et afficha sur les murs de Paris cette proclamation, signée par les citoyens Arnaud, Billioray, Eudes, Gambon et Ranvier :

« Que tous les *bons citoyens* se lèvent.

« Aux barricades ! l'*ennemi* est dans nos murs.

« Pas d'hésitation.

« En avant pour la République, la Commune et la liberté !...

« Aux armes ! » (1)

Déjà les soldats de Versailles avaient conquis la rive droite jusqu'à la place de la Concorde.

Déjà, sur la rive gauche, le général de Cissey appuyait l'une des ailes de son armée aux Invalides et l'autre à la gare Montparnasse; mais rien n'était fini. — Les fédérés, maîtres des Tuileries, tiraient à toutes volées sur les Champs-Elysées, et leurs batteries de la rue de Rennes prenaient en écharpe le faubourg Saint-Germain.

Les troupes régulières occupaient une partie des rues latérales, en attendant qu'il fût possible de s'emparer des grandes voies de communication.

Les insurgés se fortifiaient dans les quartiers qui leur restaient encore. — Ils coupaient de distance en distance la rue du Bac par des barricades.

Paul et Alice entendaient distinctement les clameurs de ces hommes, entassant les pavés à l'angle de la rue de Lille.

Une nuit se passa, puis un jour encore, et la nuit descendit de nouveau sur la ville ensanglantée.

Tout à coup, à la hauteur de la place de la Concorde, les quais furent envahis par une fumée lourde, épaisse, fétide, tantôt montant vers le ciel et tantôt rampant sur le sol.

De larges flammèches noires, pareilles à un vol de chauves-souris, précédaient cette fumée, et le vent les poussait vers la barrière de l'Étoile.

Au-dessus de la rive gauche de la Seine, on vit flotter une vapeur rougeâtre. — Bientôt, sur la rive droite, une vapeur pareille s'éleva...

Soudain, des deux côtés du fleuve à la fois, une grande lueur apparut, semblable à l'embrasement du bouquet d'un gigantesque feu d'artifice, le ciel devint pourpre, puis blanc, mais d'une blancheur aveuglante comme celle des fournaises où les métaux se liquéfient sous l'ardeur des feux concentrés.

Le ministère des finances flambait à droite; la Cour des comptes se consumait à gauche.

Quelques heures plus tard, vers minuit, le tour des Tuileries allait venir.

(1) Textuel.

Paul de Nancey savait qu'en ce moment l'armée de Versailles occupait un tiers de Paris.

Il aurait donné de grand cœur une part de sa vie, nous l'affirmons, pour qu'il lui fût possible d'aller rejoindre le général D..., sous les ordres duquel, pendant le siége, il avait combattu.

La pensée de revêtir son uniforme de volontaire, de monter à cheval, de charger au milieu des balles, lui donnait des éblouissements.

Par malheur, c'était impossible...

Toutes les rues se greffant sur la rue du Bac appartenaient à l'insurrection. — Essayer de les traverser équivalait à se faire fusiller séance tenante comme espion.

Et d'ailleurs, quand bien même les chemins eussent été libres et la tentative réalisable, M. de Nancey aurait-il eu le triste courage d'abandonner Alice qui se serrait contre lui, en proie à une véritable agonie de terreur?

Le comte et la jeune fille étaient seuls, dans une obscurité mal combattue par une veilleuse placée derrière un paravent. — Quoique les volets intérieurs fussent fermés, une lueur un peu trop vive, se glissant par une fissure, aurait suffi pour apprendre aux insurgés que l'appartement du rez-de-chaussée n'était point inhabité et pour leur inspirer des soupçons. — En conséquence, on se gardait bien d'allumer une lampe ou même des bougies.

Un peu après la tombée de la nuit, l'odeur infecte de la fumée pénétra dans cet appartement si bien clos.

Puis surgit cette grande lueur dont nous avons parlé et qui, sans qu'on pût deviner par où, s'introduisit jusque dans les plus sombres recoins de la pièce où se trouvaient Alice et Paul.

Alice avait une fièvre violente. — La pauvre enfant tremblait de tous ses membres. — On entendait ses dents se heurter.

Le valet de chambre du comte frappa doucement à la porte et reçut l'ordre d'entrer. — Il avait le visage pâle et défait d'un homme chez qui la terreur arrive à son paroxysme.

— Que se passe-t-il? — lui demanda vivement M. de Nancey, — d'où vient cette lumière éclatante qui s'est produite tout à coup? — Pourquoi ces clameurs que nous entendons?

— C'est justement ce que je venais apprendre à monsieur le comte... — répondit le domestique, — Paris brûle!... — Je suis monté tout à l'heure dans une mansarde avec le concierge... — Le palais de la Cour des comptes flambe comme une botte d'allumettes, et de l'autre côté de la Seine, du côté de la rue Castiglione et de la place Vendôme, on voit un grand feu... — C'est peut-être le ministère des finances...

Alice écoutait, folle d'épouvante.

— Fuyons, — balbutia-t-elle, — il faut fuir... Paul, il le faut absolument. — Ne voyez-vous pas que, si nous restons ici, je vais mourir? — Emmenez-moi... emmenez-moi...

— Ah! je le voudrais! Au prix de ma vie, je le voudrais, chère Alice! — Mais le moyen?... Les soldats de l'insurrection ne nous laisseraient point passer...

— Rien n'est plus certain, monsieur le comte... — reprit le valet de chambre, — ils ont des sentinelles de tous les côtés, qui demandent le mot d'ordre et qui arrêtent les gens quand ils ne l'ont pas... — Ah! ils font bonne garde, et d'autant plus qu'ils se défient et qu'ils ne sont pas tranquilles... — ils ont peur d'une attaque... — On prétend que les *lignards* sont sur la place du palais du Corps législatif, dans la rue de Bourgogne, enfin de tous ces côtés-là...

— Qu'ils viennent donc s'ils sont si près, et qu'ils nous délivrent! — balbutia la jeune fille en joignant les mains et en tombant à genoux. — Mon Dieu, Dieu de bonté, permettez qu'ils viennent, qu'ils se hâtent et qu'ils nous sauvent!

La fin de cette nuit fut horrible.

La lueur sinistre des incendies grandissait; elle avait maintenant un troisième foyer auprès duquel les deux autres semblaient n'être que des feux de paille.

Les Tuileries flambaient à leur tour.

Les fenêtres de l'antique édifice parurent d'abord illuminées comme elles ne l'avaient jamais été pour aucune fête impériale ou royale. Le palais brûlait en dedans. Les vitres, l'une après l'autre, éclatèrent; de grands serpents rouges léchèrent en sifflant les murailles, laissant derrière eux des traces noires. — Les charpentes calcinées cédèrent tout à coup et toutes à la fois. — Ce fut un écroulement inouï, presque fantastique, et la flamme immense escalada le ciel comme une tour de Babel ardente.

Un peu avant le point du jour, la maison située en face de celle où se trouvaient Alice et Paul se mit à brûler. — Le crépitement des flammes, le bruit des poutres s'abattant dans le brasier, se mêlèrent aux clameurs des fédérés.

Alice, étendue dans un grand fauteuil et plus pâle qu'une morte, était presque évanouie, mais pas assez cependant pour ne point tressaillir d'une façon douloureuse à chaque éclat de lumière plus vif qui blessait sa paupière, à chaque cri plus aigu qui frappait son oreille.

— Ils vont venir, — se disait M. de Nancey; — il est impossible qu'il ne viennent pas!

Dans cette attente, résolu de défendre Alice, de se défendre lui-même tant qu'il aurait un souffle de vie, et de tuer au moins, de tuer beaucoup avant de mourir, le comte avait mis sur une table, à portée de sa main, son sabre de cavalerie et ses deux revolvers tout armés.

Le jour parut.

Alors, dans deux directions différentes, — celle de la Chambre des députés et celle de la rue de Babylone, — un double combat s'engagea. — On entendait tantôt le petillement des coups de chassepot isolés, tantôt le roulement grave des feux de peloton. — L'armée régulière était là, tout près, à quelques centaines de pas, aux prises avec les insurgés.

Il ne se faisait plus de tapage autour de la barricade, mais des ordres donnés d'un ton bref et des cliquetis de fer prouvaient qu'elle était bien gardée.

Soudain Alice se redressa, frissonnante, et M. de Nancey mit la main sur ses revolvers.

Des coups de crosse de fusil retentissaient avec un bruit de tonnerre contre la porte de la maison.

— Les voici! — murmura Paul.

XXIII

LA DERNIÈRE RENCONTRE.

Une voix cria dans la rue :
— Ouvrirez-vous ! — Si vous n'ouvrez pas, et plus vite que ça, nous allons f... le feu à votre chenil !...

Et les coups de crosse de fusil retentirent de nouveau, frappés avec un redoublement d'impétuosité. — Mais la porte cochère était solide. — Le bois de chêne, bien ajusté, maintenu par des ferrures massives, résonnait comme un tam-tam et ne cédait pas.

Le valet de chambre entra, le visage décomposé.

— Monsieur le comte les entend ? — dit-il. — Ils sont une bande de fédérés dans la rue !... — Laurent demande ce qu'il faut faire.

Avant que M. de Nancey ait eu le temps de répondre, la voix reprit :

— Citoyens, apportez une poutre et f...lanquez-moi par terre la porte de cette cassine...

— Mieux vaut ouvrir, — répondit Paul. — Une inutile résistance ne fera que les irriter...

Le valet de chambre sortit en courant.

Le crépitement de la fusillade se rapprochait de seconde en seconde. Alice, les yeux fermés, appuyait ses deux mains sur ses mignonnes oreilles, essayant ainsi de s'isoler des bruits sinistres qui la torturaient.

Un cri de triomphe annonça que la porte cochère venait de s'ouvrir. — Le flot des fédérés fit irruption sous la voûte et déborda dans la cour comme une marée humaine.

Ils trouvèrent en face d'eux le vieux concierge, debout, tête nue, aussi calme en apparence que si rien d'extraordinaire et d'inquiétant ne se fût passé.

Le vrai courage impose toujours aux multitudes, au moins pendant quelques secondes.

Les fédérés regardèrent avec étonnement cet homme aux cheveux blancs, qui était du peuple comme eux, et qui non-seulement avait l'air de ne pas les craindre, mais encore semblait les braver.

— Que voulez-vous ? — leur demanda Laurent.

— Nous voulons occuper militairement la maison, — répondit un insurgé qui portait au képi les galons de capitaine.

Ce capitaine achevait à peine ces paroles que déjà les fédérés, se bousculant les uns les autres, escaladaient les escaliers.

Vingt-cinq ou trente citoyens envahirent l'appartement du rez-de-chaussée, traversèrent sans s'arrêter les premières pièces, et arrivèrent à la chambre du fond où se trouvaient Paul et Alice.

La jeune fille, galvanisée par l'épouvante à ce moment terrible, se leva toute droite et poussa un cri d'horreur en voyant apparaître sur le seuil ces hommes armés et menaçants.

M. de Nancey se jeta devant elle.

Son sabre de cavalerie pendait à son poignet droit retenu par la dragonne. — De chaque main il tenait un revolver braqué sur la porte.

— Le premier qui fait un pas en avant est un homme mort ! — dit-il avec un grand sang-froid.

Puis, se penchant ver la jeune fille :

— Mon Alice, — lui dit-il tout bas, — Dieu vous écoutera... priez pour moi... Nous allons mourir...

— Ensemble !... — répondit Alice ranimée, en appuyant ses deux mains jointes sur une épaule de Paul. — Eh bien ! tant mieux !... — Dieu nous pardonnera, et là-haut nous ne nous séparerons plus... plus jamais !... Oui, je veux mourir !...

La mort, cependant, ne jaillissait pas des chassepots épaulés.

C'est que deux mots venaient d'arriver, répétés de proche en proche par les fédérés répandus dans les premières pièces de l'appartement, dans la cour et sous la voûte de la porte cochère.

— Le colonel... le colonel!... — disaient toutes les voix.

Or, quand le colonel se trouvait présent, les simples insurgés auxquels il commandait étaient mal venus à prendre l'initiative d'une décision quelconque.

Il se fit un silence, et à travers le petillement des chassepots, on entendit le bruit sec de bottes éperonnées foulant rapidement le parquet de la pièce voisine...

— Citoyen colonel, n'entrez pas là! — murmura l'un des hommes d'une voix altérée.

— Pourquoi donc?
— Cet homme a des revolvers...
— Eh bien! après?...

Et le colonel, — son sabre sous le bras gauche, un revolver à la main droite, — franchit sans hésiter le seuil de la chambre dangereuse.

Les fédérés avaient ouvert non-seulement les volets, mais les fenêtres du salon où ils se trouvaient, — une lumière suffisante éclairait donc les amants enlacés qui, depuis quelques secondes, s'étonnaient de ne pas mourir.

Les yeux de Paul rencontrèrent les yeux du nouveau venu. — Une double exclamation s'échappa des lèvres des deux hommes.

— Le prince! — dit M. de Nancey.
— Le comte! — cria Grégory.

Une seconde de mutuelle stupeur suivit cette reconnaissance.

— Vivant! — reprit le Valaque. — Et consolé! — ajouta-t-il en jetant un regard sur Alice. — Mes compliments, monsieur le comte!... — Je vous croyais mort depuis longtemps!... — Il paraît que je ne vous avais pas bien tué!...

— La revanche est facile aujourd'hui! — répliqua Paul avec un mépris écrasant. — Faites-moi fusiller par vos soldats! — Ils ne me manqueront pas, eux! — Colonel de ces hommes, c'est un titre digne de vous! — C'est bien ainsi que vous deviez finir!

Un murmure menaçant s'éleva derrière le Valaque. — Les fédérés avaient entendu, et ils se disaient les uns aux autres comme un instant auparavant :

— A mort!... à mort!...

— Silence! — commanda Grégory. — Entre le citoyen que voici et moi, il y a

Il poussa une exclamation sourde; les prunelles de ses yeux se dilatèrent... — Page 148.

autre chose que de la politique. — Je brûlerais la cervelle à l'instant à celui qui ferait mine d'épauler son chassepot!...

Le murmure s'éteignit, et l'ancien amant de madame de Nancey s'avança vers le comte.

— Vous savez bien que je ne suis pas un lâche! — lui dit-il d'une voix sourde; — je vais vous en donner une preuve nouvelle. — Après l'insulte que vous venez de me faire, je pourrais vous étendre à mes pieds avec une balle dans la tête ! — Je vous tuerai, mais autrement ! — J'ai toujours vos soufflets de là-bas sur la joue puisque vous êtes vivant ! — Recommençons le duel inachevé ! — Comme moi vous avez un sabre... bas les revolvers, monsieur le comte, et en garde !

— Ah ! m'y voici ! — s'écria Paul en se dégageant des bras qu'Alice éperdue nouait autour de son cou.

Déjà les lames brillantes des longs sabres de cavalerie se touchaient, et déjà les deux fers frissonnaient l'un contre l'autre.

Les fédérés curieux avaient franchi le seuil et se rappelaient, tout joyeux, ces beaux duels de théâtre dont Mélingue ou Dumaine étaient les héros acclamés.

Tout à coup une détonation puissante et très-rapprochée retentit, puis une seconde, puis une troisième. — La maison tressaillit de la cave au grenier comme une créature animée. Une sorte d'écrasement formidable se fit entendre, suivi de plaintes, de gémissements, de blasphèmes.

Grégory, d'un mouvement brusque, se jeta en arrière, hors de portée du sabre de Paul, et se tournant vers ses hommes, il dit :

— Qu'est-ce cela ? — Qu'on s'informe... — Allez !...

Les hommes auxquels il s'adressait n'eurent pas le temps d'obéir. — Un fédéré venu du dehors arriva, haletant.

— Colonel, — cria-t-il, — les Versaillais ont mis deux pièces d'artillerie de montagne en batterie dans la rue de Lille... ils tirent à courte portée sur la barricade... — la position n'est plus tenable...

— Elle tiendra bien jusqu'à ce que nous ayons fini, le citoyen et moi ! — répliqua Grégory en se rapprochant de Paul. — A vous, monsieur le comte...

Les sabres s'engagèrent de nouveau, et, pendant quelques secondes, dans cette chambre sombre, des étincelles pétillèrent sur leurs lames entre-choquées.

Alice, agenouillée dans un angle, priait Dieu...

Le canon tonnait. — Les boulets effondraient la barricade, et à chacun de leurs ricochets faisaient une boue sanglante avec des corps humains.

Les deux adversaires, silencieux, les dents serrées, se portaient des coups terribles.

Grégory comptait beaucoup sans doute sur sa force à l'épée, bien supérieure, nous le savons, à celle de M. de Nancey. Mais, pas plus que Paul, il n'avait l'habitude du sabre, ce qui rétablissait l'équilibre.

Un moment le Valaque se crut vainqueur. — La pointe de son arme atteignit l'avant-bras de Paul et le déchira. — Le sang coula...

Alice, poussant un cri d'agonie, mit ses deux mains devant ses yeux.

M. de Nancey, comprenant que ses forces s'en iraient bien vite avec son sang, fit une tentative désespérée, en dehors de toutes les règles de l'escrime, et se servant de son sabre comme les Orientaux se servent de leurs cimeterres pour faire tomber une tête, bondit sur le Valaque.

L'acier rencontra la chair. — Grégory, la gorge coupée, s'abattit lourdement. — Il était mort...

Hélas! Paul n'avait fait que changer de péril.

Les fédérés poussèrent des cris de rage en voyant tomber leur chef et voulurent le venger à l'instant.

Le temps leur manqua.

Tout à coup dans la rue, sous les fenêtres mêmes, une immense clameur s'éleva. — Les clairons des chasseurs d'Afrique sonnaient une charge enragée... — La fusillade ne répondait plus. — Une voix cria : — Vive la France!

La barricade était prise et la maison cernée.

— Sauve qui peut! — dit un des hommes en s'élançant dehors, et les autres, terrifiés, voulurent suivre cet exemple.

Mais déjà M. de Nancey avait saisi les revolvers placés à sa ceinture. — Six fois de suite il fit feu des deux mains, abattant les fédérés comme les grelons abattent les épis...

Puis, pressant sur son cœur Alice évanouie, il sortit en l'emportant de cette chambre pleine de cadavres...

XXIV

AU BOIS DE BOULOGNE.

Quatre mois s'étaient écoulés.

Les traces de la guerre étrangère et de la guerre civile commençaient à s'effacer autour de la grande ville.

Le comte de Nancey et Alice venaient de reprendre possession de la villa du bois de Boulogne et cachaient de nouveau leur amour sous les grands ombrages de la charmante et mystérieuse retraite.

On n'a point oublié combien fut splendide le mois d'octobre de l'année 1871. — Jamais plus magnifique soleil d'automne n'éclaira des campagnes plus verdoyantes. — C'est à peine si les bois revêtirent, au commencement du mois de novembre, ces teintes jaunâtres et rougissantes qui précèdent la chute des feuilles.

Alice, profitant de ces beaux jours, passait dans le jardin ses journées presque entières, mais on ne la voyait point, comme autrefois, courir après les papillons ou cueillir des fleurs pour en composer des bouquets moins frais que son visage.

Il semblait qu'à la suite des terribles émotions du mois de mai, quelque chose se fût brisé en elle.

Il ne lui restait rien de son enfantine vivacité. — Un alanguissement général lui faisait trouver pénible tout mouvement un peu prolongé. — Elle demeurait immobile pendant de longues heures, étendue sur un grand fauteuil rustique à dossier renversé, et protégée contre les ardeurs du soleil par la voûte épaisse des tilleuls.

Elle ne lisait ni ne travaillait. — Son esprit semblait avoir besoin de repos comme son corps. — Elle écoutait chanter les pinsons et les fauvettes, et, à travers les éclaircies du feuillage, elle regardait passer les petits nuages floconneux qu'une brise légère chassait dans la direction du couchant.

Parfois Paul, inquiet, s'agenouillait devant elle sur le sable fin, et, passant ses bras autour de sa taille, lui disait :

— Mon enfant chérie, souffrez-vous ?...

— Non... — répondait Alice avec un sourire ; et alors, se penchant un peu, elle prenait la tête de Paul dans ses deux petites mains et elle l'embrassait sur le front.

La jeune fille ne parlait point ainsi pour rassurer M. de Nancey. — Elle n'éprouvait rien de pénible, et cet alanguissement général que nous avons signalé ne constituait point une souffrance, du moins pendant les premiers temps.

Mais, peu à peu, des modifications imprévues survinrent dans l'état d'Alice ; elle fut prise d'une sorte de dégoût pour les mets qu'elle préférait dans l'habitude de la vie. — Certains aliments détestés jusqu'alors lui inspirèrent au contraire des appétits bizarres. — Il lui fut impossible de respirer sans malaise le parfum de ses fleurs chéries. — Son caractère devint inégal. — Elle eut des gaietés sans motifs et des tristesses que rien ne justifiait.

Tantôt ses larmes coulaient, tantôt un rire nerveux éclatait comme une fusée sur ses lèvres.

A cette question de Paul :

— Ma bien-aimée, pourquoi pleurez-vous ?

Elle répliquait :

— Je ne sais pas... Je n'ai point de tristesse... Je suis heureuse.

Et, naturellement, elle ne pouvait pas plus expliquer son rire que ses larmes, ne se rendant compte elle-même ni de l'un ni de l'autre.

Enfin, un matin du mois d'octobre, comme elle se dirigeait au bras de Paul vers cette salle de verdure où nous savons qu'elle se plaisait plus qu'en tout autre lieu, elle chancela tout à coup et serait tombée si le jeune homme ne l'avait soutenue, défaillante, entre ses bras.

Jusqu'à ce moment M. de Nancey n'avait point voulu appeler un médecin, dans la crainte d'inquiéter Alice ; mais, croyant voir dans cet inexplicable évanouissement le symptôme avant-coureur de quelque maladie sérieuse, il n'hésita plus, il écrivit sur-le-champ à l'une des célébrités de l'art médical, et le fit en des termes si pressants que deux heures après arrivait le docteur F..., le plus gai, et nous dirions même volontiers le plus gaulois des médecins de Paris.

— Où est la malade? — demanda-t-il à Paul qui, prévenu de son arrivée, était allé le recevoir à la grille du petit parc.

— Elle est au jardin, docteur, — répondit M. de Nancey.

— Elle ne garde donc point le lit?

— Non, pas encore, grâce au ciel!

— Allons la trouver et, chemin faisant, je vous prierai, monsieur le comte, de vouloir bien me donner quelques détails...

Paul s'empressa d'apprendre au médecin ce que nous venons d'apprendre nous-mêmes à nos lecteurs.

Tout en l'écoutant parler, le docteur F... hochait la tête et souriait.

— Cela ne vous paraît point grave, n'est-ce pas? — dit vivement M. de Nancey rassuré déjà par la physionomie de son auditeur.

— Jusqu'à présent, non, je l'avoue... — Quel âge a la malade?

— Dix-huit ans et demi.

Le docteur sourit de nouveau.

— Il ne saurait y avoir bien longtemps que vous êtes mariés? — reprit-il.

— Il y a deux ans...

On arrivait à la salle de verdure où la jeune fille, un peu pâle, reposait comme de coutume dans son fauteuil rustique.

Le docteur lui tâta le pouls, lui adressa une demi-douzaine de questions, et dit en se tournant vers Paul :

— Mon ordonnance sera bien simple et je n'ai nul besoin de l'écrire. — La voici : — *Il n'y a rien à faire.*

— Rien à faire! — répéta Paul avec étonnement. — Cependant madame est souffrante, vous le voyez vous-même, docteur...

— Sans doute. Mais son malaise est de ceux qu'on doit prévoir quand on se marie... — Les *princes de la science* du monde entier, réunis en consultation, ne sauraient empêcher ce malaise de durer neuf mois, non plus que le prolonger au-delà de ce terme.

— Quoi! — s'écria M. de Nancey dont les yeux étincelèrent, — que dites vous? — Ai-je bien compris?

— Vous avez parfaitement compris, monsieur le comte, si vous avez compris que madame la comtesse, dans quatre mois, vous rendra père! — répliqua le docteur en riant.

Alice poussa un faible cri, devint pourpre et cacha son visage dans ses deux mains.

— Ah! docteur... docteur... — reprit Paul avec effusion, — si vous saviez combien vous me rendez heureux!

— J'en suis charmé, je vous assure... — Mais enfin, monsieur le comte, ne vous attendiez-vous à rien de semblable?

— Non... — Je n'y pensais pas...

— Madame la comtesse, cela se comprend, — reprit le médecin avec un sourire que Rabelais n'aurait pas désavoué, — mais vous! Entre nous, c'est fort! — Les hommes sont bien singuliers! — Le fermier, qui a ensemencé son champ en automne, s'étonnerait beaucoup, au printemps, de ne pas voir lever la récolte prochaine... — Vous avez semé, vous récolterez... c'est logique.

Quelques paroles furent encore échangées, puis M. de Nancey reconduisit le médecin jusqu'à sa voiture.

Quand il revint, Alice pleurait, et les gouttes pressées qui roulaient sur ses joues n'étaient point des larmes nerveuses, comme elle en versait si souvent depuis quelque temps, mais des larmes pleines d'amertume.

— Mon Alice chérie, qu'as-tu donc? — s'écria Paul en attirant dans ses bras la jeune fille dont la poitrine se soulevait et en la pressant contre son cœur. — Je ne te comprends pas! — Ne partages-tu point cette joie qui déborde en moi?... — Rien au monde ne pourrait me donner un bonheur comparable à celui que j'éprouve! — Songes-y donc, ma bien-aimée... Un enfant de toi! un enfant de mon Alice! — Nos deux âmes fondues pour animer un corps de chérubin! — Nos deux amours unis sur une tête blonde! sur un petit être que j'aimerai comme je t'aime, que j'adorerai comme je t'adore... car cet être ce sera toi... encore toi... toujours toi! — Alice, tu ne me réponds pas et tes larmes coulent toujours! — C'est mal et c'est cruel! — Au moins dis-moi pourquoi tu pleures?...

— Ah! — balbutia la pauvre Alice, dont les sanglots redoublèrent et qui, dans une étreinte presque convulsive, serra Paul de toutes ses forces, — ah! si j'étais ta femme, mon bonheur dépasserait le tien... Mais l'enfant qui va naître est l'enfant d'une faute... cet enfant n'aura pas de nom...

— Il aura le mien! — s'écria Paul subissant un de ces entraînements auxquels il était si sujet, et promettant ce qu'il était hors de son pouvoir de tenir, puisqu'il ne pouvait pas même reconnaître l'enfant d'Alice, la comtesse de Nancey vivant!

Mais la jeune fille ignorait tout, et impétueusement elle demanda:

— Je serai ta femme?

— Tu le sais bien.

— Quand?

— Aussitôt que je le pourrai...

— Avant qu'il vienne au monde, n'est-ce pas?... Oh! Paul, mon bien-aimé Paul, dis-moi oui!... — Au moins il aura le droit de naître...

M. de Nancey garda le silence.

Alice baissa tristement la tête et ses larmes recommencèrent à couler. — Ainsi, toujours et plus que jamais ces ténèbres étranges qu'aucune lueur n'éclairait pour elle et qui lui cachaient l'avenir! — Toujours cet obstacle inconnu entre elle et le bonheur légitime! — Rien ne le pouvait donc renverser, cet obstacle? Rien, pas même le grand événement près de s'accomplir? — Ce qui devait être sa joie, son orgueil, sa réhabilitation, allait devenir la consécration de sa honte! — Hélas! elle venait de le dire, l'enfant de Paul n'aurait pas de nom!

Toutes les angoisses d'un cœur qui se brise, la pauvre Alice, en ce moment, les connut... Elle expiait douloureusement la faute d'un autre, cette faute dont, — nous le savons, — elle n'avait point été complice!

M. de Nancey ne pouvait prononcer les paroles qu'il aurait fallu pour sécher ces larmes, pour rendre le repos à ce cœur déchiré! — Sa situation vis-à-vis d'Alice, en un tel moment, était odieuse, il le comprenait bien...

Il embrassa les petites mains qu'il sentit frissonner involontairement sous son baiser, et, laissant la jeune fille seule, il reprit à pas lents le chemin de la maison.

Tout en marchant, il murmurait :

— Dieu juste, n'aurez-vous point pitié de cette enfant innocente? — La punirez-vous longtemps encore de mon crime? — Ne lui permettrez-vous point de prendre enfin la place qui devrait être la sienne?

C'était la mort de Blanche, comtesse de Nancey, que Paul demandait à Dieu!

La mort de Blanche! — Si Blanche mourait, il serait libre!... — Cette pensée s'empara de son esprit avec une fixité effrayante. — Il voulut la chasser, car elle lui faisait peur. — Sous son empire, il comprenait l'assassinat. — Il croyait voir Blanche en face de lui, et sa main cherchait un couteau...

Résolu d'éloigner par force cette idée de son esprit, il prit les journaux et brisa leurs bandes. — Il recevait la plupart des feuilles ennemies de la République, le *Figaro*, le *Gaulois*, *Paris-Journal*, le *Pays*, l'*Ordre*, etc...

Il ouvrit le *Figaro* et, machinalement, sans comprendre un mot des lignes qui passaient sous ses yeux, il parcourut la première et la seconde page.

Tout à coup, au milieu de la troisième page, quelques mots d'un article placé sous la rubrique : *Gazette des Tribunaux*, attirèrent ses regards et s'imposèrent irrésistiblement à son attention.

M. de Nancey mit un genou par terre devant elle et prit ses deux mains dans les siennes. — Pag. 156.

Il poussa une exclamation sourde ; les prunelles de ses yeux se dilatèrent et tout son corps tressaillit, comme s'il était soumis à l'action d'une puissante pile de Volta.

L'article commençait ainsi :

« Nous empruntons à la *Gazette de Cologne* les faits suivants, qui nous paraissent constituer le dénoûment d'un drame judiciaire essentiellement parisien. »

UN ARTICLE DE LA «GAZETTE DE COLOGNE»

Après deux ou trois lignes dans lesquelles le journaliste français expliquait à ses lecteurs qu'il prétendait laisser au folliculaire d'outre-Rhin la responsabilité de son style, l'article emprunté par le *Figaro* à la feuille allemande continuait ainsi :

« Un crime d'une audace inouïe, commis aux portes de Cologne, vient de jeter l'épouvante parmi les habitants paisibles de notre cité, et surtout parmi ceux qui possèdent des habitations de plaisance dans nos environs si pittoresques.

« Une jeune femme d'une grande beauté, une Française, arrivée en Allemagne il y a deux ans environ à la suite d'une romanesque intrigue d'amour, avait attiré l'attention, à plusieurs reprises, par une série d'aventures sur lesquelles il convient de jeter un voile.

« Cette personne, malgré la condamnable irrégularité de sa conduite, ne faisait cependant point partie de la classe des femmes légères dont une galanterie vénale est le métier. — Elle appartenait à la caste la plus élevée, elle était mariée, elle avait possédé une fortune considérable, et ses manières offraient un cachet de distinction qui frappait tout d'abord autant que sa beauté.

« Fréquentant nos villes de jeu, — à l'exception pourtant de Hombourg, —

l'étrangère qui nous occupe, et dont généralement on ne connaissait point le nom, était désignée par un titre — (que d'ailleurs elle avait le droit de porter), — on l'appelait *la Comtesse*.

« Elle jouait beaucoup, et, comme tous les joueurs, passait par des alternatives de chance heureuse et de déveine persistante, — tantôt possédant d'assez fortes sommes, tantôt réduite aux extrémités les plus pénibles. — On remarquait néanmoins que pour elle les chances favorables étaient les moins fréquentes.

« Une protection occulte, et très-puissante sans doute, lui avait permis de ne point quitter l'Allemagne à une époque où il était interdit aux Français d'y résider, c'est-à-dire depuis le mois de juillet 1870 jusqu'au mois de février 1871.

« Au printemps dernier, *la Comtesse* inspira une passion violente à un jeune officier du plus grand mérite, le baron L..., originaire de notre ville, qui, après s'être distingué pendant la guerre franco-allemande, jouissait dans sa famille d'un congé bien mérité par ses services.

« Le baron L..., âgé de vingt-cinq ans et premier lieutenant, est le plus bel officier de son régiment, où tous les officiers sont de beaux hommes. — Il possède en outre une fortune considérable. — La comtesse accueillit favorablement l'aveu de l'amour qu'elle inspirait; il est présumable qu'elle y répondit par un aveu pareil, et de cette double sympathie résulta entre le premier lieutenant et la jolie Française une de ces liaisons qui peuvent trouver peut-être une excuse dans les entraînements de la jeunesse, mais que la stricte morale réprouve avec raison.

« Eperdûment épris, le baron L... délaissait les siens, passait les trois quarts de son temps auprès de son amie, se montrait partout avec elle de la façon la plus compromettante, sans se préoccuper du scandale que causait une conduite ainsi publiquement affichée, faisait enfin mille folies et ne tenait nul compte des sages remontrances à lui adressées par des gens graves et de mœurs austères, comme le sont généralement les Allemands.

« Il avait loué pour la comtesse une agréable maison de campagne, située à un quart d'heure de la ville. — Elle vivait là avec une femme de chambre et un domestique. — Une voiture, louée à Cologne, était sans cesse à sa disposition. — On apportait les repas du dehors, afin d'éviter tout embarras.

« La famille, qui d'abord avait fermé, quoique à regret, les yeux sur cette liaison, en vertu de l'axiome : « *Il faut que jeunesse se passe* », finit par éprouver une très-légitime inquiétude. — Il y avait tout lieu de craindre, en effet, qu'une femme aussi séduisante que la comtesse, et sans doute adroite autant que belle, prît sur le jeune baron un dangereux empire, une funeste et irrésistible influence, dont elle ne manquerait pas d'abuser.

« Amener une séparation semblait difficile. — La famille y parvint néanmoins en allant déposer, au pied du trône impérial, l'expression de ses craintes et de ses soucis. — Le vertueux souverain qui préside à nos destinées prit en main la cause des sujets fidèles qui réclamaient sa protection auguste. — Le premier lieutenant, quoique le terme de son congé fût encore éloigné, reçut l'ordre d'aller rejoindre sans retard son régiment dans l'Allemagne du Nord, et l'on prévint officieusement la comtesse que, sous peine d'expulsion immédiate, il lui était interdit d'accompagner le baron L... ou de le rejoindre.

« De part et d'autre, il y eut sans doute beaucoup de larmes et de colères; mais la discipline militaire est inflexible. — Il fallait obéir.

« La veille de son départ, le jeune officier prit chez son banquier une somme importante, acheta chez le principal joaillier de notre ville une parure du prix de six mille thalers, — son cadeau d'adieu, — passa une dernière nuit à la petite maison témoin de ses amours, et partit.

« Il résulte de quelques mots échangés entre le baron L... et l'un de ses amis à la gare du chemin de fer, au moment où il allait monter en wagon, que la comtesse, dans leur entretien suprême, lui aurait témoigné l'intention de quitter l'Allemagne dès le lendemain, de rentrer en France et d'y résider jusqu'au moment où l'officier, libre enfin du service militaire, pourrait la rappeler à Cologne ou la venir retrouver à Paris.

« Le jour de ce départ, le valet de chambre de la Française — (s'il faut s'en rapporter à sa déposition) — sollicita de sa maîtresse l'autorisation de quitter sur-le-champ son service, rappelé qu'il était à Manheim par des affaires de famille. — Il obtint son congé et partit aussitôt.

« La comtesse resta donc seule avec la femme de chambre dans la petite maison où elle allait coucher pour la dernière fois, puisque le jour suivant elle devait se rapatrier et que ses malles étaient déjà prêtes.

« Que se passa-t-il pendant la nuit dans cette demeure isolée? — (La maison la plus proche est distante d'au moins mille pas.)

« C'est là une énigme terrible dont nos magistrats cherchent le mot, et nul doute qu'ils ne viennent à bout de le trouver bientôt, car il est impossible que certains monstrueux forfaits restent impunis... — Dieu, qui protége si visiblement l'Allemagne, ne le permettrait pas...

« Toujours est-il qu'au milieu de la nuit une grande lueur, remarquée par plusieurs personnes qui ne surent à quoi l'attribuer, éclaira la campagne.

« Au point du jour, des maraîchers passant sur la route pour apporter leurs légumes à Cologne, virent la petite maison debout encore, mais en partie consumée par l'incendie et fumant toujours.

« Ils n'osèrent franchir le seuil de ces ruines où le feu continuait à couver; mais à peine arrivés dans la ville, ils donnèrent l'alarme en racontant ce qu'ils venaient de voir.

« La police, sans cesse vigilante, expédia sans perdre une minute quelques-uns de ses agents les plus habiles, et ces agents constatèrent la perpétration du forfait épouvantable dont nous parlions un peu plus haut.

« Un double assassinat, dont le vol était le mobile, venait d'être commis. — Le meurtrier avait espéré cacher son crime en chargeant l'incendie d'en effacer les traces. — Il s'était éloigné après avoir mis le feu à la maison, bien convaincu que le lendemain on croirait à une catastrophe accidentelle; mais l'événement, grâce au ciel, n'avait point répondu à son attente. — Le scélérat était parti trop vite, sans s'assurer que la flamme allumée par lui accomplissait fidèlement son œuvre de dévastation.

« L'incendie, circonscrit dans son foyer contre toute attente et contre toute vraisemblance par une cause que l'on ignore, n'avait dévoré que le second étage et une partie du premier, laissant le reste de la maison absolument intact.

« Les agents n'hésitèrent point, malgré le danger très-réel et très-imminent, à gravir l'escalier et à s'aventurer sur des planchers dont une partie, ne reposant sur rien de solide, pouvait s'écrouler sous leurs pieds.

« Arrivés dans ce qui avait été la chambre à coucher de la Française, ils virent partout ces hideuses preuves du crime que l'assassin croyait anéanties.

« Le tapis à fond blanc semé de fleurs roses était, non point taché, mais littéralement inondé de sang. — Les meubles et les malles avaient été fracturés à coups de hache pour s'éviter la peine de chercher les clefs et de les essayer dans les serrures. — Les parures féminines, les objets de toilette formaient un entassement bizarre.

« Un peu plus loin, — et juste sur la limite que l'incendie n'avait point dépassée, — un spectacle bien autrement horrible encore frappait les regards.

« Un cadavre de femme, — celui de la comtesse, — gisait défiguré et carbonisé en partie. — Il n'existait plus rien des vêtements atteints par le feu, mais une mèche de cheveux blonds, restée intacte, suffisait à démontrer jusqu'à l'évidence l'identité de la Française.

« La malheureuse femme de chambre — (une jeune et jolie fille, à ce qu'on assure), — endormie à l'étage supérieur et surprise par les flammes, avait certainement péri dans son lit métamorphosé en fournaise ardente. — On n'a rien trouvé d'elle, absolument rien, ses ossements calcinés ayant été réduits en poussière par l'écroulement de la toiture incendiée.

« Les fouilles, immédiatement pratiquées dans les cendres et dans les décombres, n'ont fait découvrir ni la parure achetée deux jours auparavant par le baron L..., ni les sommes en or et en argent que la Française devait posséder. — Il est donc certain que le meurtrier, avant de fuir le théâtre de ses attentats, aura mis la main sur ces importantes valeurs.

« Dans l'obscurité profonde qui entoure cette terrible et mystérieuse affaire, nos magistrats ont cru voir briller une lueur. — Leurs soupçons se sont dirigés vers le valet de chambre disparu. — On le savait originaire de Manheim. — On a télégraphié aussitôt à qui de droit dans cette localité. — L'homme est revenu à Cologne sous bonne garde. — Il ne semblait nullement inquiet ni ému, mais très-affligé de se trouver ainsi compromis sans avoir fait quoi que ce soit pour le mériter. — Il a donné de son départ l'explication assez plausible que nous avons reproduite. — L'instruction continue.

« Les recherches de la police ont fourni la preuve que la Française assassinée était la femme légitime d'un gentilhomme français, le comte de N... — Nous tiendrons nos lecteurs au courant de tous les faits nouveaux qui pourront se produire. »

L'article emprunté à la *Gazette de Cologne* se terminait là.

Le chroniqueur judiciaire du *Figaro* avait ajouté :

« La feuille allemande imprime tout au long le nom dont nous avons cru devoir ne donner que l'initiale, le mari de la victime, homme du meilleur monde et possédant une grande fortune, étant encore vivant et habitant toujours Paris.

« Le comte de N... a été lui-même le héros, il y a quelques années, d'un drame judiciaire dont le souvenir n'est point effacé, et qui s'est terminé par un acquittement prévu d'avance.

« M. de N... avait tué sa femme et l'amant de sa femme surpris par lui en flagrant délit d'adultère.

« Quelques mois plus tard il épousait en secondes noces la personne remarquablement belle et séduisante qui devait le quitter à son tour pour aller périr loin de la France d'une si épouvantable manière. — Nous avions raison, on le voit, d'affirmer en commençant que ce drame d'outre-Rhin n'était autre chose que le dénoûment d'un drame absolument parisien.

« Nous reproduirons, jour par jour, les détails que donnera la *Gazette de Cologne* au sujet de cette émouvante affaire. »

M. de Nancey, pâle comme un mort, dévora cet article jusqu'à la dernière ligne, puis le *Figaro* s'échappa de ses mains tremblantes et tomba sur le tapis.

Anéanti par la stupeur, par la joie, par le doute, Paul avait l'air d'un homme qui va se trouver mal.

Blanche morte, il était libre ! — Libre ! — Etait-ce vrai ? Etait-ce possible ?

Il se leva tout à coup, sonna à briser la sonnette et donna l'ordre d'atteler.

Dix minutes après, il montait en voiture et il répondait au valet de pied demandant où il fallait conduire monsieur le comte :

— Rue Rossini, numéro 3.

XXVI

MIRAGE.

Au bout de trente minutes à peine les trotteurs de M. de Nancey s'arrêtèrent rue Rossini, devant la porte des bureaux de rédaction.

Le comte descendit et entra.

— Que désire monsieur ? — lui demanda un huissier en livrée d'un vert sombre.

— Je souhaiterais obtenir un renseignement de celui de messieurs les rédacteurs chargé de la chronique judiciaire, — répliqua Paul.

— Je vais le prévenir. — Monsieur veut-il me suivre ?

Le comte fut introduit dans la petite pièce où se donnent les audiences particulières, et qui sera remplacée par un salon de proportions plus amples quand *Figaro*, dans quelques mois, aura pris possession de l'hôtel qu'on bâtit pour lui rue Drouot, — et soit dit entre nous, je voudrais bien savoir s'il se doutait jadis, du temps de Rosine et de Chérubin, qu'il serait un jour millionnaire...

Dans un journal de gens bien élevés on ne fait jamais attendre. — Le rédacteur demandé parut presque aussitôt, et salua Paul, en lui disant :

— On vient de m'apprendre, monsieur, que vous désiriez me parler... Je me mets à vos ordres...

— Quoique je n'aie point l'honneur d'être connu de vous, monsieur, — répon-

— Je serais désireux de visiter ces ruines — Page 162.

dit le visiteur, — je n'hésite pas à solliciter de votre bienveillance un très-grand service...

— De quoi s'agit-il?

— Je suis le comte de Nancey...

Le journaliste salua de nouveau.

— Et, — continua Paul, — je vous supplie de m'apprendre quel est le nom imprimé tout entier dans la *Gazette de Cologne*, et dont vous avez eu la généreuse courtoisie de ne reproduire que l'initiale?

— Ce nom est le vôtre, monsieur.

Le comte de Nancey s'attendait à cette réponse; la conclusion de l'article du *Figaro* ne pouvait lui laisser l'ombre d'un doute, et cependant telle était sa crainte d'une déception que jusqu'à cette minute il n'avait pas osé croire tout à fait. — Il dut appuyer sa main sur le côté gauche de sa poitrine pour comprimer les battements de son cœur qui l'étouffait.

— Ah! — murmura-t-il; et, brisé par une commotion trop violente, il se laissa tomber sur un siége.

— Monsieur, — dit vivement le journaliste, — vous semblez près de vous trouver mal... Dois-je faire appeler un médecin?...

— Non, monsieur... non, merci... — Ce n'est rien... c'est fini... — balbutia Paul, en domptant son trouble par un puissant effort de volonté.

Il se releva, pâle encore, mais presque calme, et il reprit :

— Permettez-moi de vous demander si vous avez encore entre les mains le journal allemand?

— Oui, monsieur... Désirez-vous en prendre connaissance?

— Je le désirerais beaucoup... oui, monsieur, beaucoup...

— Je vais le chercher et vous le garderez si bon vous semble...

Paul savait un peu la langue allemande. Incapable de soutenir une conversation dans cette langue, il pouvait épeler un article de journal.

Il lut et relut lentement dans la *Gazette de Cologne* les deux colonnes traduites par le *Figaro*.

Aucune erreur n'était admissible. — Son nom, très-régulièrement orthographié, *Graf von Nancey*, se trouvait dans une phrase ainsi conçue et légèrement modifiée par le journaliste parisien : — « Il résulte des informations de la police que la victime était la femme légitime d'un gentilhomme français, le comte de Nancey. »

— Ainsi, monsieur, — reprit-il, — vous voulez bien me permettre de conserver ce numéro?

— Certes! et j'ai eu le premier l'honneur de vous l'offrir.

— Merci, monsieur, — dit Paul en serrant la main de son interlocuteur. — Croyez que je suis reconnaissant, profondément reconnaissant, de ce que vous venez de faire pour moi.

Et il remonta en voiture.

Il faut croire que dans certains cas la physionomie la plus mobile n'a pas deux manières différentes d'exprimer les joies profondes et les grandes douleurs, et aussi que les rédacteurs du *Figaro* sont sujets à l'erreur comme de simples mortels.

Celui que nous venons de mettre en scène, — très-malin cependant, — se méprit tout à fait sur la nature de l'émotion de Paul, et se dit de la meilleure foi du monde :

— Oh! faible cœur humain, qui sondera tes abîmes? — Voilà certes un mari aussi trompé qu'on le puisse être, et avec force récidives! Eh bien! ça lui donne un coup terrible, à ce mari parfait, de savoir que sa femme est morte! — Après ça, tout peut s'expliquer; elle était si jolie, cette comtesse de Nancey!... Le comte alors la pleurerait simplement comme objet d'art!

Et, satisfait de cette réflexion philosophique, il retourna mettre la dernière main à un grand article sur les conseils de guerre qui fonctionnaient à cette époque avec activité.

Paul avait donné l'ordre de le ramener à la villa, et, tandis que ses chevaux montaient au grand trot l'avenue des Champs-Élysées, il lisait et relisait sans cesse l'article de la *Gazette de Cologne*, dont les caractères gothiques lui faisaient l'effet de scintiller et de miroiter devant ses yeux, comme si le journal allemand eût été imprimé avec du phosphore.

Certes, le condamné à mort à qui, cinq minutes avant l'heure fatale, on apporterait ses lettres de grâce, ne relirait pas avec plus d'ivresse les lignes cent fois bénies qui lui donnent le droit de vivre!

Ainsi donc, au moment où il suppliait Dieu de faire justice en rendant libre pour Alice la place que Blanche Lizely, comtesse de Nancey, déshonorait, — au moment où il songeait à frapper lui-même pour devancer, même au prix d'un crime, la justice céleste trop lente, — la main de Dieu s'était appesantie déjà sur la femme adultère!...

N'y avait-il pas quelque chose de providentiel dans cette punition effrayante et foudroyante? — se demandait Paul, — et aussi dans la façon rapide dont il avait eu connaissance des faits accomplis?...

Quoi qu'il en fût, la chaîne était brisée... — l'avenir sombre se métamorphosait en un avenir lumineux... — il devenait possible de racheter une action odieuse, de réhabiliter Alice innocente, de poser sur le front pur de cet ange la couronne de comtesse qu'elle, au moins, ne déshonorerait pas, et l'enfant prêt à naître ne serait point bâtard!...

M. de Nancey, rayonnant, transfiguré, se disait ces choses en mettant pied à terre devant le perron de la villa.

Son absence avait duré une heure et demie, tout au plus.

— Où est madame? — demanda-t-il.

— Toujours au jardin, monsieur le comte. — Madame la comtesse n'est point rentrée, — répondit le valet de chambre.

Paul se dirigea rapidement vers cette salle de verdure où il avait laissé la jeune fille.

Alice, silencieuse, l'accueillit avec le doux et triste sourire de la résignation.

Elle ne pleurait plus, mais les paupières rougies de ses grands yeux, et les traces humides oubliées sur ses joues pâles, démontraient jusqu'à l'évidence que quelques minutes auparavant ses larmes coulaient encore.

M. de Nancey mit un genou en terre devant elle et prit ses deux mains dans les siennes.

Alice le regardait avec un étonnement ému. — Elle croyait lire sur le visage du comte l'annonce d'un événement heureux ; mais elle craignait de se tromper.

— Cher Paul, — lui demanda-t-elle, — qu'avez-vous? — Quand vous m'avez quittée, vous n'étiez point ainsi... — M'apportez-vous une bonne nouvelle?

— Ma bien-aimée, — murmura le comte d'une voix très-basse et très-tendre, — vous êtes, laissez-moi vous le dire, l'être le plus parfait comme le plus charmant à qui Dieu ait permis de descendre du ciel pour habiter la terre. — Vous avez la forme d'un ange, et vous en avez l'âme aussi! — Vous oubliant sans cesse et ne pensant qu'à moi, vous cachez vos douleurs pour ne point m'affliger!... — Courageuse, résignée, touchante, vous ne vous plaignez jamais, et vous souffrez deux fois en cachant vos souffrances! Mais, forte contre le chagrin, le serez-vous contre la joie!

— Oui!.. oh! oui... je serai forte!..., — s'écria fiévreusement Alice. — Ne craignez rien... parlez... parlez vite... j'attends...

— Vous souvenez-vous, mon cher amour, d'une question que vous me faisiez il y a deux heures?...

— Je vous demandais si je serais bientôt votre femme?... Est-ce cela, Paul?... Est-ce cela?

— Vous me demandiez, mon Alice, si l'enfant qui dans quatre mois va venir au monde aurait le droit de porter mon nom...

— Et vous ne m'avez pas répondu! — poursuivit la jeune fille dont les regards attachés avec ardeur sur le visage de Paul essayaient de lire au fond de son âme en passant par ses yeux.

— Mais, maintenant, je vous réponds...
— Et... cette réponse?
— La voici : — Oui, notre enfant sera légitime... Avant un mois vous serez ma femme...

Le cri de joie qui s'échappa du cœur et des lèvres d'Alice aurait ému même un indifférent.

Elle entoura Paul de ses bras avec une force nerveuse dont son corps délicat ne semblait point doué, et l'attirant au niveau de sa bouche elle balbutia à son oreille :

— Ah ! j'étais coupable en t'aimant, et je t'aimais de toute mon âme !!! Comment ferais-je pour t'aimer plus quand Dieu bénira mon amour ?

Un long silence suivit ces mots, mais, si les lèvres restaient muettes, les mains enlacées et frémissantes échangeaient — (et Dieu sait avec quelle éloquence !) — les pensées de deux cœurs battant à l'unisson, de deux âmes qui n'en formaient qu'une.

Paul, le premier, reprit la parole.

— Toute médaille a son revers, mon Alice, — dit-il, — et je ne sais guère de joie en ce monde qui ne se double d'un chagrin, ou du moins d'un ennui...

— Il faudrait que le chagrin fût bien grave pour parvenir à troubler ma joie ! — fit la jeune fille en souriant, et quel ennui ne glissera sur moi après ce que tu viens de m'apprendre ?... — Explique-toi donc, et parle sans peur...

— Mon enfant chérie, — reprit le comte, — je vais me séparer de toi...

Alice eut un petit frisson ; mais elle avait promis d'être ferme et elle se remit aussitôt.

— Te séparer de moi !... — répéta-t-elle. — En ce moment !
— Il le faut.
— Ce n'est pas un ennui, cela, c'est un chagrin, tu avais raison. — Et cette séparation, combien de temps durera-t-elle?
— Trois jours, au moins... Cinq ou six au plus.
— Si c'est trois jours, c'est encore bien long. — A quand ton départ?
— A ce soir...
— Si tôt !
— Plus vite je partirai, plus vite je serai de retour...
— Est-ce pour t'occuper de notre mariage que tu t'éloignes?
— Oui.
— Pars sans perdre une minute, alors... — Puis-je t'adresser une question?

— Certes!
— Où vas-tu?
— En Allemagne.

Alice tressaillit.

— A Hombourg! — demanda-t-elle vivement.
— Non. A Cologne.
— Et, — murmura la jeune fille, — ne les verrras-tu pas, EUX?... — Ne leur apprendras-tu pas que bientôt, comme autrefois, ils pourront m'appeler leur fille?...

Paul secoua la tête.

— Je n'oserais en ce moment me présenter devant eux... — répondit-il. — Je les verrai le jour où mon Alice, en face de Dieu et des hommes, sera la comtesse de Nancey...— Ce jour-là, mon enfant chérie, sois tranquille, ils seront ici!

Ce même soir le comte, muni de son acte de mariage et de tous les papiers utiles pour faire la preuve de son identité, partait pour l'Allemagne.

Il allait chercher à Cologne l'acte mortuaire de Blanche Lizely, sa femme!

XXVII

L'ACTE MORTUAIRE

Paul, — avons-nous dit, — allait chercher à Cologne l'acte mortuaire de la comtesse de Nancey, et, tandis que la vapeur l'entraînait rapidement du côté de la frontière, ses souvenirs éveillés en foule remontaient vers le passé.

A la même heure et de la même gare, plus de deux années auparavant, il était parti pour le même voyage.

Il lui semblait se voir encore, fou de rage et de désespoir, jetant sa boîte à pistolets et le fourreau de cuir enfermant deux épées, dans un coin du wagon où les heures de la nuit allaient lui sembler si longues.

C'est qu'il poursuivait Blanche Lizely, sa femme, — la blonde sirène adorée jusqu'à la folie, — qui fuyait avec Grégory !

Quels changements depuis cette époque !... — Que restait-il en lui de l'homme de ce temps-là ? — Qu'était devenu cet amour, impérissable croyait-il, et dont les mépris et les trahisons de Blanche semblaient aviver les flammes ?

Aujourd'hui il aimait une autre femme ! — Il avait tué Grégory ! — Blanche n'existait plus, et c'est avec le cœur plein d'ivresse et d'espoir qu'il courait demander à Cologne la preuve authentique de sa mort !

Et quand il aurait cette preuve, quand il serait le mari d'Alice, alors commencerait pour lui, après de tels orages, une existence où les éléments du bonheur absolu se trouveraient réunis tous : amour infini, confiance sans bornes, certitude de l'avenir, joies du foyer, paix de la conscience ; — le ciel sur la terre !

— Qu'ai-je donc fait pour mériter cela ? — se demandait Paul. — N'est-il pas vraiment injuste que je sois si heureux ?...

Et il s'absorbait à tel point dans ce bonheur prochain, infaillible, que tout ce qui n'était point Alice ou lui-même s'effaçait de sa pensée. — Il oubliait la guerre, il ne se souvenait plus de la Commune...

Le long trajet de Paris à Cologne lui parut s'accomplir avec une incompréhensible vitesse.

Le hasard fit que la voiture dans laquelle il monta en quittant le chemin de fer le conduisit au même hôtel où nous l'avons vu descendre naguère, épuisé de fatigue, brisé par la colère, par les angoisses et par l'insomnie.

Le garçon d'hôtel qui l'accueillit à son arrivée ne le reconnut point. — C'était pourtant celui-là même auquel il avait donné 1000 francs, un matin, en le chargeant de chercher pour lui la piste des fugitifs dans les hôtelleries de Cologne... Un beau garçon correct, toujours frisé superbement, et devenu très-crâne depuis qu'ayant été uhlan, il savait sur le bout du doigt la théorie et la pratique d'un petit pillage bien compris.

Il n'en aimait pas moins les Français, ce bon garçon, et même il les aimait plus encore qu'autrefois, ayant rapporté de sa campagne une foule d'agréables souvenirs, sous forme de montres, de chaînes, de bagues, de bracelets, de médaillons, etc., — le tout en or, bien entendu, et contrôlé à la Monnaie. — Que voulez-vous ?... On a beau être Allemand, ces sortes de choses attachent !!! Un pays si fécond en horlogerie, si fertile en bijouterie, a droit aux sympathies tudesques.

M. de Nancey se fit servir à déjeuner dans sa chambre, afin de mieux avoir ses aises pour questionner, et demanda :

— S'occupe-t-on toujours du crime commis il y a quelques jours dans les environs de Cologne ?

— Si on s'en occupe, monsieur ! — s'écria le garçon. — Ah ! je le crois bien ! — Un si beau crime, monsieur ! et si intéressant ! — On ne parle que de ça !... On en parle d'autant plus que la personne assassinée, une bien belle femme, monsieur, une Française, *la Comtesse*, comme on l'appelait, était très-connue dans la ville. — Est-ce qu'on sait déjà l'affaire en France, monsieur, s'il vous plaît ?...

— Oui. — Un journal de Paris a reproduit l'article de votre gazette.

— Un bien bel article, monsieur ! — Le rédacteur, qui est célibataire, dîne *ici*

L'AMANT D'ALICE.

Blanche pouvait se passer de lui. Elle régla son compte — Page 171.

tous les jours, à la table d'hôte de l'hôtel, à deux heures très-précises. — Si ça fait plaisir à monsieur, je le lui montrerai... C'est un petit homme un peu chauve, avec un petit ventre tout rond. — Il est bien bon enfant, comme on dit à Paris.

— A-t-on découvert quelques faits nouveaux depuis que l'article a paru ? — reprit le comte.

— Pas grand'chose, monsieur. — Wilhelm, le domestique de *la comtesse*, est toujours en prison, comme de juste! — Il soutient qu'il ne sait rien et se prétend plus innocent que l'enfant à naître ; mais il paraît que son affaire est mauvaise, attendu qu'il dit bien être parti le soir pour Manheim, mais qu'il ne peut pas prouver qu'il était en route pendant la nuit où on a tué les deux femmes et mis le feu à la maison... Il y a même des gens qui prétendent l'avoir vu monter en chemin de fer le lendemain matin... — Si c'est démontré, monsieur, j'aime mieux être dans ma peau que dans la sienne. Oh! oui! car il y aura bien apparence que c'est lui qui a fait le coup... — Est-ce aussi votre avis, cela, monsieur, s'il vous plaît?

Paul fit un signe affirmatif.

L'ex-uhlan si bien frisé continua :

— Et voyez un peu, monsieur, comme le monde est injuste! — On ne s'occupe que de la comtesse, et pas un chat ne parle de Dorothée, la femme de chambre! Une bien jolie fille, monsieur, une blonde superbe... Je la connaissais... — Elle a été cependant assassinée tout aussi bien que sa maîtresse, la pauvre Dorothée, et brûlée comme elle, et même plus qu'elle, puisqu'on n'a rien retrouvé de sa personne, pas seulement une dent... — Mais voilà! l'une était *la comtesse* et l'autre une servante! tout est pour la comtesse et rien pour la servante! — Oh! la société, quelle marâtre!

Il n'y avait aucune réponse à faire à cet aperçu philosophique vraisemblablement importé de France.

M. de Nancey reprit :

— A quelle distance de l'hôtel se trouve la maison incendiée?

— A environ deux kilomètres, comme on dit à Paris... Il faut une demi-heure pour y aller à pied, et un petit quart d'heure en voiture.

— Je serais désireux de visiter ces ruines...

— C'est facile. — Si monsieur veut, je le ferai conduire par un cocher de confiance. — Du reste, tous les cochers connaissent la route... — On va là comme en procession, quoiqu'il n'y ait pas grand'chose à voir. — Je dois prévenir monsieur qu'il y a des gens de police chargés d'empêcher les personnes de pénétrer dans les décombres. — Monsieur se donnera-t-il le plaisir de cette petite promenade après son déjeuner, s'il vous plaît?

— Oui... — Faites prévenir le cocher. — Ah! un mot encore... — J'ai besoin d'un renseignement...

— Aux ordres de monsieur.

— Connaissez-vous à Cologne un homme d'affaires intelligent, habile, et parlant français bien ou mal, mais de façon suffisante pour que je puisse le comprendre et me faire comprendre de lui?

— Comme qui dirait un avoué, n'est-ce pas, monsieur?

— Avoué ou avocat, oui...

— Très-bien... je connais cela... — Nous avons Hermann Grüber, un brave homme et très-considéré dans la ville... — Son cabinet ne désemplit pas... — Sauf un peu d'accent, il parle le français aussi bien que monsieur et que moi-même...

— On me conduira chez lui en revenant de ma visite à la maison brûlée.

— C'est entendu, monsieur... le cocher sait l'adresse...

Le comte acheva son repas, monta dans un vieux fiacre jaune assez semblable, pour l'élégance et le bon état de conservation, aux voitures des *maraudeurs* parisiens. — Au bout d'un quart d'heure ce fiacre faisait halte. — Paul mettait pied à terre et se trouvait sur une route, en face de la muraille de clôture du jardin d'une villa.

La grille permettait de voir une pelouse et des corbeilles de fleurs en avant de la maison à demi consumée. — En arrière, des masses verdoyantes laissaient deviner un jardin peu étendu, mais bien planté.

Une demi-douzaine de curieux regardaient à travers les barreaux de la grille.

Deux agents de la police de Cologne faisaient côte à côte, pour la centième fois peut-être depuis le matin, le tour de la pelouse en fumant de grosses pipes en porcelaine peinte.

Au moment où ils passaient devant la grille, Paul tira de sa poche deux thalers, fit signe aux agents de s'arrêter, mit les thalers dans leurs mains crasseuses, et rassemblant les quelques mots d'allemand qu'il croyait savoir, prononça une phrase impossible qui, selon lui, signifiait :

— Je voudrais entrer et visiter la maison...

La phrase fut inintelligible pour les agents, mais ils comprirent les thalers et ils ouvrirent aussitôt la petite porte placée à côté de la grille, — et ceci au très-grand scandale des curieux qui, ne voulant rien débourser, n'avaient droit à aucun privilège et restaient dehors.

Les agents accompagnèrent M. de Nancey jusqu'au seuil du vestibule; mais quand il voulut franchir ce seuil ils le retinrent par la manche en secouant la tête et en croassant avec volubilité.

Le croassement et la pantomime devaient évidemment se traduire ainsi : —

Nous regrettons beaucoup de ne pouvoir obtempérer à vos désirs, étranger généreux, mais il est tout à fait défendu d'aller plus loin, et il nous faut faire respecter la consigne que nous avons reçue...

M. de Nancey, pour la seconde fois, fouilla dans sa poche, — les mains crochues se refermèrent sur deux nouveaux thalers, — les bouches lippues se fendirent jusqu'aux oreilles en un large sourire, et la consigne disparut.

Paul suivit un couloir, s'engagea dans l'escalier, et put contempler ce spectacle hideux décrit par la *Gazette de Cologne*. — Le cadavre presque entièrement carbonisé avait, il est vrai, disparu, mais le tapis était toujours là, et sa moquette à bouquets de roses disparaissait sous les grandes flaques de sang desséché...

Le sang de Blanche Lizely !...

Deux années auparavant, une telle vue aurait tué le comte en le frappant au cœur. — Maintenant, ces larges taches rouges ne lui causèrent qu'une impression d'horreur profonde. — Il se dit que si la punition était juste, elle était aussi bien terrible, et, ne pouvant dompter la révolte de ses sens, il quitta précipitamment ce charnier, sortit de la maison et regagna la voiture qui l'attendait.

Selon les instructions données au cocher par le garçon de l'hôtel, le fiacre s'arrêta de nouveau dans une rue déserte, devant une petite maison d'honnête mais modeste apparence.

Sur une plaque de métal, au milieu de la porte, se lisaient ces mots :

« *Hermann Grüber*, »

« ADVOCAT UND NOTAR. »

Paul entra et fut immédiatement reçu par l'homme d'affaires, chez lequel en ce moment les clients ne se pressaient point. — Ayant hâte d'en finir, il alla droit au but.

— Monsieur, — dit-il, — je suis le comte de Nancey... — La malheureuse qui vient d'être assassinée était ma femme... — Il me faut son acte de décès, et il me le faut sans retard... — Chargez-vous, je vous prie, des démarches nécessaires, et n'épargnez rien pour obtenir un résultat immédiat... — Je suis riche et je reconnaîtrai largement vos soins et votre zèle.

— Monsieur, — répondit Hermann Grüber, — ce que vous demandez est la chose du monde la plus simple. — Madame la comtesse de Nancey était, il est vrai, défigurée par les flammes, mais les faits de la cause, d'une part, c'est-à-dire la situation dans laquelle a été trouvé le cadavre, et, de l'autre, la déclaration des témoins qui ont reconnu madame la comtesse à la couleur de ses cheveux, suffiront amplement pour établir un certificat d'identité. — Aussitôt ce certificat obtenu, l'acte que vous désirez vous sera remis... — Je me charge de tout.

Maître Hermann Grüber menait les affaires rondement quand il avait carte blanche, et qu'il pouvait arrondir sans scrupule son mémoire de frais et honoraires.

Trois jours après, Paul reprenait la route de Paris, emportant avec lui l'acte mortuaire de Blanche Lizely, comtesse de Nancey, assassinée à Cologne.

Or, depuis trois jours Blanche Lizely, comtesse de Nancey, était à Paris, vivante!

XXVIII

BLANCHE.

Victor Hugo, — à l'époque, hélas! si loin de nous, où il était un grand poëte, — a écrit ces deux vers :

« Oh! n'insulte jamais une femme qui tombe...
« Sais-tu sous quel fardeau la pauvre âme succombe... »

Victor Hugo avait raison...

Il avait raison aussi Saâdi, le poëte persan, quand il disait : « *Ne frappez point une femme, même avec une fleur.* »

Nous n'avons pas eu de paroles méprisantes pour Blanche Lizely lorsque, victime de sa confiance en la loyauté de l'homme qu'elle aimait, elle était devenue la maîtresse de Paul.

Nous avons compris, et peut-être nous a-t-il été donné de faire comprendre l'ardeur de la haine qui, remplaçant l'amour dans son cœur ulcéré, avait sans trêve et sans pitié poursuivi le comte, — son mari.

Si coupable que devînt ensuite la femme adultère, elle ne nous a cependant point paru dégradée, quand la soif de vengeance et les illusions d'un nouvel amour la poussaient dans les bras de Grégory.

Mais le jour où la comtesse, prêtant l'oreille aux conseils de l'ambition, cédant aux excitations de l'orgueil, accepta froidement et sans dégoût de devenir la favorite d'un vieillard couronné, ce jour-là, elle fut perdue... absolument perdue, et nous cessons de plaider pour elle les circonstances atténuantes.

Toute chute peut trouver son excuse quand elle n'a point de honteux mobiles; mais dès que le calcul apparaît, dès que, soit pour des titres et des honneurs, soit pour de l'argent, la femme se vend au lieu de se donner, elle franchit l'abîme qui la séparait des courtisanes, — elle ne compte plus...

Nos lecteurs se souviennent du petit baron prussien amenant un auguste personnage prendre une tasse de thé chez la comtesse de Nancey, à Bade.

Ils n'ont point oublié l'aubade intempestive donnée, sous les fenêtres de l'hôtellerie, par la musique des régiments badois recevant le mot d'ordre de l'Excellence au visage de sphinx.

Cette aubade mit à néant les beaux plans de M. de Hertzog, et faucha sans leur laisser le temps de grandir les ambitieuses espérances de madame de Nancey.

L'auguste personnage, étonné d'abord, puis furieux, repoussa la tasse de thé offerte par une jolie main et à laquelle il allait porter ses lèvres, quitta précipitamment l'hôtellerie par une porte de derrière, tandis que les cuivres reprenaient avec un redoublement d'énergie le refrain de l'hymne national, et, n'osant s'en prendre à l'Excellence dont il ne pouvait se passer, cassa aux gages le malheureux petit baron qui n'en pouvait mais, ne voulut plus entendre parler de la comtesse, ni comme favorite, ni comme devant tenir à Paris, aux frais de la Prusse, un salon politique, et défendit qu'on prononçât son nom devant lui.

Madame de Nancey se retrouva donc, — après cette déception terrible, — dans une situation identique à celle d'où l'avait tirée M. de Hertzog lorsque, certain soir, elle employait sa dernière piécette d'or à acheter du laudanum pour se suicider...

Seulement, nos lecteurs le savent déjà, — elle ne voulait plus mourir, — et, ne possédant rien, comment vivre?...

Empruntons une phrase à l'article de la gazette allemande reproduit dans la chronique judiciaire du *Figaro*, et disons, avec le journaliste de Cologne, que madame de Nancey, jusqu'à l'époque où elle rencontra le baron L..., *attira l'attention à plusieurs reprises par une série d'aventures sur lesquelles il convient de jeter un voile*.

Il nous paraît tout à fait impossible de narrer d'une façon plus rapide et plus chaste une existence absolument décousue, dans laquelle trois ou quatre de ces principicules sans principauté qui fourmillent de l'autre côté du Rhin jouèrent des rôles épisodiques.

On ne pouvait tomber plus bas !

De la Blanche Lizely du temps passé, que restait-il ? — Une beauté toujours sans rivale... — Mais du cœur ardent, de l'âme fière, plus rien ! pas un éclair ! pas même une étincelle !

On vit la comtesse de Nancey, fille du colonel baron Lizely, commandeur de l'Ordre, attablée pendant la guerre avec des officiers prussiens ! Elle les entendit porter des toasts à l'anéantissement de la France, et elle ne brisa point son verre sur le visage des insulteurs qui la méprisaient assez pour outrager son pays devant elle !

La liaison de la jeune femme avec le baron L... fut un peu moins banale que ses précédentes aventures.

Le premier lieutenant éprouvait pour la Française une passion véritablement ardente. — Peut-être, au contact de cette passion, un feu mourant se dégagea-t-il des cendres refroidies de ce cœur calciné... — Nous ne savons, et d'ailleurs cela importe peu...

Toujours est il que, lorsque le baron L... annonça son départ forcé et lorsque défense fut faite à Blanche de le suivre ou de le rejoindre sous peine d'expulsion, elle prit son parti avec une rare philosophie. — Si elle versa quelques larmes, ces larmes furent sans amertume.

Et maintenant que nous avons tracé un croquis rapide, mais suffisant, de l'existence de la comtesse pendant un laps de deux années, arrivons à cette catastrophe au sujet de laquelle la police allemande et la *Gazette de Cologne* n'avaient que des renseignements incomplets.

En annonçant au baron L... son départ immédiat pour la France, la comtesse de Nancey disait la vérité.

Le train qui devait conduire à son régiment le jeune officier était encore en gare à Cologne, que déjà Blanche s'occupait de faire ses malles.

La Parisienne, quoique tous les sentiments patriotiques fussent éteints dans son âme, se sentait prise depuis longtemps déjà de la nostalgie de la France et surtout de Paris.

Qu'on nous passe cette expression, *elle en avait par-dessus la tête* de l'Allemagne et des Allemands. — Elle étouffait dans l'atmosphère lourde de l'esprit et de la galanterie tudesques...

La pensée de revoir le bois de Boulogne, le boulevard, l'Opéra et les Variétés, lui donnait des éblouissements.

Elle tenait en réserve quelques milliers de thalers provenant des libéralités du

Il portait la lanterne de la main gauche. — Sa main droite tenait un couteau à forte lame. — Pag. 174.

baron L... — La parure offerte la veille pouvait d'ailleurs se vendre un bon prix.

Cela ne constituait point une fortune, à coup sûr, — surtout pour une femme qui avait été vraiment riche, — mais cela suffisait pour vivre confortablement, *en garçon*, pendant quelque temps.

Blanche rêvait de s'organiser une petite existence un peu bohême qui la séduisait tout à fait.

Acheter un mobilier devait absorber d'un seul coup une trop forte somme, il n'y fallait donc point songer. — La comtesse louerait un petit appartement meublé, de trois pièces, qui lui coûterait cinq cents francs par mois. — Elle aurait pour le même prix, chez un loueur en renom, une voiture fort bien tenue, qui chaque jour serait à ses ordres à partir de quatre heures.

On la verrait au bois, toujours seule. — Elle dînerait, également seule, dans les cabarets à la mode. — Elle irait au spectacle sans cavalier. — Ce serait amusant, très-original, et durerait jusqu'au jour où une heureuse chance de fortune s'offrirait à l'improviste, — chose possible et même probable.

Blanche se savait assez belle pour tourner la tête à quelque Anglais gonflé de bank-notes, à quelque Américain millionnaire qui, séduit par son excentricité et sans s'inquiéter du passé, lui offrirait ses millions et sa main, qu'elle accepterait, étant veuve...

Ici Blanche faisait une pose et voyait se dresser devant elle un point d'interrogation...

Était-elle vraiment veuve ?

On pouvait parier hardiment que le comte de Nancey, percé par l'épée de Grégory, avait rendu le dernier soupir dans le chemin creux du petit bois, près de Hombourg ; mais cependant il faudrait s'informer...

Si Paul n'était pas mort, cela changerait tout, et les projets de la comtesse subiraient forcément des modifications radicales...

Le comte l'avait tant aimée ! — Peut-être l'aimait-il encore... — Mon Dieu, qui sait ?... Les hommes sont si sots ! — Rien n'empêcherait Blanche, dans ce cas, de revenir à lui, et, de toutes les originalités, assurément celle-là serait la plus piquante...

En s'abandonnant à ces pensées dans lesquelles, on le voit, le baron L..., parti depuis une heure, tenait fort peu de place, madame de Nancey s'occupait de placer dans des malles sa très-nombreuse garde-robe.

Dorothée, sa femme de chambre, une jolie fille aux yeux bleus et aux cheveux d'un blond cendré, presque pareils pour la finesse et la nuance à ceux de sa maîtresse, l'aidait dans cette besogne.

— Voulez-vous venir à Paris, Dorothée ? — demanda Blanche tout à coup. — Si cela vous plaît, je vous emmène.

Non. Cela ne plaisait point à Dorothée ! — Elle était fiancée. — Elle allait épouser Fritz, un grand garçon bien doux, bien moral, qui la rendrait heureuse.

Il s'était distingué, ce Fritz, pendant la campagne de France ! — A Bazeilles, personne mieux que lui n'avait pétrolé les chaumières et poussé dans le feu, à coups de baïonnette, les petits enfants et les vieillards. — Et, avec cela, plein de cœur ! — Voyant aux oreilles d'une mourante de beaux anneaux d'or, et voulant les offrir à Dorothée, il avait coupé les oreilles pour avoir les anneaux.

On ne résiste pas à des preuves d'amour comme celles-là !

Madame de Nancey n'insista point.

Wilhelm, le valet de chambre, se présenta, sollicitant de la comtesse — (la *Gazette de Cologne* nous l'a dit) — l'autorisation de quitter immédiatement son service, d'importantes affaires de famille l'appelant à Manheim.

Encore un bien brave garçon, ce Wilhelm ! — un peu gauche, un peu lourd, mais une si bonne figure, ronde et rose, avec une grande bouche souriante et des cheveux frisés comme ceux d'un chérubin... — Il s'était couvert de gloire à Bazeilles, à côté de Fritz.

Blanche pouvait se passer de lui. — Elle régla son compte en ajoutant une notable gratification à l'argent qui lui était dû. — Il partit pénétré de reconnaissance, en appelant sur madame la comtesse toutes les bénédictions du Dieu qui protége l'Allemagne.

La nuit vint. — On apporta du dehors le repas, comme de coutume, et madame de Nancey se mit seule à table en songeant que le lendemain, à pareille heure, elle serait presque au moment de monter en chemin de fer.

A dix heures Dorothée, dont la chambre se trouvait à l'étage supérieur, demanda la permission d'aller se coucher.

— Allez ! — répondit la comtesse, — mais assurez-vous d'abord que les portes et les fenêtres du rez-de-chaussée sont bien closes. — Nous n'avons plus d'homme dans la maison et il faut être prudentes.

Dorothée fit observer respectueusement, mais en souriant, qu'il n'y avait guère de voleurs dans l'honnête pays d'Allemagne. Elle descendit néanmoins, revint affirmer que tout était en bon ordre et monta chez elle.

Blanche avait l'habitude de se coucher tard. — Se mettre au lit avant une heure du matin lui semblait une chose impossible. — Elle fit ses derniers arrangements pour n'avoir plus à s'occuper de rien le lendemain, plaça dans un petit sac de voyage ses bijoux et son argent, gardant seulement un porte-monnaie qui contenait une vingtaine de louis et quelques billets de banque, ferma la porte de l'armoire à double tour sur son sac de voyage, glissa la clef dans sa poche — (elle était devenue défiante depuis le vol commis à Bade par Grégory), — prit un livre, s'assit auprès d'une petite table, et, éclairée par une lampe à abat-jour, se mit à lire.

Madame de Nancey, s'étant fatiguée beaucoup ce jour-là, sentit un peu plus tôt que de coutume le sommeil arriver.

A minuit et quelques minutes elle ferma son livre, alluma une bougie, éteignit sa lampe et se dirigea vers son cabinet de toilette.

Elle venait d'en ouvrir la porte, quand tout à coup elle tressaillit, s'arrêta et prêta l'oreille. Elle croyait entendre — (sans en être cependant tout à fait sûre) — un bruit bizarre au rez-de-chaussée.

XXIX

LE BON WILHELM.

La comtesse de Nancey, immobile, attentive, et s'efforçant d'imposer silence aux battements précipités de son cœur, acquit bien vite la certitude qu'elle n'était point le jouet d'une illusion.

Le bruit bizarre et inquiétant dont nous avons parlé montait à elle d'une façon distincte dans le calme profond de la nuit.

On ne pouvait se tromper sur la nature de ce grincement continu produit par un outil de fer tourné et retourné dans une serrure.

Evidemment, soit avec une fausse clef, soit avec un de ces crochets que les voleurs nomment rossignols, on tentait d'ouvrir la porte qui, du jardin, donnait accès dans la maison.

Or, le but d'une visite faite à cette heure nocturne et avec effraction ne pouvait être un instant douteux.

Blanche ne manquait point de sang-froid. — Elle le prouva.

Déposant sur une table du cabinet de toilette la bougie qu'elle venait d'allumer, elle traversa sa chambre, entre-bâilla doucement la porte située en face de l'escalier, et, se penchant, elle essaya de sonder les ténèbres du couloir.

Le grincement métallique allait *crescendo*.

Tout à coup un petit craquement se fit entendre et le bruit cessa. — La serrure venait de céder.

Quelque chose comme une bise de Sibérie passa sur les épaules de Blanche; une sueur d'angoisse mouilla la racine de ses cheveux, mais elle ne quitta point la place. — En de telles circonstances il est bon, avant de prendre un parti, de se rendre compte du danger.

Tout à fait à l'extrémité du couloir se produisit alors dans l'obscurité profonde une sorte de rayonnement qui grandit et se rapprocha. Mais, — chose singulière — on aurait pu croire que cette lueur marchait seule, comme les feux follets courant la nuit sur les eaux dormantes des marécages.

Blanche eut bientôt l'explication de ce phénomène. — Le rayonnement provenait d'une lanterne sourde dont la lumière, projetée en avant, laissait dans l'ombre celui, quel qu'il fût, qui la portait.

Le fallot marchait toujours. — Il atteignit le bas de l'escalier, et alors sa clarté, se reflétant sur les murailles peintes et vernies, permit à la comtesse de distinguer la bonne figure de Wilhelm, le valet de chambre, qui aurait dû rouler en ce moment à toute vapeur dans la direction de Manheim.

C'était bien cette large face rose, aux yeux de faïence, aux grosses lèvres, aux cheveux frisés, et néanmoins le digne Allemand ressemblait à peine à lui-même... — Il devait avoir cette expression étrange à Bazeilles, quand il jouait du pétrole et de la baïonnette, et poussait dans le feu les femmes et les petits enfants.

Les yeux ronds et fixes offraient quelque chose de sauvage, — les lèvres lippues, soulevées par un rictus bestial, découvraient les dents blanches et pointues. — La physionomie, habituellement endormie et bonace, était devenue tout à coup sinistre. — Sans doute une effroyable pensée travaillait ce cerveau tudesque.

Avant de franchir le seuil, Wilhelm, prudent et bien avisé, avait ôté ses souliers à semelles épaisses. — Ses pas lourds ne faisaient pas plus de bruit que ceux d'un chat sur les dalles du couloir...

Il portait la lanterne de la main gauche. — Sa main droite tenait un de ces longs couteaux à forte lame dont se servent les bouchers.

Une terreur soudaine et inouïe s'empara de la comtesse. — Elle se sentit comme pétrifiée... — Pendant un instant elle éprouva cette sensation effroyable qui se produit dans les cauchemars quand on veut fuir un péril mortel et qu'on ne peut faire un mouvement...

Wilhelm avait franchi la première marche et gravissait lentement les autres. —

Dans moins d'une minute il serait sur le palier du premier étage, en face de Blanche. — Le temps pressait.

Madame de Nancey eut un brusque retour de présence d'esprit. — Elle referma doucement la porte de sa chambre. — Elle fit tourner la clef et poussa les verrous ; puis, reculant d'un pas, de nouveau elle prêta l'oreille.

Une pensée rassurante lui venait :

—Peut-être, — se disait-elle, —Wilhelm est-il en secret l'amant de Dorothée, et veut-il la visiter une dernière fois avant son départ. — S'il en est ainsi, il passera sans s'arrêter et montera chez sa maîtresse.

Cet espoir consolant fut de courte durée. — L'Allemand fit halte au premier étage, et l'outil dont il savait si bien se servir grinça dans la serrure comme il avait grincé, quelques minutes auparavant, dans celle du rez-de-chaussée.

Blanche, galvanisée par l'imminence du péril, regarda autour d'elle, cherchant une arme et n'en trouvant point. — Elle n'avait rien ! — Rien ! — pas même un de ces poignards coquets dont se servent parfois les femmes pour couper les feuilles des livres nouveaux... pas même un frêle couteau de table à opposer au couteau de boucher du bandit...

La serrure craqua. — Le pêne venait d'obéir, mais les verrous restaient en place.

Wilhelm comprit la nature de la résistance et, désespérant de finir son expédition comme il l'avait commencée, sans bruit, — n'ayant d'ailleurs rien à ménager et rien à craindre, en raison de l'isolement absolu de la maison, — il ébranla la porte d'un coup d'épaule si violent que les panneaux se fendirent du haut en bas et que les targettes sortirent à moitié de leurs gâches.

Un second choc pareil au premier, et l'assassin franchirait le seuil...

Madame de Nancey, à qui l'épouvante arracha un cri déchirant, s'élança dans le cabinet de toilette, referma la porte derrière elle et poussa les verrous, mais c'était là, nous le savons, un obstacle dérisoire, et rien ne pouvait la sauver si la pièce où elle se trouvait n'avait pas d'autre issue...

Heureusement un escalier dérobé établissait, pour les besoins du service, une communication avec le rez-de-chaussée.

Blanche, éteignant sa lumière, glissa comme un tourbillon sur les marches de cet escalier, pénétra dans une pièce obscure dont elle fit le tour à tâtons, se heurtant aux meubles, ouvrit une fenêtre, l'escalada et s'élança dans le jardin.

Une fois hors de la maison, elle voulut fuir et prit sa course à travers la pelouse ; mais ses forces la trahirent, elle tomba sur le gazon, et ce ne fut qu'à grand'peine qu'elle parvint à se traîner jusqu'à un massif d'arbustes dont les touffes épaisses l'enveloppèrent.

De cette cachette si insuffisante elle voyait la façade de la villa et les fenêtres de sa chambre.

Ces fenêtres étaient sombres ; donc Wilhelm ne se trouvait plus dans cette pièce.

L'ex-uhlan, en effet, après avoir enfoncé la seconde porte comme il avait enfoncé la première, s'était mis à la poursuite de la comtesse. — Ne la trouvant point et ne voulant pas perdre une minute il remonta, et Blanche vit sa silhouette passer derrière les vitres de la chambre éclairée de nouveau...

En même temps une lumière faible brilla, derrière un rideau modeste, au second étage, puis disparut graduellement.

Dorothée, éveillée par le cri de sa maîtresse, venait d'allumer une lampe, et à demi vêtue, descendait. —

Madame de Nancey sentit un frisson glacial passer dans la moelle de ses os.

— La malheureuse... — se dit-elle, — elle est perdue...

Quelques secondes à peine s'écoulèrent, et la blonde femme de chambre atteignit le seuil de l'appartement où Wilhelm, se servant de son couteau comme d'un levier, essayait de forcer les meubles et les malles.

Elle voulut reculer et fuir en voyant la porte brisée, en comprenant ce qui se passait ; mais l'Allemand s'élança sur elle et la traîna dans l'intérieur de la chambre.

Alors, de loin, la comtesse assista au plus hideux spectacle que l'imagination ait jamais rêvé ! — Ce qu'elle ne pouvait voir n'était, hélas ! que trop facile à deviner.

Wilhelm avait saisi Dorothée par ses grands cheveux défaits. — Elle se débattait en suppliant. — Il leva son couteau et frappa une première fois. — Cela se passait près d'une fenêtre et madame de Nancey le vit.

Dorothée tomba en criant. — La comtesse ne vit plus rien. — L'assassin s'était courbé sur la victime et frappait toujours. — Sans doute il y avait surabondance de vie chez cette malheureuse fille. — Criblée de coups de couteau, elle ne mourait pas... — Pendant plus d'une minute ses cris d'agonie retentirent, aigus, déchirants, — puis ils s'affaiblirent et ne furent plus qu'un râle... — Enfin, ils cessèrent tout à fait...

Wilhelm alors se releva, sortit de la chambre, s'engagea dans l'escalier, longea le couloir, descendit, sa lanterne à la main, les degrés du perron, et se trouva

L'AMANT D'ALICE 177

Mam' Chaudet, — dit le cocher, — je vous amène une pratique... — Page 182.

dans l'allée sablée qui contournait la pelouse devant la maison. — Trente pas à peine le séparaient de madame de Nancey.

— Il me cherche, — pensa Blanche. — Il va me trouver... C'est mon tour de mourir...

Et elle ferma les yeux pour ne pas voir le couteau levé sur sa tête.

Non. — L'assassin, en ce moment, ne pensait pas à elle.

Il se dirigea vers une sorte de petit hangar, pittoresquement couvert de chaume, qui servait de bûcher et où l'on plaçait les outils de jardinage et d'autres objets de toute nature utiles dans une habitation de campagne.

Il en ressortit tenant une hache à fendre le bois, il refit le chemin qu'il venait de parcourir, rentra dans la maison et regagna la chambre sanglante où gisait le cadavre de Dorothée.

La Comtesse comprit bien vite à quoi cette hache devait lui servir en voyant s'agiter sur les vitres son ombre démesurément grandie, et surtout en attendant les coups qu'il frappait, avec la vigueur d'un bûcheron attaquant un chêne deux fois centenaire.

Il faisait sauter les parois des malles, et, ne pouvant forcer les meubles, il les brisait.

Cette occupation intéressante devant l'absorber quelque temps, le salut devenait possible, seulement il fallait se hâter, car, après avoir mis la main sur l'argent et les bijoux, il chercherait sans aucun doute à s'assurer le silence du second témoin de son crime, comme il s'était assuré déjà le silence de Dorothée.

Blanche se leva. Ses pieds défaillants tremblaient sous elle ; mais l'amour de la vie, l'instinct de la conservation ont, dit-on, rendu parfois l'élasticité pour quelques heures à des membres paralysés, et la Comtesse n'avait à triompher que de l'anéantissement physique et moral causé par l'horreur et par l'épouvante.

Elle se traîna jusqu'à la porte du jardin que Wilhelm avait laissée ouverte. — Une fois sur la route, elle se sentit un peu ranimée et prit, tête nue, d'un pas presque rapide la direction de Cologne.

Par instants il lui semblait entendre derrière elle le bruit d'une marche pressée et d'une respiration haletante. — Alors elle se croyait poursuivie et se blottissait, effarée, contre quelque tronc d'arbre. — Puis, bien certaine qu'elle était seule, elle se remettait en chemin.

Au moment d'atteindre la ville, elle se retourna et vit à l'horizon une grande lueur.

L'aube naissante allait-elle remplacer la nuit ? — Non, pas encore. — C'était la maison qui brûlait.

Le bon Wilhelm, dont le succès venait enfin de couronner les efforts, ayant tiré de sa poche une petite gourde de fer-blanc pleine de pétrole, avait répandu très-artistement la précieuse essence sur les draps et sur les rideaux du lit. L'ex-uhlan s'y prenait à merveille, ayant pétrolé beaucoup pendant la campagne de France.

Une allumette chimique intervint alors et détermina l'incendie dont nous connaissons les résultats.

L'Allemand jeta son couteau dans le brasier, reprit sa hache et sa lanterne et se mit avec zèle et conscience à chercher la comtesse au rez-de-chaussée et dans le jardin.

Après un quart d'heure de perquisitions vaines, il comprit que la Française avait pris la fuite et il ne songea plus qu'à se ménager un alibi bien constaté en prenant lui-même sa course à travers champs vers une station de chemin de fer, où il se glisserait dans le premier train se dirigeant vers Manheim.

Disons tout de suite, — afin de n'avoir plus à nous occuper de ce misérable, — que son alibi fut percé à jour; — que trois témoins le reconnurent pour l'avoir vu monter en wagon, à trois lieues de Cologne, quelques heures après le crime accompli; — qu'il fut très-bien condamné à mort, parfaitement exécuté, — et revenons à Blanche Lizely, comtesse de Nancey.

XXX

INFORMATIONS.

Blanche ne pensa pas un instant à s'adresser à la police de Cologne et à dénoncer Wilhelm.

Dominée par une inexprimable terreur, elle aurait mieux aimé mille fois fuir au bout de la terre que de se retrouver en présence de ce misérable, fût-il chargé de chaînes et entouré de gens de justice. — Il lui semblait qu'elle ne pourrait supporter sa vue sans mourir d'épouvante...

Elle n'avait désormais qu'une idée fixe, quitter l'Allemagne au plus vite et regagner la France. — A Paris seulement elle se sentirait en sûreté...

Elle passa le reste de la nuit blottie sous un bouquet de grands arbres voisin de la route. — Elle attendit le point du jour pour entrer dans la ville, et, après avoir acheté un chapeau d'étoffe sombre et un grand voile noir très-épais qui cachait absolument son visage, elle se rendit à la gare.

La jeune femme, n'ayant ni passe-port, ni papiers d'aucune sorte, risquait de se voir arrêtée à la frontière franco-allemande. Elle le savait; mais elle savait aussi qu'en passant par la Belgique ce danger n'existerait plus.

Un train allait partir pour Bruxelles. — Elle y monta, et le lendemain elle arrivait à Paris après avoir fait pendant ce voyage toutes sortes de réflexions qui ne brillaient point par la gaieté.

Le crime de Wilhelm modifiait, en effet, de la manière la plus désastreuse, la situation de madame de Nancey.

Au lieu d'avoir devant elle une existence facile et large, assurée pour plusieurs mois, et la possibilité d'attendre sans souci du lendemain les chances heureuses qui ne manqueraient point de se produire et qu'elle saurait faire naître au besoin, elle se trouvait à peu de chose près sans ressources !...

Vérification faite du contenu de son porte-monnaie, heureusement resté dans la poche de sa robe au moment de sa fuite, elle possédait trois mille et quelques cents francs.

Cette misérable somme ne pouvait la mener loin, si grande que fût son économie forcée, surtout eu égard à la nécessité absolue et immédiate d'acheter du linge et quelques vêtements.

Or, une fois qu'il ne lui resterait plus un sou, comment faire?

La solution du problème était difficile à trouver.

On voit que l'avenir — (et nous parlons d'un avenir très-prochain) — ne s'offrait point à la comtesse sous des teintes roses et gaies.

Tout d'abord, en arrivant à Paris, elle eut à subir de cuisantes blessures d'amour-propre auxquelles elle ne pouvait s'attendre. — Elle se vit traitée en aventurière.

La voiture prise par elle à la gare du Nord la conduisit successivement à deux hôtels de premier ordre, et là, voyant une très-jolie femme sans papiers et sans bagages, on refusa de la recevoir. Madame de Nancey ne se dissimula point l'outrage que cachait ce refus sous ses formes polies.

Le cocher, vieux routier philosophe à la façon du Thomas Vireloque de Gavarni, étudiant les mœurs depuis trente ans du haut de son siége, et non moins familiarisé avec les petits mystères de la vie parisienne qu'avec le pavé de Paris, se pencha vers sa cliente au moment où, humiliée et découragée, elle remontait en voiture, et lui dit avec un sourire à la Diogène :

— Je vas vous mener, ma petite dame, si vous voulez, dans un endroit où on ne vous fera point d'affront... — Il y a mieux, je ne dis pas non... mais aussi il y a plus mal... — Et puis enfin, quoi ! on prend ce qu'on trouve... — Ça vous donnera toujours le temps de vous retourner... — Faut-il ?

Blanche fit un signe affirmatif.

Le cocher fouetta son cheval et ne l'arrêta que lorsqu'il eut atteint les hauteurs de la rue Rochechouart, tout près du boulevard extérieur.

Le fiacre était en face d'un hôtel, ou plutôt d'une maison meublée de vingtième classe. — Presque toutes les chambres de cette maison avaient pour locataires des jeunes personnes de vertu facile dont la fortune n'encourageait point les efforts.

La maîtresse du *garni* — (un type dans le genre de *madame Nourisson* si magistralement peinte par Balzac) — exerçait en outre, au rez-de-chaussée, la profession de marchande à la toilette.

En voyant la voiture faire halte, elle quitta le fauteuil graisseux qu'elle occupait avec un énorme chat sur ses genoux, et elle s'avança jusqu'au seuil.

— Mam' Chaudet, — lui dit le cocher, — je vous amène une pratique... une petite dame arrivée à Paris tout à l'heure par le chemin de fer du Nord, sans bagage et sans papiers...

Mam' Chaudet traversa le trottoir et s'approcha de la portière du fiacre.

— Sans bagage et sans papiers!... — répéta-t-elle. — Diable! diable!... — Avez-vous de l'argent, au moins, médême?...

— J'en ai... — répondit Blanche.

— Et point de mauvaise affaire sur la conscience, hein?... — poursuivit la logeuse.

— Je ne comprends pas du tout ce que vous voulez dire, madame...

— On solde la quinzaine d'avance, vous savez, c'est l'usage.

— Cela m'est égal.

— C'est bien!... — vous pouvez descendre, médême...

Madame de Nancey paya largement son cocher et entra dans la maison.

— Est-ce une chambre que vous désirez, ou un cabinet? — demanda m'ame Chaudet.

— Je désire ce que vous aurez de mieux.

— J'ai, au premier, quelque chose dans le grand genre... quelque chose de tout à fait chic... Venez voir ça!

Ce quelque chose, — du prix de soixante francs par mois, — était une pièce assez vaste, avec tapis jaspé, lit à bateau, fauteuils couverts en velours d'Utrecht, table ronde à tapis rouge, rideaux rouges en damas de laine, et deux gravures à l'aquatinta, d'après Horace Vernet, représentant l'une *Mazeppa*, l'autre la *Confession du brigand italien*...

Bref, un petit Louvre!

Madame de Nancey se demanda comment elle pourrait vivre, ne fût-ce que quinze jours, dans un pareil milieu; mais, n'ayant pas le choix, elle arrêta la chambre que nous venons de décrire et versa trente francs entre les mains de la logeuse.

Cette dernière, voyant un porte-monnaie bien garni, devint immédiatement très-aimable avec sa locataire.

— On aura soin de vous ici, ma petite dame... — dit-elle en appelant sur ses lèvres son sourire des grands jours. — Allez... allez... vous serez contente !... — Il ne vous en coûtera que quelques petites étrennes à la bonne, pour le service... une bagatelle... ce que vous voudrez... une dizaine de francs par mois... — Je vous compterai la livre de bougie, première qualité, cinq sous seulement de plus que chez l'épicier qui vend en gros. — Quand il vous plaira de prendre vos repas dans votre chambre, on ira vous chercher de bons petits plats à la crèmerie d'en face, où l'on cuisine divinement...

La logeuse se doublant de la marchande à la toilette devint de plus en plus souriante et poursuivit :

— Ah ! ma petite dame, vous avez de la chance d'être tombée ici ! — C'est comme un fait exprès !... — N'ayant point de bagages, vous manquez de bien des choses... Il faut donc acheter, et tout est hors de prix à Paris... — Eh bien ! moi qui vous parle, figurez-vous, je fais justement le commerce des objets dont vous avez besoin ! — J'ai mon magasin du rez-de-chaussée plein de marchandises de premier choix, presque neuves : lingerie, jupons, dentelles, robes de cachemire et robes de soie... des occasions superbes... et je vous en ferai profiter ! — Lorsqu'il vous plaira de choisir vous n'aurez qu'à dire un mot... je mettrai tout à votre disposition... contre argent comptant, bien entendu...

— Nous verrons cela plus tard, — répliqua Blanche, dont la seule pensée de porter du linge et des vêtements de hasard révoltait les instincts aristocratiques.

— Quand vous voudrez... quand vous voudrez... — Pour l'instant, vous ferai-je apporter quelque petite chose ?... une tasse de café au lait, par exemple, avec une brioche ?...

Madame de Nancey répondit affirmativement.

— Dans cinq minutes, vous serez servie...

La comtesse prit avec dégoût le repas modeste venu de la crèmerie si fort vantée par m'ame Chaudet. — Elle répara de son mieux le désordre de ses vêtements que la nuit passée en plein air aux portes de Cologne et le voyage en chemin de fer avaient outrageusement frippés.

Elle sortit ensuite, monta dans une voiture qui maraudait et se fit conduire rue de Boulogne.

Son cœur battait un peu lorsque le fiacre s'arrêta devant la grille de l'hôtel où elle avait été souveraine. — Allait-elle apprendre que le comte n'existait plus, et alors, en sa qualité de femme légitime, ne lui serait-il point possible de revendiquer une part quelconque de son héritage ?

Blanche descendit, sonna, entra dans la cour et se dirigea vers la loge du concierge.

Elle vit dans cette loge des figures inconnues. — Un petit coupé, attelé d'un joli cheval, stationnait devant le perron. — Le cocher ne portait point la livrée de Paul.

— Que désire madame ? — demanda le concierge en apparaissant sur le seuil de son domicile, bien autrement confortable que la fameuse chambre *grand genre* de m'ame Chaudet.

— Je voudrais savoir à qui maintenant appartient cet hôtel, — répondit Blanche.

— Il appartient à un riche Anglais, l'honorable sir Edward Cleveland...

Ce nom fit tressaillir la comtesse. — S'agissait-il, par hasard, de ce jeune Cleveland, ami de Grégory, qu'elle avait reçu autrefois et à la boutonnière duquel, sur la demande du Valaque, elle avait attaché une des fleurs de son bouquet, le soir de la première représentation des *Poules de la Cochinchine?*

— Cet hôtel a-t-il été vendu à sir Edward Cleveland il y a longtemps ? — poursuivit-elle.

— Pas tout à fait deux ans.

— Par les héritiers du comte de Nancey, sans doute ?

— Par M. le comte de Nancey lui-même...

— Ah ! — s'écria Blanche, incapable de dominer son émotion. — IL n'est donc pas mort !...

— Il ne l'était pas du moins quand il a vendu... — répliqua le concierge avec un sourire qui signifiait clairement : — Cette petite dame est un peu bête !

— Monsieur, — reprit la comtesse, — vous est-il possible de me donner l'adresse actuelle du comte de Nancey ?

— Je l'ignore absolument...

— Mais votre maître le connaît sans doute, et vous me rendrez un grand service en la lui faisant demander...

Blanche accompagna ces paroles d'un louis placé délicatement dans la main du concierge. — Ce dernier, ne pouvant résister à une si persuasive éloquence, salua et prit le chemin de l'hôtel, d'où il revint au bout de quelques minutes.

— Le valet de chambre, — dit-il, — a transmis à sir Edward Cleveland la question de madame... — Sir Edward ne sait pas du tout où demeure le comte de Nancey... Il sait seulement qu'il est à Paris, l'ayant rencontré il y a deux jours... —

L'ex-avoué fut ébloui, et ses prunelles scintillèrent sous ses lunettes. — Page 195.

Voici, d'ailleurs, monsieur qui va monter en voiture, et si madame désire lui parler...

— Non, non, — répondit vivement la comtesse, — c'est inutile.

Elle assujettit son voile et regarda du côté du perron. — Le nouveau propriétaire de l'hôtel était bien le Cleveland qu'elle avait connu. — Il accompagnait une plantureuse jeune femme aux cheveux d'un blond rosé, vêtue avec une superlative élégance et qui prit place à sa droite dans la voiture.

— Cette dame… — murmura Blanche étonnée.

— Madame la reconnaît, — fit le concierge en clignant de l'œil d'un air extrêmement malin aussitôt que le coupé fut sorti de la cour. — Ça n'est pas étonnant, elle était artiste et très-connue avant d'épouser mon maître.

— Avant d'épouser?… — répéta la comtesse, dont l'étonnement se changeait en stupeur. — La personne que je viens de voir est aujourd'hui mistress Cleveland?

— Parfaitement bien… oui, madame…

Le concierge disait vrai. Le jeune Anglais, devenu tout à coup fabuleusement riche par la mort d'un parent, avait mis sa fortune et son nom aux pieds de son adorée Clorinde, l'ex-*Reine Coricodète* du théâtre des *Caprices-Parisiens*.

Et, naturellement, Clorinde avait accepté l'une et l'autre, — et faisait de l'une et de l'autre un usage amusant.

Madame de Nancey quitta l'hôtel de la rue de Boulogne, où elle n'avait plus rien à apprendre.

— IL est vivant! — se dit-elle en remontant en voiture. — Maintenant, il ne s'agit plus que de le trouver!… et je le trouverai!…

XXXI

LA MAISON ROCH ET FUMEL.

— Il faut le retrouver, et je le retrouverai ! — se disait Blanche en parlant de son mari au moment où elle quittait la rue de Boulogne.

La réflexion ne tarda pas à lui démontrer qu'elle allait entreprendre une tâche singulièrement compliquée.

Paris est grand. — Elle n'avait aucune indication pour la guider en des recherches qui pouvaient être longues, et ses faibles ressources ne dureraient point sans doute jusqu'à ce qu'elle eût atteint le résultat souhaité.

Il était bon, d'ailleurs, avant d'aborder follement une entreprise difficile, d'étudier à tête reposée la nature et l'étendue de ses droits.

Et, d'abord, ces droits existaient-ils réellement ?

L'homme trompé par elle, abandonné par elle, — le mari qu'elle désignait à l'épée de son amant avec ces paroles féroces : — *Je t'aime et je le hais!... tue-le!*

— Cet homme, ce mari — (si sa faiblesse n'allait pas jusqu'à l'aimer encore, jusqu'à la désirer malgré tout), — ne pouvait-il lui fermer sa maison, ou, si elle en franchissait obstinément le seuil, la faire jeter à la porte par ses gens ?

Voilà ce qu'il fallait savoir.

D'un autre côté, elle ne possédait plus rien, et M. de Nancey, sans aucun doute, était toujours riche...

Comment tirer parti de cette situation?

La loi l'autorisait-elle à réclamer une part de la fortune de son mari, ou du moins une part de ses revenus, et quelle pourrait être cette part?...

Cela aussi était à éclaircir, et Blanche résolut de se renseigner à cet égard le plus tôt possible.

De retour à la maison meublée de la rue Rochechouart, elle entra dans le magasin de friperie qui servait en même temps de bureau à m'ame Chaudet, logeuse et marchande à la toilette.

— Ah! — s'écria cette dernière, — voilà ma jolie locataire qui vient voir à remonter un peu sa garde-robe... C'est bien, ça! — Je vais vous montrer du linge fin, capable de faire l'admiration d'une princesse de sang royal ou de la maîtresse d'un agent de change! — Les actrices des théâtres de Paris ne portent rien de mieux!... Nous verrons aussi des robes de soie si fraîches qu'on croirait qu'elles n'ont point été mises, et, de fait, elles ne l'ont pas été plus de quatre fois!... Par où commençons-nous, ma petite dame?

Blanche n'avait pu interrompre cette tirade, débitée avec une volubilité prodigieuse.

— Je n'ai pas l'intention de m'occuper aujourd'hui d'objets de toilette, — répondit-elle quand la logeuse eut achevé; — nous songerons à ces choses un peu plus tard.

— A votre aise, ma locataire. — Alors, qu'est-ce qui me procure l'avantage?...

— Je viens vous demander un renseignement.

— Je vous en ferai cadeau volontiers, si toutefois c'est en mon pouvoir.

— Je suis venue à Paris, — poursuivit la comtesse, — pour me faire rendre, par qui de droit, une position qui m'appartient.

— Avec des appointements conséquents? — demanda la logeuse.

— Très-conséquents... — répondit Blanche en souriant.

— Bonne réussite je vous souhaite alors! — Et peut-être bien que vous voudriez consulter une tireuse de cartes, afin de savoir tout de suite à quoi vous en tenir?

— Non, ce n'est pas cela... — Je crois très-peu aux cartes, mais je crois beaucoup au Code...

— Parbleu! le Code, certainement! la légalité, toujours! — Ce qui n'empêche que les cartes aussi ont du bon... — On a vu des *tireuses* reconnues par le gouvernement, témoin mademoiselle Lenormand, brevetée de l'empereur Napoléon 1er...

— Allez toujours.

— Je voudrais consulter un homme de loi.

— J'ai votre affaire, et vous ne trouverez pas mieux, c'est moi qui vous le dis... M. Roch, de la maison Roch et Fumel... — Ah! c'est un malin, un malin numéro un !... ancien avoué, ma chère, rien que ça de monnaie !... — C'est lui que je charge de mes petits intérêts quand, par hasard, j'ai des contestations. — Il m'a tiré deux ou trois fois d'assez vilaines passes. — Oui, oui, voilà bien l'homme qu'il vous faut, il vous fera rendre justice, aussi vrai que je suis une honnête personne et le cœur sur la main. — Seulement, je vous avertis qu'il ne donne pas ses coquilles ; il se fait payer la consultation un bon prix, et il a raison, cet homme ! — Le Code, c'est son gagne-pain.

— Je payerai ce qu'il faudra.

— A la bonne heure ! — Ronde en affaires !... J'aime ça, moi... — Je ne peux pas souffrir les tatillonneurs... — Et vous êtes pressée ?

— Oui, très-pressée...

— Eh bien ! vous pourrez voir M. Roch aujourd'hui même... et je vous réponds qu'en venant de ma part vous serez reçue, oh ! mais, là, aux petits oignons...

— Où demeure M. Roch, madame ?

— Je dois avoir de ses cartes imprimées. — Je vais vous en donner une...

La logeuse fouilla dans l'un des tiroirs de son bureau et après quelques recherches en tira un petit carré de carton glacé qu'elle tendit à Blanche.

Sur cette carte était imprimé l'énoncé suivant, dont nous ne reproduirons pas la disposition typographique qui prendrait ici trop de place :

« M. ROCH (*ancien avoué*), — *homme de loi, receveur de rentes.* — *Affaires litigieuses, contentieux, recouvrement de créances irrécouvrables.* — *Visible tous les jours, excepté le dimanche, de 9 à 10 h. du matin et de 2 à 5 h. du soir.* — RUE MONTMARTRE, 131 (*près la Bourse et le boulevard*).

« AGENCE ROCH ET FUMEL. — Renseignements confidentiels. — Tous les jours, de 9 h. du matin à 10 h. du soir. — MÊME MAISON. »

— Il est trois heures... — reprit m'ame Chaudet, — vous trouverez M. Roch présentement, pour sûr... — Et ne manquez pas de lui porter une botte de compliments de ma part... — Y penserez-vous ?...

Blanche répondit affirmativement, avec l'intention bien arrêtée de ne point tenir sa promesse.

— Guettez l'omnibus... — continua la logeuse, — il va passer.

— Je ne vais pas en omnibus... — répliqua madame de Nancey.

— Poseuse ! — murmura m'ame Chaudet avec un mouvement de tête ironique quand sa locataire eut quitté la loge. — Quel genre ! — Ça n'aura plus le sou dans six semaines et ça ne va pas en omnibus ! — Ah ! chipie ! j'y vais bien, moi !

Un quart d'heure après, Blanche descendait de voiture devant le numéro 131 de la rue Montmartre et montait au cabinet de M. Roch (ancien avoué), homme de loi, receveur de rentes.

Quoique la maison fût convenable et bien tenue, la jeune femme s'attendait à trouver une sorte de logis suspect, encombré de paperasses, sordidement meublé, mal soigné et puant la crasse et la poussière.

Point. — L'antichambre était vaste, cirée à outrance, époussetée correctement, et munie de banquettes d'attente recouvertes en basane rouge.

Dans cette antichambre un petit vieillard, qui copiait des pièces de procédure auprès de la fenêtre, salua et demanda :

— M. Roch personnellement, ou l'agence Roch et Fumel, s'il vous plaît ?

— M. Roch ? — répondit Blanche.

— Très-bien... — Le salon à droite...

La comtesse ouvrit la porte désignée et se trouva dans un salon d'une élégance presque artistique, où cinq ou six personnes attendaient leur tour d'audience.

D'assez belles copies de tableaux italiens célèbres couvraient les murailles. — Les siéges étaient en bois de palissandre sculpté et garnis d'imitations de tapisseries des Gobelins. — Les rideaux et les portières en velours à bande de tapisserie, — deux bahuts façon Boulle, — une garniture de cheminée bronze et marbre, — un lustre muni de ses bougies, — une table de milieu du même style que les bahuts, — et enfin un tapis d'Aubusson couvrant le parquet, constituaient un ameublement des plus confortables.

Plusieurs journaux quotidiens, des feuilles judiciaires et des revues illustrées, mis à la disposition des clients de M. Roch, les aidaient à trouver l'attente un peu moins longue.

L'homme de loi prenait le titre d'*ancien avoué*. — Il en avait le droit, ayant été titulaire d'une charge à Paris. — On vantait alors son intelligence, son esprit subtil, retors, fécond en ressources, et la prodigieuse adresse avec laquelle il savait soulever des incidents inattendus. — Son étude jouissait d'une grande notoriété.

Malheureusement M. Roch était trop *habile*. — Certains faits, dans le détail desquels nous n'avons point à entrer, se produisirent et motivèrent contre lui des plaintes adressées au parquet. — Vérification faite, il parut à qui de droit que la conduite de l'avoué n'était pas, tant s'en faut, à l'abri de tous reproches, mais que cependant il n'y avait lieu de suivre en police correctionnelle.

Cette *ordonnance de non-lieu*, accompagnée de considérants désagréables, éveilla la juste susceptibilité des confrères de maître Roch. — Le président de la Chambre des avoués lui donna le conseil officieux de se défaire de sa charge, s'il ne voulait se voir l'objet de mesures disciplinaires très-fâcheuses.

Il n'y avait point à hésiter. — Maître Roch vendit au plus vite et se fit *homme de loi.* — Les hommes de loi sont aux avoués ce que les coulissiers marrons sont aux agents de change. — Rarement ils jouissent d'une considération très-grande, et rarement ils la méritent. — Malgré cela, — (ou peut-être à cause de cela) — nombre de gens s'adressent à eux de préférence. — Et, de fait, il est facile de les intéresser aux mauvaises causes qui, perdues d'avance devant l'équité, peuvent se gagner cependant devant un tribunal, grâce à l'interprétation judaïque de quelque article de loi. — Et puis, instinctivement, on a peur des gens d'une moralité trop rigide quand il s'agit de confier certains secrets honteux qu'on dévoile sans gêne et sans scrupule à des hommes à conscience large.

La réputation de M. Roch étant solidement établie dans le monde des affaires litigieuses, pour ne pas dire véreuses, son cabinet fut bientôt très-suivi. — Il y *fit de l'argent,* selon l'expression populaire.

Ce n'est pas tout.

Après *Vidocq*, le créateur du genre, et avant *Tricoche et Cacolet*, ses amusants continuateurs, M. Roch, s'associant à M. Fumel, ex-employé de la préfecture de police (congédié pour des faits qui ne l'honoraient point), fonda, parallèlement à son cabinet, une agence de renseignements confidentiels, *dans l'intérêt des familles et du commerce*, et lança dans tout Paris et dans les grandes villes de province et de l'étranger deux ou trois cent mille prospectus dont nous reproduisons *textuellement* l'en-tête et la première phrase, d'après le document imprimé qui se trouve sous nos yeux :

« *Agence d'affaires* PARTICULIÈRES *et* SECRÈTES. — *Recherches de débiteurs et d'héritiers,* — *Renseignements* DE TOUTE NATURE *dans l'intérêt des familles et du commerce.* — *Enquêtes sur projets de mariage.*

« *Monsieur,*

« *Il arrive souvent que des personnes guidées par les raisons les plus* SÉRIEUSES *désirent être* SECRÈTEMENT *renseignées sur la* CONDUITE *et la* POSITION *de certains individus, par des renseignements officieux, etc.* »

Ce qui signifiait que MM. Roch et Fumel, ayant organisé une petite police intime tout à fait bien comprise, vendaient aux maris des renseignements sur leurs femmes, aux femmes des renseignements sur leurs maris, et apprenaient aux protecteurs défiants combien de coups de canif leurs jolies protégées donnaient quotidiennement dans le contrat signé de la main gauche.

Le Cabinet Roch, — avons-nous dit, — faisait de l'argent.

L'Agence Roch et Fumel faisait de l'or, d'autant plus que très-souvent la femme arrivait, une heure après le mari, s'inscrire parmi les clientes de M. Fumel, qui, touchant alors des deux mains, employait ses agents à toute autre chose qu'à l'enquête doublement payée, et, sans même s'être renseigné, disait au mari : *Votre femme vous est fidèle!...* et à la femme : *Votre mari ne pense qu'à vous!*

Admirable jeu de bascule qui rendait tout le monde heureux.

Cependant les clients de M. Roch avaient pénétré l'un après l'autre dans le cabinet de l'homme de loi.

La comtesse, à son tour, franchit le seuil du sanctuaire.

— Nous avons dans le *Code pénal* un article à votre service : *l'article 339...* — Page 205.

XXXII

CONSULTATION.

Le cabinet de l'homme de loi était vraiment un beau cabinet, très-sérieux et de fort grand air.

Tenture en papier velouté vert sombre avec baguettes d'ébène dans les angles.

— Rideaux de velours vert. — Siéges d'ébène recouverts en velours pareil. — Tapis de moquette verte. — Bibliothèque d'ébène remplie de livres de jurisprudence superbement reliés. — Bureau d'ébène couvert de dossiers accumulés dans un savant désordre.

Point de tableaux, mais quelques marbres et quelques bronzes.

A côté du bureau, — à trois pas du siège magistral où trônait l'ex-avoué, — un fauteuil pour le client.

Dans ce riche cabinet, M. Roch faisait à merveille.

Rien ne se pouvait imaginer de plus correct que cet important personnage, et nous dirions même de plus coquet, si ce mot se pouvait accorder avec son élégance un peu sévère.

M. Roch avait cinquante ans et ne paraissait guère en avoir plus de quarante-neuf. — On ne pouvait affirmer qu'il fût chauve, oh! non!... — Seulement sa raie médiane, *un peu large*, laissait à découvert sur toute sa longueur, depuis le haut du front jusqu'à l'occiput, un intervalle de trois centimètres, sorte de sentier frayé, par le travail sans doute, entre les touffes luxuriantes de sa chevelure aménagée avec art et qui ne grisonnait pas...

De longs favoris en nageoires encadraient sa figure ronde, un peu molle et blafarde, rasée soigneusement. — Le nez était droit et bien fait, la bouche sensuelle, les yeux très-vifs et très-fins sous leurs lunettes à monture d'or.

Le col rabattu de la chemise laissait voir un cou de prélat. — La redingote noire, découvrant le gilet blanc, qui découvrait largement lui-même le plastron éblouissant de la chemise, ne faisait pas un pli sur le torse grassouillet de l'ex-avoué.

Il avait une main blanche, mais trop grasse, dont il semblait tirer vanité car il la produisait beaucoup. — Son pantalon noir, presque collant, s'évasait sur le coude-pied pour laisser voir une bottine exquise.

M. Roch, au moment de l'entrée de Blanche, fit un petit salut sommaire et désigna du geste le fauteuil vide à la jeune femme voilée.

— D'abord et avant tout, madame, — dit-il, — permettez-moi de vous demander qui vous adresse à moi?

— L'une de vos clientes... — répliqua la comtesse, — madame Chaudet.

Une sorte de grimace, réprimée vivement, dérangea pendant une seconde les lignes du visage de l'ex-avoué.

— Vous connaissez madame Chaudet? — reprit-il d'un ton presque sec.

— Je demeure dans sa maison.

— Ah! ah!... dans sa maison?... Oui... très-bien... — Nous allons nous occuper de ce qui vous amène, mais je dois vous mettre au fait, chère madame, d'un usage invariable de mon cabinet... Mon temps est précieux... mon temps vaut de l'or... — les paroles inutiles sont ma ruine, et, pour les éviter, chaque consultation de dix minutes est taxée au prix de vingt francs... payés d'avance...

— Vingt francs, soit, monsieur, — dit Blanche, — je vais vous les donner.

Tout en parlant, elle relevait son voile.

L'ex-avoué fut ébloui et ses prunelles grises scintillèrent sous les verres de ses lunettes.

— Mais pour vous, madame, — se hâta-t-il d'ajouter, — si vous voulez, ce ne sera rien...

Il se penchait en même temps pour prendre et porter à ses lèvres, avec une allure des plus galantes, une main que la comtesse retira.

— Rien? — répliqua-t-elle, — ce serait trop cher... Voici votre louis, monsieur...

L'homme de loi empocha philosophiquement la pièce d'or, en s'avouant à lui-même qu'il avait failli faire une sottise... — Mais que voulez-vous? On est jeune ou on ne l'est pas!... — Et il l'était... n'ayant que cinquante ans passés.

— Ces préliminaires se trouvant réglés à notre satisfaction commune, madame, — reprit-il, — occupons-nous de votre affaire, et, s'il vous plaît, allez droit au but.

— Monsieur, — dit Blanche, — je suis mariée...

— Ah! bah! — s'écria l'ex-avoué stupéfait. — Mariée! et vous demeurez chez madame Chaudet! — C'est fort!

— Arrivée à Paris ce matin, je me suis logée là parce qu'on ne voulait pas me recevoir dans des hôtels plus convenables...

— On ne voulait pas! — Pourquoi?

— Je n'ai ni bagages ni papiers...

— Très-bien, je comprends... — tout s'explique... — Vous n'avez pas choisi ce singulier logis... — Vous l'avez subi... faute de mieux.

— Oui, monsieur.

— Vous arrivez seule à Paris, et le jour même vous venez chez moi. — Je devine... — il y a des difficultés dans le ménage, n'est-ce pas?... — Vous désirez vous séparer de monsieur votre mari?

— Depuis plus de deux ans je suis séparée de lui, monsieur.

— Alors, que voulez-vous?

— Je veux savoir quels sont mes droits.

— Au sujet de quoi ?

— Je n'ai plus rien et mon mari possède une fortune... — La loi le contraint-elle à me donner une part de cette fortune, si je la réclame de lui?

— Cela dépend.

— De quoi ?

— De bien des choses... et d'abord, est-ce à votre profit ou au profit de votre mari que la séparation a été prononcée?

— Il n'y a eu aucune séparation judiciaire.

— Très-bien ! — Séparation amiable, alors, et librement consentie de part et d'autre?

— Pas davantage. — J'ai quitté mon mari qui, si cela eût été en son pouvoir, se serait certainement opposé à mon départ.

— Chère madame, un homme de ma profession est pour les affaires ce que le médecin est pour les corps et le prêtre pour les âmes... — Il faut ne se point adresser à lui ou ne lui rien cacher... — Il doit tout savoir... — Parlez-moi donc franchement, carrément, sans cela je ne pourrais répondre de façon pertinente à la question que vous me posez... — Quand vous avez quitté le domicile conjugal, vous ne partiez pas seule, n'est-ce pas ?

— Je ne partais pas seule, c'est vrai...

— Y a-t-il eu, à cette époque, plainte en adultère déposée contre vous par votre mari?

— Non, monsieur...

— Vous en êtes sûre?

— Absolument sûre.

— Votre mari cependant, je suppose, n'a pu conserver aucun doute?

— Aucun. — Il m'a poursuivie... — il m'a rejointe... — il a provoqué la personne qui m'accompagnait, et il a reçu, en duel, une blessure dont il a failli mourir...

— Très-joli ! très-romanesque ! Très-passionné ! — Ceci se passait-il en France?

— Non, monsieur... à l'étranger... en Allemagne...

— Votre mari sait à quoi s'en tenir, évidemment... — C'est parfait ! — Mais a-t-il entre les mains quelque *preuve* de cette liaison... prohibée ? — J'entends par *preuve* une pièce quelconque pouvant être produite en justice... une lettre de vous, par exemple, suffisamment significative ?

— Il en avait une, — une seule.

— Eh bien ?

— Elle n'existe plus.

— Ainsi, ni constatation du flagrant délit, ni plainte en adultère, ni preuves de quelque nature qu'elles soient?

— Rien de tout cela.

— Mais alors, ma chère cliente, votre position me paraît très-bonne... D'abord, je ne vois pas trop quelles raisons monsieur votre mari pourrait alléguer pour refuser de vous recevoir chez lui, si vous aviez le désir d'y retourner... — Votre longue absence peut-être... — Mais, en somme, on vient toujours à bout d'expliquer une absence et de lui donner l'apparence la plus innocente... — C'est le pont aux ânes, cela! — Admettons maintenant — (chose assez vraisemblable, n'est-il pas vrai?) — que le domicile conjugal n'ait rien qui vous séduise et que votre mari lui-même vous garde rancune du passé, il reste toujours la pension alimentaire, et je me fais fort de l'obtenir...

— Quel en pourrait être le chiffre ?

— Il dépend tout à fait de la fortune du mari. — Supposons que le vôtre ait douze mille francs de revenus... ce qui est joli.

— Il a deux cent mille livres de rentes, — interrompit Blanche.

L'ex-avoué tressaillit si brusquement que ses lunettes changèrent de place sur son nez.

— Madame, — dit-il du ton le plus respectueux, — excusez mon indiscrétion, mais il est tout à fait indispensable qu'un homme d'affaires connaisse ses clients... A qui ai-je l'honneur de parler ?

— Je suis la comtesse de Nancey.

M. Roch se leva et salua.

— La femme du comte de Nancey qui a eu ce fameux procès ? — demanda-t-il.

— Oui, monsieur...

— Très-bien, madame la comtesse. — Je me chargerai volontiers de votre affaire. — Nous obtiendrons, haut la main, vingt-cinq mille francs de pension alimentaire, et peut-être davantage. — Quant au prétexte de votre brusque départ et de votre longue absence, il est tout trouvé. — Nous dirons que M. le comte, d'humeur naturellement jalouse et violente, vous soupçonnait injustement et vous menaçait sans cesse. — Comme il avait tué sa première femme, vous avez eu peur que, dans un accès de monomanie, il n'exécutât ses menaces, et vous avez pris la fuite. — C'est tout à fait plausible, parfaitement vraisemblable, et qui pourrait prouver le contraire?

— Personne, en effet.

— Vous plaît-il, madame la comtesse, que je fasse en votre nom, dès aujourd'hui, une démarche auprès de M. le comte pour tenter d'arranger cette affaire à l'amiable?... — J'ai tout lieu de croire que vous seriez satisfaite de mon intervention... — Sans faire preuve d'un amour-propre déplacé ni d'une vanité sotte, je puis vous affirmer que ma grande expérience et les ressources de mon esprit me mettent à la hauteur des situations les plus difficiles... — J'ai le tact qu'il faut pour ne rien compromettre et pour concilier tout...

— Je n'en doute pas, monsieur, mais je me propose de faire moi-même la démarche dont vous parlez...

— Mais alors, madame la comtesse, — reprit l'ex-avoué d'un ton un peu rogue, — quel rôle me réservez-vous dans tout ceci? — Vous êtes trop grande dame pour considérer l'entretien que nous venons d'avoir comme une consultation de vingt francs! — Je parle depuis vingt minutes!

— Certes, monsieur, — répondit Blanche en posant quatre louis sur le bureau, — vous avez éclairé pour moi la situation mieux que personne ne l'aurait fait à votre place... — Je compte bien vous prier de me continuer vos conseils, et, quand j'aurai réussi, soyez certain que je vous témoignerai largement ma reconnaissance. — En ce moment, j'ai autre chose à vous demander.

— A vos ordres, madame la comtesse... — De quoi s'agit-il?

— J'ignore l'adresse de mon mari...

— Bah! — M. le comte, cependant, si j'ai bonne mémoire, possédait un hôtel...

— Je m'y suis présentée ce matin... cet hôtel est vendu...

— Et l'acquéreur ne connaît point le domicile actuel de M. le comte?

— Non. Il sait seulement qu'il est à Paris...

— Et vous souhaitez qu'on vous renseigne?

— Oui.

— Très-bien! — On vous renseignera. — Mais ceci regarde l'*Agence*, et non le *Cabinet*... — Permettez, madame la comtesse...

L'ex-avoué prit une sorte d'embouchure d'ivoire qui s'ajustait à un tube en caoutchouc. — Il l'approcha de ses lèvres et prononça quelques paroles indistinctes.

— Prenez patience, madame la comtesse, — dit-il ensuite, — Fumel va venir à l'instant... — Un gaillard bien malin, Fumel!

XXXIII

LA POLICE DE FUMEL.

Une porte latérale s'ouvrit. — Fumel entra.

— Madame la comtesse, — dit l'ex-avoué, — j'ai l'honneur de vous présenter un autre moi-même, monsieur Fumel, mon associé, dirigeant spécialement l'agence des renseignements confidentiels, — un homme habile ! — Quand Fumel prend à cœur une recherche, il est à peu près sans exemple qu'elle n'aboutisse pas dans le plus bref délai...

L'ancien employé de la préfecture de police salua Blanche, tout en l'examinant avec curiosité.

Il semblait impossible d'être plus mal appareillés, sinon au moral, au moins au physique, que les deux directeurs de la maison Roch et Fumel.

M. Roch, nous le savons, avait de tout point l'apparence d'un agent de change quinquagénaire qui tient à plaire aux petites dames.

Fumel était la parfaite incarnation du bureaucrate exact, économe, et de mœurs austères.

Très-long, très-maigre et perché sur deux jambes presque pareilles aux pattes d'un échassier, il offrait, sous des cheveux plats et grisonnants, un visage blafard et soigneusement rasé, où nul vestige de moustaches ni de favoris ne se laissait deviner.

Une cravate blanche à la mode de 1840 serrait son cou démesuré et laissait passer les deux pointes d'un faux-col médiocrement empesé.

Strictement vêtu de noir, il portait, non la redingote, mais l'habit classique à pans carrés. — Ses vêtements, très-propres d'ailleurs, montraient çà et là des places râpées ou brillantes, résultant de trop longs services.

Ses pieds larges et plats s'étalaient dans des souliers cirés montant très-haut sur des bas noirs, et attachés avec des cordons de filoselle.

Des lunettes de forme surannée, non en or comme celles de M. Roch, mais en acier bleuâtre, éteignaient les regards perçants de ses petits yeux noirs.

— Asseyez-vous, Fumel, — reprit l'ex-avoué, — madame la comtesse le permet.

Le directeur spécial de l'Agence des renseignements confidentiels salua de nouveau et prit place sur le bord d'un fauteuil, après avoir écarté soigneusement les basques de son habit.

— Nous disons ? — fit-il ensuite, en s'adressant tout à la fois à Blanche et à son associé. — Il s'agit ?...

— D'une adresse à trouver, — répondit M. Roch.

— A Paris ou en province ?

— A Paris.

— Le nom de la personne ?

— M. le comte de Nancey, mari de madame...

Fumel salua pour la troisième fois et écrivit une ligne sur un petit agenda qu'il tira de sa poche de côté, puis il reprit :

— Je prendrai la liberté de demander à madame la comtesse quel a été le dernier domicile, à elle connu, de M. le comte ?

— Un hôtel dont il était le propriétaire, rue de Boulogne, — répondit Blanche.

— Cet hôtel ne lui appartient plus ?

— Il l'a vendu depuis bientôt deux ans.

— Madame la comtesse est certaine que M. le comte se trouve à Paris ?

— On l'a rencontré avant-hier...

— Est-il présumable que M. le comte ait quelque motif pour se cacher ?

— Je n'en connais aucun, et rien ne me semble plus inadmissible.

— Madame la comtesse suppose-t-elle que M. le comte mène une existence obscure dans un milieu bourgeois ?

— Cela m'étonnerait beaucoup. — Le comte est riche ; il aime le luxe ; il doit vivre grandement.

— A quels journaux M. le comte est-il vraisemblablement abonné ?

Le comte avait franchi les degrés d'un seul bond ; il prit Alice entre ses bras. — Pag. 203.

Blanche cita les feuilles que son mari recevait autrefois. — Fumel en écrivit les titres.

— Madame désire-t-elle uniquement l'adresse? — reprit-il ensuite, — ou faudrait-il joindre à cette adresse les résultats d'une petite enquête sur la vie intime de M. le comte, depuis le moment où madame la comtesse l'a perdu de vue?

— Je désire que cette enquête ait lieu et je souhaite en connaître les résultats.

— Très-bien... — Parfait... — Tout est compris.

Fumel se tourna vers son associé.

— Doit-il résulter des travaux de l'*Agence des renseignements confidentiels* quelque chose d'avantageux pour le *Cabinet d'affaires?* — lui demanda-t-il.

— J'ai tout lieu de l'espérer, comptant absolument sur la reconnaissance et la loyauté de madame la comtesse, dont la position, sous peu de temps, deviendra brillante...

— A merveille! — En ce cas, je me sens très-disposé à faire une concession sur les prix habituels, dans le but d'acquérir à notre maison la clientèle de madame la comtesse et celle de son entourage... — Nous traiterons cette petite opération moyennant vingt-cinq louis... — Dix louis payés tout de suite pour subvenir aux premières dépenses et faux frais occasionnés par les recherches, et quinze louis après résultat...

Blanche mit dix pièces d'or dans la main de Fumel, main longue et sèche, aux doigts spatulés, et demanda :

— Ce résultat, monsieur, quand pensez-vous l'avoir obtenu?

— Je doute qu'il se fasse attendre plus de deux jours... Devra-t-il, madame la comtesse, être porté chez vous?

— Non, — répondit la jeune femme, — je viendrai le chercher ici...

— Après-demain, à la même heure qu'aujourd'hui, nous serons à vos ordres...

Blanche se leva.

Les deux associés la conduisirent avec force courbettes jusqu'à la porte extérieure de l'antichambre, et Roch, plus galant que Fumel, ne consentit à se séparer d'elle que lorsqu'il l'eut réintégrée dans son fiacre.

Et encore, au moment où le cocher allait fouetter son cheval, il l'arrêta du geste.

— Un dernier mot, madame la comtesse, s'il vous plaît!... — dit-il. — Dans le cas où votre différend avec M. le comte ne s'arrangerait point à l'amiable, nous aurions besoin de pièces authentiques pour signifier des actes dans le plus bref délai. — Permettez-moi de vous demander en quel lieu votre mariage a été célébré?...

— A Paris, — répliqua Blanche.

— La date?

— Le 10 avril 1869, à la mairie de la rue d'Anjou-Saint-Honoré, et en l'église de la Trinité.

— Je vais faire lever un extrait dès aujourd'hui... — A l'honneur de vous revoir, madame la comtesse. — Cocher, allez...

Le surlendemain, à trois heures, madame de Nancey descendait de voiture à la porte du numéro 131 de la rue Montmartre et montait au second étage.

Ordre avait été donné de ne la point faire passer par le salon d'attente où se morfondaient les clients vulgaires. — On l'introduisit sur-le-champ dans le cabinet officiel du brillant M. Roch.

Fumel s'y trouvait déjà, causant avec son associé.

— Eh bien ! messieurs, — demanda vivement Blanche, — y a-t-il du nouveau ? — Savez-vous quelque chose ?

— Madame la comtesse, — répondit l'ex-avoué avec importance, — nous ne nous serions point permis de vous laisser faire aujourd'hui une course inutile, veuillez en être bien convaincue ! — Oui, il y a du nouveau. — Oui, nous savons beaucoup de choses. — Mais je passe la parole à mon associé, directeur spécial de l'Agence des renseignements confidentiels...

— J'ai mis en chasse, sans perdre une minute, mes agents les plus habiles, — commença Fumel. — Trouver une piste et la suivre n'est pour eux qu'un jeu d'enfant. — Mais êtes-vous bien sûre, madame, qu'il n'y ait point quelque part, à votre insu, un parent ou un homonyme de M. votre mari ?

— Absolument sûre. — Pourquoi cette question ?

— Parce que mes rabatteurs ont fait lever plus de gibier que notre gibecière ne saurait en contenir. — Non-seulement nous avons trouvé monsieur, mais encore madame de Nancey.

— Je ne vous comprends pas, — s'écria Blanche. — Que voulez-vous dire ?

— Je vais avoir l'honneur de m'expliquer catégoriquement. — Il existe à Paris un gentleman élégant et riche, âgé de trente et un ou trente-deux ans, et s'appelant le comte Paul de Nancey. — Est-ce le vôtre ?

— Oui, c'est le mien...

— Eh bien ! ce gentleman est marié...

— Certes, puisque je suis sa femme !

— La chose n'est point douteuse. — J'ai vu votre acte de mariage, et c'est même de là que vient mon embarras... Le comte de Nancey, de qui je m'occupe, a acheté, il y a deux ans, une villa au bois de Boulogne, et il y vit fort retiré avec la comtesse...

— Que parlez-vous de comtesse? — il n'y en a pas d'autre que moi !

— D'accord; mais c'est ainsi qu'on appelle la compagne de M. le comte... une toute jeune femme et très-charmante...

— Sa maîtresse !...

— Personne ne le croit. Il est impossible, paraît-il, d'être plus honnête et de le paraître mieux.

— Les visages sont menteurs.

— Ah! madame, à qui le dites-vous! — Un de mes hommes, qui sait son métier, s'est fait en moins d'une heure l'ami du valet de chambre de M. de Nancey. — Ce domestique — (chose inouïe !) — loin de dire du mal de ses maîtres, ne tarit point en éloges sur le comte et sur la comtesse! — Il affirme que c'est un ménage comme on n'en a jamais vu et comme on n'en verra jamais ! un nid de tourtereaux ! un couple de colombes ! — Les valets en sont attendris ! — Le comte adore la jeune femme, qui, du reste, le lui rend bien...

— Ah! — murmura Blanche entre ses dents serrées, — il l'adore !...

— Positivement.

Madame de Nancey, très-pâle, se tourna vers l'ex-avoué

— Ah! il l'adore ! — répéta-t-elle. — Monsieur, vous qui savez la loi, répondez !... En a-t-il le droit?

— Le droit d'adorer sa femme? — répliqua M. Roch stupéfait d'une telle question, — assurément, madame.

— Mais ce n'est pas sa femme! — fit madame de Nancey avec violence. — Comprenez donc que ce n'est pas sa femme !

— Admettons que ce soit sa maîtresse.

— Eh bien!

— Ça laisse intacts les droits du cœur...

— Je vous parle de la loi, et vous me répondez en me parlant du cœur ! — Mon mari adore cette fille... Que m'importe? — Mais a-t-il le droit de l'adorer dans un logis qui est le mien, puisque — (c'est vous qui me l'avez appris l'autre jour) — il n'y a pas eu entre lui et moi de séparation judiciaire? — A-t-il le droit de lui faire porter un titre qui m'appartient, un nom qui n'appartient qu'à moi? — Répondez, monsieur, répondez... A-t-il ce droit?...

— Ceci change la question du tout au tout, madame la comtesse, — répliqua l'ex-avoué. — Ce droit, il ne l'a pas. Non ! non ! et cent fois non !

— Et je puis l'empêcher de le faire plus longtemps?
— Certes!
— Par quel moyen?
— Par un moyen légal le plus simple du monde. — Nous avons dans le *Code pénal* un article à votre service : *l'article* 339...

XXXIV

RETOUR

— L'article 339?... — répéta la comtesse.
— Oui, madame, positivement.
— Que dit cet article?

L'ex-avoué prit sur son bureau un petit volume aux tranches multicolores, le feuilleta pendant une seconde et répondit :

— Voici le texte : « *Le mari qui aura entretenu une concubine dans la maison conjugale, et qui aura été convaincu sur la plainte de sa femme, sera puni d'une amende de cent francs à deux mille francs.* »

— Et c'est tout? — s'écria Blanche.
— Eh! madame la comtesse, que vous faut-il de plus?
— Une amende dérisoire! Ce n'est pas un châtiment, cela! — Et l'autre, la complice, la loi n'ordonne rien contre elle?
— Rien.
— Mais la femme légitime a le droit de rentrer la tête haute dans la maison de son mari?
— Certes!...
— Le droit de chasser la concubine?
— Cela ne fait point question...

— Et si le mari refuse de recevoir sa femme?... s'il prétend garder sa maîtresse?...

— Le commissaire de police intervient dans ce cas, sur la demande de l'épouse outragée, et requiert au besoin la force publique pour faire respecter la loi.

— Beaucoup de scandale, alors?

— Beaucoup, oui, madame la comtesse.

— Et la femme légitime est bien fondée ensuite à demander la séparation?

— Que le tribunal prononce d'emblée à son profit... — Bien plus, à l'origine du Code Napoléon, la femme légitime était admise, en vertu de l'article 230 du Code civil, à demander et à obtenir le divorce pour cause d'adultère du mari, quand il avait tenu sa concubine dans la maison commune.

— Merci, monsieur. — Il est probable que demain j'aurai besoin de vous.

— Je serai trop heureux de me mettre à vos ordres.

— Monsieur Fumel, voilà vos quinze louis.

— J'aurai l'honneur de faire observer à madame la comtesse que mes hommes ont déployé beaucoup de zèle, et qu'une petite gratification les flatterait infiniment, — dit avec un grand salut l'associé de maître Roch.

Blanche tira deux pièces d'or de son porte-monnaie, qui s'allégeait rapidement.

— Voici pour vos hommes, — dit-elle.

Et, la tête en feu, elle quitta le cabinet d'affaires de la maison Roch et Fumel.

Qui pourra jamais descendre, afin d'en sonder les mystères, jusqu'au fond de cet abîme qui s'appelle le cœur féminin? — Le prodigieux explorateur qui aura tout vu, tout deviné, tout compris, viendra-t-il? — Et s'il dit ce qu'il aura vu, le croira-t-on?

Nous savons quelle haine immense, sans bornes et si cruellement prouvée, la comtesse vouait à son mari.

Pourquoi donc la colère folle qui s'empara de tout son être à la pensée que Paul aimait et qu'il était aimé?

Il nous paraît que cette colère avait une double cause.

D'une part, la femme ardente et passionnée — (même quand elle s'est faite ennemie) — n'admet pas, n'admet jamais que l'on porte à un autre autel un seul grain de l'encens qui brûlait autrefois pour elle.

D'autre part, Blanche voyait dans le nouvel amour de Paul l'écroulement de ses projets de vengeance insatiable, si rien ne venait briser cet amour...

Tout ce qu'elle avait fait contre son mari n'aurait donc abouti qu'à le rendre heureux?... — C'était là une déception immense qui ne se pouvait accepter!... — aussi elle ne l'acceptait pas...

Peu à peu cependant la comtesse se calma. — Les plis de son front s'effacèrent. — Un sourire d'une expression menaçante remplaça le rictus farouche qui soulevait les coins de sa bouche, et elle murmura :

— Mais où donc avais-je l'esprit?... — J'aurais en vain cherché sans trouver aussi bien... — Ma vraie, ma seule vengeance est là! — Demain se régleront les vieux comptes!

***

Paul de Nancey, au moment de quitter Cologne pour revenir à Paris, avait expédié un télégramme à la villa du bois de Boulogne.

Il prévenait Alice de son arrivée, afin de lui éviter une surprise qui, quoique joyeuse, pouvait, dans la situation particulière de la jeune fille, offrir quelque danger.

L'adorable enfant l'attendait donc, et lorsque les roues de la voiture envoyée par elle à la gare du Nord retentirent sur le sable des allées, elle courut à sa rencontre et se trouva sur la plus haute marche du perron au moment où Paul s'élançait hors de son coupé.

Un faible cri de bonheur s'échappa des lèvres de la jeune fille quand elle vit M. de Nancey, et elle tendit vers lui ses mains, blanches comme de la cire vierge depuis quelque temps, et que l'émotion rendait tremblantes.

Le comte avait franchi les degrés d'un seul bond ; il prit Alice entre ses bras, la pressa sur son cœur, la souleva avec une précaution passionnée et l'emporta dans l'intérieur de la maison, en dévorant de baisers ses yeux et ses cheveux, et en balbutiant :

— Alice... mon Alice... ma bien-aimée... mon enfant chérie... ma femme...

— Ta femme! — répéta la jeune fille avec une immense ivresse. — Toujours, n'est-ce pas? — Rien n'est changé?

— Non, rien! — répondit Paul, — et rien ne changera. — Chasse tes derniers soucis, chère mignonne!... tu as pleuré tes dernières larmes, pauvre Alice! — Il n'y a plus de nuage au ciel... — L'avenir nous appartient, et je défie le sort!

En disant ce qui précède, le comte avait assis dans un grand fauteuil la petite

— C'est à vous de vous taire. assassin de Marguerite! assassin de René! — Page 224.

Alice, s'était agenouillé devant elle, et, tenant ses deux mains serrées entre les siennes, il plongeait son regard ardent tout au fond de ses yeux limpides.

— Ah! — murmura la jeune fille en souriant, tandis que des larmes de joie perlaient au bord de ses paupières, — te voilà donc... enfin te voilà! C'est toi, mon Paul... mon Paul adoré... c'est bien toi... je te vois... je te tiens... je t'ai...

— Et pour ne me perdre jamais...
— Tu ne me quitteras plus?...
— Pas un jour... pas une heure...
— Et c'est bien vrai, cela?...
— Ah! Dieu, si c'est vrai!...
— Figure-toi... Mais non... à quoi bon te dire ces choses... des folies...
— Dis, mon Alice, dis quand même... je veux tout savoir, toutes tes pensées, même les plus folles...
— Eh bien! ces jours mortels, ces jours de ton absence, j'ai cru qu'ils ne finiraient pas! J'ai cru que je ne te reverrais plus, que je ne te reverrais jamais... Et alors, comme j'ai pleuré... si tu savais...
— Enfant chérie, tu doutais de moi!...
— Oh! non, pas de toi!... mais du bonheur... — Il me semblait trop grand, vois-tu! Songes-y donc... être ta femme... porter ton nom... me sentir devant Dieu la moitié de toi-même... passer toute ma vie — (une longue vie, je suis si jeune) — dans cette chère maison si bien cachée, entre toi, Paul, et notre enfant! — C'était trop beau, cela!... c'était un bonheur plus qu'humain... Je me disais : — *Ce n'est pas possible!*... et j'avais peur... et je pleurais...
— Et maintenant?
— Maintenant, tu es revenu... tu m'aimes comme avant et tu veux toujours de moi... Que pourrais-je craindre?...
— Rien, mon Alice! Ni dans le présent, ni dans l'avenir!... — Personne au monde, aujourd'hui ni jamais, ne peut se placer entre nous...
— Ainsi, là-bas, en Allemagne, ce que tu voulais faire?...
— Je l'ai fait... — L'espoir qui me conduisait si loin s'est réalisé complètement.
— Il s'agissait d'un obstacle, n'est-ce pas? — Quelque chose ou quelqu'un, ah! je l'ai bien compris, s'opposait à notre union...
— C'est vrai.
— Et cet obstacle a disparu?
— Dieu lui-même a pris soin de le briser...
— Il ne renaîtra pas?
— Aucune puissance humaine ou divine ne pourrait le ressusciter... — répondit Paul en pressant de la main, sur le côté gauche de sa poitrine, le portefeuille qui renfermait l'acte mortuaire de Blanche Lizely, comtesse de Nancey. — Sois donc heureuse, mon enfant chérie, heureuse et calme! — C'est ma volonté et c'est

ton devoir. — Après ce que je viens de te dire, douter du bonheur ce serait douter de moi.

Il y eut un instant de silence, puis Alice reprit :

— Heureuse et rassurée... oui, je le suis. — Mais combien je le serai plus encore lorsque nous sortirons de l'église où le prêtre aura dit sur nous les paroles qui bénissent et qui lient...

— Bientôt, — répondit le comte, — nous serons tous les deux agenouillés devant lui.

— Quand?... — Tu souris, mon Paul!... Je te parais trop impatiente? — Eh bien! oui, c'est vrai, j'ai hâte!... — Es-tu donc moins pressé que moi?...

— Ah! plus encore que toi, peut-être!

— Alors, ne perds pas une minute!... — Que vas-tu faire... dis?... Je veux savoir!

— Mais... procéder d'abord aux publications nécessaires...

— Demain?

— Non, ce n'est pas possible demain.

— Pourquoi?

— Il me manque les pièces indispensables.

— Lesquelles?

— D'abord ton acte de naissance, mon Alice, et l'acte de décès de tes chers parents.

— Tu peux les avoir aujourd'hui... C'est à Paris que je suis née... c'est à Paris que mes parents sont morts...

— Tu as raison. Ceci ne serait rien. Mais il faut en outre le consentement écrit de l'excellent homme qui remplace ton père... de M. Lafène, ton tuteur... et ce sera plus long.

— Ah! — s'écria la jeune fille, — il faut lui écrire à l'instant! à l'instant même. — Il ne faut pas perdre une seconde!

— Certes! — répondit Paul en souriant de nouveau de cette naïve et touchante impatience, — je vais écrire, et toi aussi, mon enfant bien-aimée. — Mais si grande et si légitime que soit notre hâte, la poste ne changera rien à ses habitudes pour nous complaire, et pourvu que nos lettres soient prêtes avant la dernière levée du soir, tout ira bien.

— Mon Dieu!... mon Dieu!... — dit presque tristement Alice, — que de retards!...

— Aucun retard, du moins par notre fait, chère mignonne... — C'est aujourd'hui mardi. — Si le consentement de ton tuteur nous arrivait demain, il nous serait inutile jusqu'à samedi prochain.

— Pour quelle raison?

— Pour celle-ci : la loi exige que les publications de mariage soient faites deux fois, un dimanche, à huit jours d'intervalle... et elle ajoute que le mariage ne pourra être célébré que le troisième jour, depuis et non compris celui de la seconde publication. — En tout, comme tu vois, onze jours.

— C'est dans la loi, cela?

— Code civil, chapitre 3, art. 65...

— Onze jours ! — balbutia la jeune fille, — et quatre encore avant dimanche, sans compter aujourd'hui, qui n'est que commencé ! — Comme c'est long ! — C'est l'éternité ! — Paul, mon bien-aimé Paul, dis-moi que je suis folle ! — Répète-moi que rien au monde ne peut nous séparer ! — Voilà que de nouveau je tremble...

M. de Nancey prit la petite Alice dans ses bras caressants.

— Ma femme adorée, — murmura-t-il à son oreille, — je le jure sur la vie de l'enfant que tu portes dans ton sein, ce que je t'ai dit tout à l'heure et ce que je te répète est absolument vrai. — Il n'y a plus de nuage au ciel... — l'avenir est à nous, et je défie le sort !

XXXV

AVANT L'ORAGE.

— Et maintenant, — demanda Paul en appuyant l'une après l'autre contre ses lèvres les deux petites mains d'Alice, — et maintenant, mon enfant chérie, dis-moi vite que tu n'as plus d'inquiétude...

La jeune fille affirma qu'elle se sentait tout à fait rassurée, et que dans son esprit, comme dans le beau ciel pur dont le comte venait de parler, il ne restait aucun nuage.

Ce n'était pas absolument vrai. Au lieu de l'immense joie qui devait déborder en elle en voyant si proche l'heure où tous ses rêves allaient se réaliser, quelque chose de sombre et d'indéfini, un pressentiment inexplicable, pesaient sur son âme.

Cette impression pénible et sans cause appréciable diminua cependant peu à peu, et finit par disparaître tout à fait lorsque la jeune fille, dans l'après-midi, prit une feuille de papier sans initiales et sans couronne pour écrire à M. et à madame Lafène, tandis que Paul en faisait autant de son côté.

L'amant d'Alice voulait joindre à la sienne la lettre de sa bien-aimée, afin que la bonne nouvelle arrivât sous cette double forme aux excellentes gens qu'il avait si mortellement offensés et si cruellement fait souffrir.

Nous ne reproduirons point ces lettres en entier. — Il nous paraît tout à fait suffisant d'en citer quelques passages :

« Quand, pour la dernière fois, — écrivait la jeune fille, — j'ai envoyé mon
« âme là-bas, auprès de vous, où j'aurais tant voulu la suivre... — Quand vous
« avez appris par moi que votre petite Alice était vivante encore et vous aimait
« plus que jamais, je vous disais : — Mon bonheur est coupable, et cependant je
« suis heureuse !...

« Aujourd'hui, chers parents, qui malgré tout m'aimez toujours, je vous
« envoie la consolation que peut-être vous aviez cessé d'espérer... je viens vous
« dire : — Essuyez vos larmes et, quand vous prononcerez le nom de votre Alice,
« ne baissez plus la voix, n'évitez plus de vous regarder l'un l'autre ; — dans
« quelques jours le passé ne sera qu'un songe... dans quelques jours mon bonheur
« sera pur et vous pourrez le partager...

« Vous avez compris, n'est-ce pas?... — Je vais être sa femme !

« Avec quelle joie, avec quel orgueil j'écris ces deux mots : SA FEMME ! et vous
« l'aimerez alors, celui qui partage mon cœur avec vous... — Il sera votre fils. —
« Vous aviez perdu votre seule enfant, vous allez en retrouver deux !

« Si vous saviez combien il est bon ! — Si vous connaissiez comme moi son
« âme généreuse et fière, sa tendresse infinie, sa douceur, son respect pour
« moi ! — C'est à douter qu'il ait pu commettre jadis le crime de m'enlever à
« vous...

« Pardonnez-le-lui ce crime que depuis bien longtemps déjà je lui ai pardonné,
« moi ! — Que voulez-vous ?... il m'aimait tant !... — Des raisons que j'ignore et
« que j'ignorerai peut-être toujours ne lui permettaient point d'être mon mari
« dans ce temps-là... — Il n'a pas eu le courage de se séparer de moi... — Il m'a
« prise... j'étais son bien... — Mais à quoi bon parler de ces choses, puisque dans
« quelques jours la faute d'autrefois n'aura pas existé ?... »

M. de Nancey écrivait ceci :

« Vous qui dans une longue carrière n'avez pas commis une action douteuse,
« vous auriez certes le droit d'être sans pitié pour le coupable qui vous a fait tant
« de mal, et vous lui pardonnerez cependant quand vous saurez qu'il vient répa-
« rer sa faute... son crime plutôt, et que, grâce au ciel, il le peut...

« Ce que j'ai fait jadis était honteux et misérable, l'acte d'un lâche et d'un
« infâme... Ah ! je le sais bien, je l'ai toujours su, et je ne cherche point d'excu-
« ses, car je n'en pourrais trouver d'autre que la violence d'un amour qui me ren-
« dait fou...

« Pour que ma douce Alice, mon Alice bien-aimée fût ma femme, j'aurais donné
« les trois quarts de ma vie, je vous le jure, et si un tel marché avait pu s'accom-
« plir, j'aurais béni celui qui me l'eût proposé... — Mais, hélas! entre Alice et
« moi se dressait un obstacle! Vous savez lequel... Il était infranchissable..

« Aujourd'hui, l'obstacle a disparu. — Je suis libre... — Oh! ne doutez pas! —
« Voici l'acte mortuaire de la malheureuse qui n'avait pris mon nom que pour le
« traîner dans la boue...

« Je vous demande de consentir à mon mariage avec l'enfant adorable et ado-
« rée que je vous ai prise, et je vous supplie de m'envoyer ce consentement sans
« tarder d'une heure et sans perdre une minute... — Si vous saviez combien j'ai
« hâte d'effacer par une réparation éclatante un passé qui n'est honteux que pour
« moi!...

« Il dépend de vous de me prouver que votre pardon est complet, sans restric-
« tions, sans amertume... — Pour cela il faut être ici, près de nous, au jour pro-
« chain, à l'heure bénie où le représentant de la loi et le ministre de Dieu feront
« de votre chère Alice la comtesse de Nancey...

« Et vous y serez, n'est-ce pas?... »

Quand Paul eut achevé, quand il eut glissé sous une large enveloppe la feuille de papier timbré couverte de signatures et de légalisations allemandes et la lettre qu'il venait de terminer, il leva les yeux.

La jeune fille n'écrivait plus et, la joue appuyée sur sa main, semblait rêveuse.

— Vous avez fini, mon enfant chérie? — demanda le comte.

— Depuis quelques minutes déjà, — répondit Alice.

— Voulez-vous me lire votre lettre?

— Oh! de tout mon cœur, mais...

La jeune fille, hésitant, souriait.

— Mais? — répéta Paul souriant aussi, — il y a donc un *mais*?...

— Il y en a un... oui...

— Lequel?

— C'est que je parle de vous, dans cette lettre... J'en parle beaucoup...

— Eh bien! je vous pardonne d'avance le mal que vous en aurez dit...

— Ecoutez donc alors, mais, pendant que je lirai, ne me regardez pas... est-ce convenu?...

Paul fit un signe affirmatif.

Alice commença, d'une voix très-émue, sa lecture.

Quand elle eut achevé, le comte, dont les yeux, à plus d'une reprise, s'étaient mouillés en l'écoutant, se leva, s'approcha d'elle et, appuyant chastement ses lèvres sur la soie de ses cheveux, lui dit :

— Oh! mon enfant chérie, que vous êtes bien un ange! un ange trop parfait pour ce monde! — J'ai vraiment peur de vous voir un jour ouvrir vos ailes et vous envoler...

— Mes ailes? — répondit la jeune fille, — si j'en avais... — (ce que j'ignore) — vous les avez coupées en me prenant mon cœur...

Après un silence, elle ajouta :

— Vous m'avez dit de lire, cher Paul, et j'ai obéi, comme j'obéirai toujours à vos ordres et à vos désirs... — Mais, vous aussi, vous avez écrit... — Ne connaîtrai-je point votre lettre?

M. de Nancey secoua la tête.

— Si je vous en priais bien fort, cependant?... — continua la jeune fille.

— Ne me le demandez pas, je vous en supplie, mon Alice...

— Pourquoi?...

— Parce que j'aurais le très-grand chagrin de résister à votre prière...

— Il y a donc un secret dans cette lettre?...

— Oui...

— Un secret que vous confiez à mes parents et que vous me cachez, à moi!

— C'est vrai.

— Il me regarde, pourtant, ce secret...

— Je l'avoue.

— Et je ne le connaîtrai jamais?

— Si, mon Alice, vous le connaîtrez un jour.

— Quand?

— Le lendemain de notre mariage.

Paul prit la lettre de la jeune fille, et mit un baiser sur la mince feuille de papier avant de la glisser sous l'enveloppe où se trouvaient déjà sa lettre et l'acte mortuaire de Blanche Lizely.

Il traça d'une main ferme l'adresse de M. Lafène, scella l'enveloppe avec un large cachet à ses armes, et dit :

— Je veux mettre ceci moi-même à la poste. — Je vais monter à cheval et galoper jusqu'à l'avenue de l'Impératrice.

— Vous ne serez pas longtemps absent?

— Oh! soyez tranquille... à peine suis-je éloigné de vous que je voudrais être de retour...

— Es-tu morte, mon Alice? morte tuée par moi, comme l'autre? comme ta sœur Marguerite?... — Page 230.

Il était en ce moment quatre heures de l'après-midi.

Par ce magnifique temps d'automne, les fenêtres du salon donnant sur le petit parc restaient ouvertes jusqu'au soir.

Paul avait pris la jeune fille dans ses bras pour la presser une dernière fois contre son cœur avant de sortir.

Alice tressaillit soudain, et M. de Nacey lui-même fit un mouvement de surprise.

Un coup de cloche venait de retentir à la grille donnant sur le bois de Boulogne, coup de cloche étrange, violent, impérieux, celui du maître impatient qu'on fait attendre.

— Qui peut sonner de cette façon? — demanda la jeune fille. — Il m'a semblé que ce bruit inattendu m'entrait douloureusement à la fois dans les oreilles et dans le cœur... C'est singulier, cela m'a fait froid...

— Parce que vous êtes, en ce moment, très-nerveuse, chère mignonne.

— Quoi! cette façon de s'annoncer ne vous a pas étonné vous-même?

— Elle est évidemment bizarre... surtout ici où jamais être vivant ne se présente... — On a sonné par erreur, peut-être... — Le visiteur, quel qu'il soit, n'est pas pour nous, c'est bien probable.

M. de Nancey se trompait. — Un murmure de voix se fit entendre dans le jardin.

Il s'approcha de la fenêtre et se pencha, mais il ne vit rien. — De grands arbres masquaient l'allée circulaire depuis le premier étage. — On n'entendait plus aucun bruit. — Les nouveaux venus avaient franchi sans doute le seuil de la villa.

Deux minutes s'écoulèrent.

Paul venait de poser sur une table la lettre adressée en Allemagne, et, sans savoir pourquoi, il ne songeait plus à sortir.

Un silence absolu régnait dans la maison et au dehors. — Alice, inquiète, prêtait cependant l'oreille.

La porte du salon s'ouvrit et le valet de chambre entra.

— Il y a en bas, — dit il, — deux personnes dont l'une demande à parler à monsieur le comte.

— Deux personnes? — répéta Paul.

— Oui, monsieur le comte... — Un monsieur et une dame...

Alice tressaillit de nouveau, comme au moment du coup de cloche.

— Qu'est-ce que ces gens-là? — reprit M. de Nancey. — Les connaissez-vous?

— Je ne les ai jamais vus...

— Quel air ont-ils?

— Le monsieur ressemble à un notaire... — il ne dit mot... — La dame est grande, de bonne tournure, vêtue de noir et voilée... — C'est elle qui désire particulièrement une audience de monsieur le comte...

Alice devint un peu pâle. — Pourquoi? — la douce enfant l'ignorait elle-même.

— Vous savez que je ne reçois personne, — répliqua Paul. — Il fallait répondre cela... C'était facile, puisque c'est vrai...

— Je n'y ai pas manqué; mais cette dame insiste.—Elle affirme qu'il faut absoment qu'elle parle à monsieur le comte, pour une affaire qui ne souffre point de retard.

— Le nom de cette dame?

— Je le lui ai demandé... elle ne veut pas le dire.

— Répétez donc que je ne reçois personne, et ajoutez que je ne ferai certes point d'exception pour une personne qui refuse de se nommer...

Le valet de chambre sortit.

XXXVI

LA FOUDRE.

— Mon enfant chérie, qu'avez-vous? — demanda Paul en voyant le trouble d'Alice et sa pâleur presque livide.

— J'ai peur… — murmura la jeune fille.

— Peur ! — répéta le comte. — Et de quoi ?... qui vous effraye ?

— Cette femme…

— Quelque solliciteuse, sans doute, souhaitant n'être point éconduite et s'y prenant avec maladresse… Il n'y a rien là d'inquiétant…

Le valet de chambre reparut.

— Eh bien ! — fit M. de Nancey, — sont-ils partis ?

— Non, monsieur le comte. — La personne qui est en bas, la dame voilée, insiste plus que jamais. Elle voulait absolument me suivre. — Elle exige que monsieur le comte la reçoive et se prétend connue de lui.

— Elle EXIGE ! — répéta Paul avec colère. — Une telle impudence passe les bornes ! — Je suis ici chez moi. J'y suis le maître. Je ferme ma porte à qui bon me semble. Pour la dernière fois, répondez que je ne reçois pas, que je ne veux pas recevoir !... Allez ! et que ce soit fini !

Le valet de chambre, évidemment très-embarrassé, se disposait à quitter le salon. — Il n'en eut pas le temps.

Une femme vêtue de noir et voilée, parut sur le seuil et s'arrêta.

Derrière elle, on apercevait la silhouette importante et les lunettes d'or de maître Roch, qui se dissimulait de son mieux.

Paul, dont la colère grandissait en face de cette insolente importunité, fit un pas vers la nouvelle venue.

Elle l'arrêta d'un geste impérieux, et dit en relevant son voile :

— Depuis quand donc une femme doit-elle se faire annoncer pour être reçue chez son mari? — Depuis quand donc le comte de Nancey ferme-t-il sa maison à la comtesse de Nancey?...

Paul, que la stupeur et l'épouvante métamorphosaient en statue, attachait des regards effarés sur cette vision de l'autre monde, sur cette Blanche Lizely dont i venait, quelques minutes auparavant, de relire l'acte mortuaire, et qu'il voyait tout à coup, là, devant lui...

Il voulait parler et ne pouvait pas. — Ses lèvres glacées s'agitaient sans articuler aucun son.

Alice, tremblant de tous ses membres, se cramponnait, pour ne pas tomber, au dossier du fauteuil qui se trouvait près d'elle, et se demandait, affolée, si ce rêve effroyable allait se prolonger longtemps.

Blanche semblait prendre un plaisir cruel au formidable effet produit par sa présence.

Elle souriait.

— En vérité, comte, — reprit-elle, — je pourrais me blesser de cet étrange accueil !... Quoi! pas un mot de bienvenue !... Ne me reconnaissez-vous point?...

— Vivante !... — balbutia Paul.

Si bas que cette parole eût été prononcée, Blanche l'entendit ou la devina.

— Me supposiez-vous morte? — demanda-t-elle avec ironie. — Comptiez-vous ne plus me revoir?...

Paul déchira l'enveloppe de la lettre adressée à M. Lafène, et prenant d'une main tremblante la feuille rapportée de Cologne et couverte de timbres allemands, il la tendit à Blanche en lui disant :

— Lisez !...

La jeune femme parcourut du regard le papier que lui présentait son mari.

— Mon acte de décès! — fit-elle avec un nouveau sourire et sans manifester le moindre étonnement. — Ah! je comprends... Vous aviez espéré... — C'est une déception, n'est-ce pas? — Que voulez-vous! Les bonnes gens qui ont écrit cela se trompaient. — L'acte est faux... je veux dire qu'il atteste un mensonge. — Vous en avez la preuve irrécusable sous les yeux, puisque je suis vivante et puisque me voilà...»

Tandis que Blanche parlait ainsi d'un air calme et d'un ton moqueur, Paul, se remettant peu à peu du choc imprévu et terrible qu'il venait de subir, reprenait sinon son sang-froid, du moins sa présence d'esprit. Il envisageait sous tous ses aspects la situation écrasante. La colère, un instant paralysée par la stupeur, grandissait dans son âme.

— Ah! vous voilà! — répéta-t-il en croisant les bras sur sa poitrine. — Oui, c'est vrai, vous voilà! — Je vous savais toutes les audaces, et j'aurais cependant douté de celle-ci! Je vous croyais capable de tout, mais vous dépassez mon attente. Ah! çà, mais c'est de la folie! Vous êtes venue! Vous dites : — *Me voilà!* Et vous trouvez cela tout simple! Mais savez-vous bien où vous êtes?

Blanche Lizely haussa les épaules.

— Si je le sais? — répondit-elle. — Ah! oui, certes! — Je suis chez vous!

— Et, chez moi, que venez-vous faire?

— Pardieu! j'y viens reprendre ma place!

— Votre place! — cria le comte en élevant ses mains crispées. — Dans ma maison, cette femme ose parler de sa place!

— Je l'ose!

— Mais, malheureuse, cette place, vous savez bien que vous l'avez abandonnée!

— Oui, je le sais... Sans cela, je ne dirais pas : *Je la reprends!* — Je dirais : *J'y reste!*

— Vous avez donc oublié tout?

— Je n'ai rien oublié.

— Et vous venez me braver en face, moi, lâchement trahi par vous! moi, dont vous commandiez la mort à l'un de vos amants, en lui criant : *Tue-le!*

— Il a mal obéi, puisque vous n'êtes pas mort!

— Je ne vous connais plus! — Entre nous, désormais, qu'y a-t-il de commun?

— Tout! — Je suis votre femme!

— Ma femme! vous?... — Allons donc! — Vous êtes une étrangère... une ennemie!... Sortez d'ici!

— J'y reste. — Je suis votre femme!

— L'adultère et le meurtre nous séparent!...

— Ils nous unissent, au contraire, pour la seconde fois, et plus étroitement que jamais! — C'est quand j'ai fait ce que vous dites, qu'il fallait agir contre moi! — C'est quand j'ai quitté votre maison pour suivre mon amant, c'est quand, joyeuse, je vous ai vu tomber sanglant sous son épée, qu'il fallait demander aux juges une séparation facilement obtenue! Ah! vous seriez libre aujourd'hui! — Vous l'avez oublié alors, et maintenant il est trop tard...

— Trop tard pour vous chasser, jamais! — dit Paul d'une voix rauque et sifflante.

— Me chasser! — répéta Blanche avec un ricanement sinistre, — allons donc! — Me chasser!... je vous en défie!... Est-ce qu'on me chasse!... Vous êtes fou! — Mes droits subsistent tous!... ils sont indiscutables... — Il n'y a plus ici de femme adultère, il n'y a qu'un coupable, et c'est vous... vous qui, bravant toute pudeur et foulant aux pieds la loi, entretenez une concubine dans le domicile conjugal!...

Blanche étendit la main vers Alice avec une indicible expression de haine et de menace, et reprit :

— Eh bien! cette concubine, moi, femme légitime, moi, comtesse de Nancey, moi, maîtresse ici, je la chasse!...

Un gémissement sourd s'échappa des lèvres de la malheureuse enfant, qui tomba sur ses deux genoux en cachant son visage dans ses mains.

Ivre de désespoir, fou de rage, Paul bondit vers Blanche Lizely. — Il avait la figure et le regard d'un homme qui va frapper.

— Prenez garde! — dit la comtesse, — ne me touchez pas... vos violences auraient un témoin...

Et elle désigna maître Roch. — L'ex-avoué s'était avancé de quelques pas; il se tenait prêt à intervenir au besoin dans le conflit, et il saluait Paul avec aménité.

— Qui songe à vous toucher? — Croyez-vous que je descendrais jusque-là? — répliqua M. de Nancey avec un écrasant mépris. — Mais n'outragez pas cette jeune fille. Oh! cela, je vous le défends! — Depuis quand les courtisanes osent-elles insulter les anges?

— Ange un peu déchu, ce me semble, — reprit Blanche en ricanant, — mais, passons!... Quant au titre de courtisane, je l'accepte et n'en rougis pas, — surtout devant vous, monsieur le comte, — devant vous qui m'avez faite ce qu'aujourd'hui vous me reprochez d'être! — Courtisane, dites-vous... Eh bien! oui! Et puis, après? J'ai donné ou vendu mon corps, qu'importe? ou plutôt tant mieux, car c'est votre nom que j'éclaboussais de ma honte; votre honneur que je flétrissais! Moins que vous, cependant! Le sang tache plus que la boue, et vous avez du sang aux mains!... Courtisane, soit! Vous êtes un assassin, vous! Mieux vaut la courtisane!

— Assassin! moi! — répéta le comte avec horreur. — Ah! vous mentez! Taisez-vous! taisez-vous!

— C'est à vous de vous taire, assassin de Marguerite! assassin de René!

— Vous savez bien que ce n'est pas vrai! Vous savez bien que je faisais justice en les frappant tous deux!...

— Je sais qu'ils étaient innocents!...

— Mensonge!... Mensonge encore!... C'est vous qui me les avez dénoncés!... vous qui m'avez mis à la main le revolver, en murmurant à mon oreille : *Va donc et venge-toi!...*

La comtesse haussa les épaules.

— Cet homme a dit que je mentais, — reprit-elle. — Oui, pardieu, j'ai menti, mais ce n'est pas aujourd'hui, c'est alors. — Vous m'aviez imposé le mépris de moi-même; j'avais juré de vous imposer le mépris du monde! — Vous aviez fait de moi le jouet d'une heure de caprice, et Marguerite était votre femme! — J'avais juré que votre femme ferait de vous un de ces maris qu'on raille, un de ces maris qu'on bafoue! — J'ai tout essayé pour cela! oui, tout au monde! Je voulais jeter Marguerite aux bras de René! Marguerite, trompée par vous, humiliée par vous, foulée aux pieds par vous! — C'était facile, n'est-ce pas? — Eh bien! je n'ai pas pu, tant cet ange était pur! — Tout a glissé sur elle! Elle m'a vaincu sans lutter! — Elle n'a même pas compris... — Ah! Marguerite était bien à vous! toute à vous! rien qu'à vous! à vous de corps et d'âme, allez! Dans sa pensée il n'y avait que vous! — Elle vous adorait! — Ce cœur que vous avez troué de vos balles n'avait jamais battu que pour vous!... Il n'était plein que de votre image! — Je suis bien sûre qu'en tombant morte elle a dit : — Pourtant je l'aimais...

Paul, livide, le front baissé, les yeux étincelants d'un feu sombre, écoutait ces paroles.

Il releva la tête.

— Et vous saviez cela! — fit-il d'une voix sourde.

— Certes! je le savais! — Et comme je vous haïssais plus en voyant ce candide amour de la pauvre enfant dédaignée! J'en devenais folle... — Comment vous frapper? où vous atteindre? Enfin, je trouvai... Je ne pouvais vous rendre ridicule, mais je pouvais vous rendre infâme... — Il fallait mentir, calomnier, créer de fausses apparences, pousser au crime votre âme faible, faire de vous une machine docile, un instrument aveugle... — Je l'ai fait... Vous avez assassiné Marguerite innocente!... — J'ai pris la place de votre victime, et cette place, si chèrement payée, personne ne la prendra, moi vivante!

— Ah! misérable!... — balbutia Paul d'une voix entrecoupée et les yeux hagards comme ceux d'un fou. — Vous vivante!... Oui... c'est possible... Mais après?...

Madame, vous ne trouverez là-haut qu'un fou, pleurant près d'un cadavre. — Page 240.

Et vous êtes morte... Vous savez bien que vous êtes morte...
Il allait bondir et tuer.
Blanche, impassible, ne reculait pas.
Maître Roch, avec un zèle mitigé par la prudence, songeait à se placer entre sa cliente et le comte; — il y songeait beaucoup, mais il ne bougeait guère...

Un cri sourd, un cri d'agonie retentit derrière Paul qui se retourna brusquement.

Alice, inanimée, gisait sur le tapis, et des tressaillements faibles, pareils à ceux de la dernière heure, agitaient son corps délicat.

Le comte s'élança vers elle, la souleva, la prit dans ses bras, contempla pendant une seconde ses lèvres blanches et ses grands yeux fermés.

Son visage devint étrange. — Une effrayante expression d'égarement s'y peignit soudain, puis tout à coup il fut baigné de larmes.

— J'ai tué Marguerite... — murmura Paul, — et voici qu'Alice se meurt...

Il ajouta, se tournant vers Blanche :

— Est-ce assez? êtes-vous contente?

— Je veux ma place! — dit la comtesse.

M. de Nancey, tenant toujours entre ses bras la jeune fille évanouie, se dirigea vers la cheminée, et d'une main qui tremblait il secoua convulsivement les cordons des sonnettes.

Les domestiques, sachant déjà par le valet de chambre qu'il se passait quelque chose de terrible, étaient aux aguets. — Ils accoururent.

— Chassez cette femme! — leur cria Paul en désignant Blanche Lizely. — Chassez-la! chassez-la!... Je la tuerais!!!

— Je sors! — reprit la comtesse; — mais ne triomphez pas trop vite! Je reviendrai demain!... — Et, demain, on ne me chassera pas!...

Puis, la tête haute et les yeux étincelants, Blanche quitta le salon, suivie de maître Roch qui saluait tout bas et qui tremblait un peu.

XXXVII

ALICE.

Madame de Nancey traversa rapidement, sans prononcer une parole, le jardin de la villa, et, toujours suivie de maître Roch, remonta dans la voiture qui attendait de l'autre côté de la grille.

— Eh bien? — demanda-t-elle alors en attachant ses regards fixes et un peu dédaigneux sur son compagnon, mal remis de l'émotion violente qu'il venait de subir, — que dites-vous de ce qui se passe?

— Ah! madame la comtesse, — répliqua l'ex-avoué, — vous êtes une femme forte... très-forte... trop forte.

— Comment?

— Me permettez-vous d'exprimer librement ma pensée?

— Certes! C'est une franchise absolue que je réclame.

— Eh bien! je déclare que vous avez tout à l'heure perdu toute mesure, dépassé toutes les bornes, et dit beaucoup de choses qu'il aurait infiniment mieux valu ne pas dire. — A quoi bon, par exemple, rappeler à votre mari tant de souvenirs désagréables? — A quoi bon vous complaire dans l'étalage de votre haine irréconciliable et de votre vengeance inassouvie?

— A compléter cette vengeance en en montrant les raffinements à celui qu'elle atteint! — répliqua la comtesse.

— Pourquoi lui dire surtout, — poursuivit l'ex-avoué, — que sa première femme était innocente, et qu'en la tuant il a commis un assassinat?

— Parce que c'est la vérité!...

— Eh! madame la comtesse, vous savez le mot de Montaigne : « Si votre main est pleine de vérités, fermez-la! » Montaigne était un philosophe...

— Que m'importe sa philosophie?

— Sans doute, mais vous avez joué là, avec monsieur votre mari, un jeu terriblement dangereux... Le *picador* agaçant le taureau dans le cirque espagnol, fait preuve assurément d'une audace moins grande que la vôtre... — Vous excitiez jusqu'au délire la colère de M. le comte...

— Non, ce n'était point du délire... — répliqua madame de Nancey avec une joie farouche, — c'était mieux! — N'avez-vous pas vu, comme moi, la folie dans ses regards?

— En effet... il m'a semblé... — Croyez-vous?

— Je suis sûre! — Oh! c'était bien la folie, allez! — Il y a longtemps... bien longtemps déjà, que, pour la première fois, j'ai pensé qu'il finirait fou...

— Bref, il ne s'en est pas fallu de ça, — poursuivit maître Roch en faisant craquer son ongle sous sa dent, — il ne s'en est pas fallu de ça qu'il se précipitât sur vous pour vous étrangler bel et bien...

— Vous m'auriez défendue?...

— Certainement... certainement... — J'aurais déployé beaucoup d'énergie... beaucoup... beaucoup... ceci n'est pas douteux, mais le comte est plus fort que moi.

— Eh bien! s'il m'avait tuée, on l'aurait condamné, n'est-ce pas?

— Oh! ça, oui...

— A quoi?

— Mais aux travaux forcés, selon toute vraisemblance...

— Aux galères! aux galères, le comte de Nancey! — s'écria Blanche rayonnante. — Alors, pourquoi s'est-il arrêté?... — A ce prix-là, je veux bien mourir...

— Ah! saperlipopette, quelle haine! — se dit l'ex-avoué à lui-même.

— Les hommes sont étranges! — reprit la comtesse. — On ne sait, en vérité, ce qui les attire et ce qui les retient! — Qu'a-t-elle donc de séduisant cette fille avec aquelle il vit?... — cette créature qu'il adore?... — Comment la trouvez-vous, monsieur Roch?...

— Elle est à mille lieues de madame la comtesse, c'est incontestable... mais cependant, je dois l'avouer, elle m'a paru jolie... oui, jolie... très-jolie et bien intéressante...

Madame de Nancey haussa les épaules.

— Allons donc! — s'écria-t-elle. — Vous êtes comme les autres, vous! — Le premier cotillon venu vous paraît irrésistible! — Je vous dis qu'elle n'est point belle, cette comtesse de la main gauche! — De grands yeux noyés, assez beaux, voilà tout! Ce n'est pas assez! — Au surplus, puisqu'elle vous charme tant, vous lui pourrez offrir un asile demain, quand je l'aurai chassée!

— Encore une imprudence de madame la comtesse! — hasarda l'ex-avoué. — Annoncer clairement qu'on vous verra demain avec un commissaire, c'est donner l'éveil à M. le comte, et demain, selon toute apparence, le nid des tourtereaux sera vide.

— C'est l'affaire de votre associé, cela! qu'il fasse surveiller la maison, et si mon mari, par hasard, délogeait avec sa maîtresse, qu'on les suive. — Ah! qu'ils se cachent s'ils le veulent! je sens bien que je les retrouverai partout! — Je les tiens, je ne les lâcherai plus!

— Fumel y veillera. Je vais le prévenir en rentrant à l'agence...

* *
*

Nous avons laissé Paul soutenant dans ses bras la pauvre Alice évanouie, au milieu des domestiques effarés, tandis que Blanche Lizely opérait sa retraite menaçante.

Le comte, d'un geste impérieux, écarta les valets; il quitta le salon, et, chargé de son cher fardeau, gagna la chambre de la jeune fille.

Là, avec des précautions de mère et d'amant, il plaça sur le lit ce corps inanimé, dans lequel cependant la vie tressaillait encore.

Elle était effrayante à voir, la pauvre enfant, la douce Alice. Les traits de son visage s'étaient pour ainsi dire pétrifiés dans la douleur. Ils exprimaient une souffrance inouïe. Un large cercle de bistre entourait les yeux fermés; entre les paupières closes des larmes filtraient lentement. La sueur glacée de l'angoisse perlait en gouttelettes sur les tempes. L'impression produite par cette touchante figure immobile et pourtant éplorée, était étrange et déchirante.

Paul la contempla longuement. — Il attachait sur elle des regards tantôt fixes et tantôt égarés... — Ses lèvres remuaient, mais on n'entendait aucun son s'en échapper. — Peut-être se parlait-il à lui-même...

Il poussa tout à coup une sorte de gémissement... — Ses larmes commencèrent à couler, lentes d'abord, puis plus pressées, et formèrent un voile à travers lequel il cessa de voir.

Alors un long sanglot monta de son cœur à ses lèvres. — Il s'agenouilla près du lit, et, prenant l'une des mains froides de l'enfant évanouie, il balbutia :

— Es-tu morte aussi, mon Alice?... Morte tuée par moi, comme l'autre?... comme ta sœur Marguerite?... — Oh! mes deux anges, mes deux victimes, mes deux martyres!... Allez-vous donc si vite vous rejoindre là-haut? — Est-ce la punition qui m'attend... le châtiment qui m'est réservé? — Il serait cent fois juste, et mérité cent fois, mais qu'il serait cruel! — Marguerite, vision céleste, âme trop chaste pour la terre... Marguerite, ange du pardon, si tu lis dans mon cœur, aujourd'hui purifié par un amour digne de toi, adresse une prière au Dieu tout-puissant qui t'écoute... implore-le pour elle, Marguerite! Marguerite, aie pitié d'Alice!...

Paul se releva, et, debout auprès de ce lit qui pouvait être un lit d'agonie, il attendit, croyant fermement qu'un miracle était près de s'accomplir, et qu'Alice, ouvrant les yeux et lui tendant les bras, allait lui dire :

— Je pardonne... et je ne souffre plus...

Hélas! douce et chère Marguerite, incarnation charmante de la grâce dans ce qu'elle a de plus exquis, de la tendresse dans ce qu'elle a de plus candide, vous l'aviez entendu sans doute ce déchirant appel du viveur foudroyé, et, miséricordieuse au ciel comme sur la terre, vous l'aviez redit à Dieu...

Mais Dieu n'avait pas écouté...

Paul, immobile, attendait toujours.

Le soleil près de disparaître, entrant par les fenêtres larges, mettait dans la chambre élégante de grands rayons rouges et dorés. — L'un d'eux se posait sur le lit couvert de soie et de dentelles, et colorait d'un reflet rose la figure et les mains d'Alice.

Un nuage passa. — Les rayons s'éteignirent. — La chambre s'assombrit, et le comte vit alors pour la première fois dans toute sa pâleur livide ce visage qu'il idolâtrait.

— Ah! — cria-t-il. — Elle se meurt! — Au secours! au secours!

Et, courant à l'une des portes qu'il ouvrit, il répéta d'une voix rauque et sifflante cet appel désespéré.

Cinq minutes après, un domestique montait à cheval et courait chercher à Paris le médecin désigné par M. de Nancey.

Un temps assez long s'écoula.

Le crépuscule avait remplacé les dernières lueurs du soleil couchant.

Paul, dans le trouble de son esprit, dans le désarroi de sa pensée, ne songeait même pas à allumer des bougies ou à faire apporter de la lumière.

Assis auprès du lit, il avait repris une des mains d'Alice, il la pressait convulsivement, et il lui semblait, avec une indicible épouvante, sentir cette petite main se refroidir de plus en plus.

— Est-ce qu'elle est morte? — se demandait-il. — Si elle est morte, je vais me tuer...

Il se disait cela froidement, avec un calme relatif. — La mort, après tout, n'est qu'un départ. — En mourant il suivrait Alice, et Dieu lui pardonnerait — (croyait-il) — d'avoir manqué du courage nécessaire pour ne point quitter celle qui était pour lui plus que la vie...

Mais la jeune fille n'était pas morte.

Soudain sa main, serrée entre les mains du comte, eut un frémissement étrange. — Son corps frêle et souple se tordit sur le lit comme un sarment jeté dans un brasier. — Ses yeux s'ouvrirent, agrandis par une intolérable torture. — Elle se souleva pour retomber, — un cri aigu, saccadé, qui ne ressemblait point aux autres clameurs humaines, s'échappa de sa gorge, se prolongea plus d'une minute, se changeant parfois en gémissement, puis en râle ; — ses dents se heurtaient à se briser ; — c'était un spectacle à la fois terrifiant et lamentable...

— Alice... oh! mon Alice... — disait le comte épouvanté, — parle-moi !... réponds-moi !... — Mon Alice, ne m'entends-tu pas?...

Non, Alice ne l'entendait pas.

Cette sensation horrible qui changeait chaque fibre de son être en foyer de douleur, l'absorbait tout entière.

Enfin survint une accalmie. — Les cris et les gémissements diminuèrent peu à peu. — Les convulsions cessèrent. — La jeune fille redevint presque immobile, et le souffle rentra dans ses flancs oppressés et dans sa poitrine haletante.

Seulement, à mesure que s'apaisait l'angoisse physique, l'angoisse morale renaissait, poignante.

La pauvre Alice n'avait fait que changer de supplice.

Le comte éperdu se pencha vers elle et voulut appuyer ses lèvres sur son visage décomposé.

Elle le repoussa doucement.

— Ah! comme vous m'avez trompée... — balbutia-t-elle d'une voix à peine distincte. — Moi qui croyais en vous comme en Dieu... C'est bien mal et c'est bien cruel !... Je vous aimais, je vous aimais tant !... Que vous avais-je fait pour me tromper ainsi ? — Heureusement je vais mourir, car à quoi bon vivre à présent ?...

— Non, mon enfant chérie... je ne t'ai pas trompée! non! non! — répondit Paul en s'efforçant d'attirer la jeune fille contre son cœur. — Le secret funeste que tu viens d'apprendre, c'est celui que je te cachais... — L'obstacle... l'infranchissable obstacle... hélas ! tu le connais maintenant.

— Vous me juriez, hier, qu'il avait disparu...

— Je le croyais... ah! je le croyais! Sur mon amour je te le jure !

— Cette femme?...

— J'avais la preuve de sa mort... oui, la preuve...

— Elle est vivante, cependant, et elle est votre femme... Elle nous sépare... Oh ! elle nous sépare pour toujours... — Vous ne pouvez plus être à moi, puisque vous êtes à elle !... Comme elle m'a traitée... mon Dieu !... Elle était dans son droit... je lui vole son bien... — Heureusement je serai morte quand elle reviendra, demain, pour me chasser...

Alice éclata en sanglots. — Le comte enfonçait ses ongles dans sa poitrine ensanglantée.

Une seconde crise se déclara, plus terrible que la première.

— Ah! je deviens fou ! — cria Paul, — je deviens fou !

On annonça le médecin.

Ce choix s'arrêta sur un petit pavillon en forme de chalet. — Page 245.

XXXVIII

LA NUIT.

Ce médecin, nous le connaissons. — C'était le docteur F...
Paul courut à sa rencontre jusqu'au vestibule.

— Docteur, — cria-t-il en lui serrant les mains, — vous qui m'avez vu si heureux, vous me voyez aujourd'hui désespéré... Faites un miracle s'il le faut pour la sauver, mais sauvez-la, docteur... sauvez-la !...

— Qu'y a-t-il donc ? — demanda le médecin.

— Elle se meurt !... venez !...

Et il l'entraîna vers la chambre sombre où la pauvre enfant se tordait sur le lit en désordre.

— Des lumières, s'il vous plaît, monsieur le comte, — commanda le docteur surpris de cette obscurité sinistre.

Paul, d'une main tremblante, alluma les bougies des candélabres.

Le médecin s'approcha du lit, regarda longuement Alice, lui adressa deux ou trois questions qu'elle n'entendit pas, puis, revenant à Paul qui renversé dans un fauteuil cachait son visage entre ses mains, lui dit :

— Que s'est-il passé? — J'ai besoin de savoir... — Madame la comtesse a fait une chute?

— Non... — répondit le comte.

— Alors, elle a subi quelque violent chagrin, quelque émotion terrible?

— C'est cela, docteur... oui... une émotion terrible !...

Le médecin secoua la tête. — Sa physionomie fine et mobile exprimait la plus vive inquiétude.

— Elle est en danger? — balbutia Paul, — en grand danger?

— En grand danger, oui, c'est vrai...

— Et quel est ce mal étrange qui la torture et qui la tue?...

— Un accouchement avant terme...

— Alors, l'enfant est perdu?

— Oui.

— Mais on peut sauver la mère?... On le peut, n'est-ce pas?...

— J'essayerai...

— Et vous réussirez?... Dites-moi... oh ! dites-moi que vous réussirez !...

— Je ne réponds de rien...

— Docteur, la science peut tout, et vous avez la science !... — Laisser mourir Alice... Allons donc !... Elle est si jeune !... il y a tant de ressources, tant de vie, tant de forces dans un corps de dix-huit ans...

— Ces forces dont vous parlez, où sont-elles? — murmura le médecin. — La faiblesse de cette jeune femme m'épouvante. — L'âme a brisé le corps, et la souffrance physique achève l'œuvre qu'un formidable ébranlement moral avait, hélas ! trop bien commencée...

— Ah! — reprit Paul en se tordant les mains avec un égarement qui n'échappa point au regard exercé du docteur, — je vous écoute et je ne vous comprends pas! A vous entendre on croirait qu'Alice est condamnée... et c'est impossible! — Dieu serait donc injuste s'il laissait mourir cet ange! — Dieu est bon... il ne peut vouloir cela! — Que ferais-je ici bas tout seul?... — J'offre ma vie... Que la mort me touche... mais que cette enfant vive... — Elle est trop jeune pour mourir... — Si ses forces sont épuisées, docteur, prenez mon sang et infusez-le dans ses veines... — On dit qu'on fait de ces miracles... — Vous voyez que je n'ai d'espoir qu'en vous, et que je vous implore... — Tenez, je vous implore à genoux... Docteur, ayez pitié de moi!... Docteur, il faut sauver Alice!...

Le médecin s'efforça de relever M. de Nancey, qui véritablement avait mis un genou en terre, et comme Paul résistait, il lui dit :

— On ne s'agenouille que devant Dieu, monsieur le comte... C'est Dieu qu'il faut prier, car sans lui toute science est impuissante!... — Demandez qu'il seconde mes efforts... — La vie précieuse pour laquelle nous allons combattre est entre ses mains...

Alors, tandis que le docteur retournait au lit d'agonie, l'amant d'Alice, prosterné, écrasé plutôt, devant Celui qui commande à la mort, s'efforçait de trouver au fond de sa mémoire quelque ardente prière, quelque sublime invocation...

Il cherchait... — Mais sa pensée confuse heurtait les parois de son cerveau sans en faire jaillir l'étincelle. — Tout se troublait en lui, — tout devenait confus. — Ses souvenirs mêmes faisaient naufrage dans une sorte de mer obscure où rien ne surnageait du passé. — Paul ne savait plus que deux choses : — Alice allait mourir... — Il fallait la sauver!...

Aussi, tandis que son intelligence déraillée s'obstinait à son inutile travail, ses lèvres balbutiaient :

— Prenez ma vie, mon Dieu, et laissez vivre Alice!...

Et pendant longtemps — pendant des heures! — il resta là, dans la même attitude, cherchant sans rien trouver et répétant les mêmes paroles...

Le docteur jetait parfois sur lui un regard de compassion profonde, et se disait tout bas :

— Cela, peut-être, vaudra mieux... Ainsi, du moins, il ne souffrira pas...

Puis, philosophiquement, il ajoutait :

— Voilà donc les heureux du monde... Ces riches qu'on envie, ces privilégiés, les voilà!

Soudain Paul tressaillit à la façon d'un homme qu'on éveille en sursaut. — Il se fit une vive lumière dans les ténèbres épaissies autour de lui, et la lucidité de son esprit reparut tout entière.

Un cri déchirant d'Alice venait de pénétrer jusqu'à son cœur comme la pointe aiguë d'un couteau, puis, à ce cri, succédait un grand silence.

M. de Nancey se leva et courut vers le lit.

La jeune fille étendue, dans une effrayante immobilité et plus blanche que les blanches toiles de l'oreiller sur lequel reposait sa tête, semblait inanimée.

Les yeux n'avaient point de regards, et la moitié de leurs prunelles disparaissait sous les paupières entr'ouvertes.

Malgré la lueur des bougies placées sur la table de nuit il était impossible de voir si quelque léger souffle de vie soulevait encore sa poitrine.

Paul s'arrêta, chancelant, éperdu.

— Docteur !... — commença-t-il d'une voix méconnaissable, et il ne continua point.

Il n'osait achever sa question.

— L'accouchement est fait... — murmura le médecin, — l'enfant n'a pas vécu...

— Et... et... — balbutia M. de Nancey, — et la mère...?

— Soyez homme, monsieur le comte... — Soyez fort...

— Ah ! mon Dieu... Vous me faites peur... Alice est morte ?

— Non.., pas encore...

— Pas encore !... — répéta Paul, dont le visage devint effrayant, tandis que sa bouche prononçait ces deux mots terribles. — Donc, elle va mourir !...

— A moins que Dieu ne fasse un miracle...

— Ainsi, plus d'espoir ?

— Non, monsieur le comte, plus d'espoir !...

— Vous ne la quittez pas, cependant ?

— Je resterai jusqu'à la fin...

Le docteur F... se retira dans un coin de la chambre où, brisé de fatigue, il s'assit.

Paul, étouffé par le désespoir, se laissa tomber à deux genoux à côté du lit et appuya sa tête sur l'oreiller, tout près du visage doux et charmant de celle qui avait été son Alice.

Là, silencieusement et les yeux fermés, il pleurait, se disant tout bas :

— Eh bien ! qu'importe ? — Je vais la suivre...

Tout à coup il sentit un souffle tiède effleurer sa joue et deux bras se nouer autour de son cou.

Son cœur bondit. — Il ouvrit les yeux ; il vit Alice à demi soulevée et se penchant vers lui, et il entendit sa voix — (pauvre voix ! si faible... si faible...) — murmurer à son oreille :

— Comme tu m'aimes !... comme tu pleures !... cher Paul ! et que tu vas souffrir quand je serai partie !...

— Tu vivras, mon enfant chérie... tu vivras, mon Alice ! — balbutia le comte et travers ses sanglots.

La jeune fille l'interrompit en lui mettant la main sur la bouche.

— Point d'inutiles paroles et point de vains espoirs... — dit-elle. — Nous n'avons pas de temps à perdre... — Va, je sens que c'est bien fini... — Ce ne sont plus des heures qui me restent, pauvre Paul, ce sont des minutes... — Ecoute-moi donc, mon bien aimé, et ne m'interrompts pas... — D'abord je veux te dire, pour la dernière fois, que je t'aime !... Ah ! si tu savais !... Oui, tu le sais, tu le sens, tu le vois, mais pas assez pourtant... — C'est plus que tout, vois-tu, que je t'aime !... — Lorsque mon âme sera là-haut, elle descendra pour te le répéter... — Quand un murmure inexpliqué se fera près de toi, écoute... écoute bien... c'est moi qui parlerai... tu comprendras... — Le parfum des fleurs ce sera mon souffle... la chanson douce et triste du petit oiseau, ce sera ma voix... la caresse de l'air du soir, tiédi par le soleil couchant, ce sera mon baiser... le dernier baiser d'Alice...

Paul agonisait de douleur, — il comprimait, entre ses dents serrées, un coin de l'oreiller et le mordait pour ne point interrompre la mourante par les hoquets de ses sanglots.

Elle reprit :

— Ah ! toi aussi, tu m'as bien aimé ! — le mal que tu m'as fait venait de trop d'amour... — Si tu savais comme je te pardonne ! — Ah ! Dieu ! avoir été aimée, pendant deux ans, comme tu m'aimais, et puis souffrir après, et mourir, ce n'est rien... — C'est de te quitter qui est tout !... — Tu garderas mon souvenir, n'est-ce pas ?... toujours ?... Mon Paul, je n'ose pas te dire : *Promets-moi de ne plus aimer...* — C'est peut-être impossible... — Mais si tu donnes un jour ton cœur, qui battait si fort sur le mien, ne le donne pas tout entier... — garde dans ce cœur une place à la pauvre petite Alice... — Souviens-toi de mes yeux qui te parlaient souvent quand ma bouche était muette... — Tu savais bien à quoi je pensais... — C'était toujours à toi... — Tu n'as pas un portrait de moi... c'est triste... — On devrait savoir que le modèle peut disparaître et que l'image, au moins, nous reste... Tu vois qu'à dix-huit ans on meurt... — J'avais ton portrait, moi, dans ton fier uniforme, quand on t'a rapporté blessé... — ah ! que j'ai souffert ce jour-là... —

Paul, je me souviens, j'ai vu, il y a bien longtemps, sur une feuille de vélin, la douce et calme figure d'une jeune fille qui semblait dormir... — On l'avait dessinée morte, la pauvre enfant, pour sa mère... — Paul, demain, quand je serai morte comme elle, fais copier mes traits, et garde ce dessin, dans ta chambre, avec mes cheveux... — Au moins ainsi ton Alice ne s'en ira pas tout entière... — Tu me le promets, n'est-ce pas ? — Tu veux bien ?... Tu veux bien ?... Oui... ah ! je suis heureuse...

Alice reprit au bout d'une minute :

— Un dernier souvenir à ceux qui sont là-bas... et que j'ai tant aimés... qu'ils sachent par toi que je suis morte... et qu'ils pardonnent à leur enfant...

Un long silence.

Le sang coulait sous les ongles de Paul, enfoncés dans sa chair.

La faible voix d'Alice s'éleva de nouveau.

— Et maintenant, — dit-elle, — il faut penser à Dieu... à Dieu que j'offensais en t'aimant... — Paul, mon bien-aimé Paul, va me chercher un prêtre...

M. de Nancey se leva, marcha jusqu'à la porte du pas d'un somnambule conduit par la volonté impérieuse d'un invisible magnétiseur, — et sortit sans se retourner.

Une heure après, le ministre du Dieu de justice et de miséricorde entrait dans cette chambre d'agonie, et il écoutait avec une profonde émotion les suprêmes aveux de l'innocente pécheresse.

Ce prêtre était un saint. — Sa lumineuse et sereine intelligence voyait de haut les faiblesses humaines ; — il avait l'indulgence des forts et la bonté des justes.

Il ne demanda point à l'enfant expirante si elle se repentait d'avoir aimé ; il savait bien qu'elle ne se repentait pas... il savait bien aussi que Dieu lui pardonnait...

Il étendit la main sur elle.

— Ame purifiée, — dit-il, — je vous absous... — Vous voilà blanche et belle comme au jour du baptême... — Ame bénie, montez au ciel !...

Un long soupir — soupir d'allégement et de joie — s'échappa des lèvres d'Alice. Ce fut le dernier...

Sa tête d'ange retomba sur l'oreiller. — Toute trace de souffrance disparut de son visage qui prit une expression radieuse, et, de même que la jeune fille dont elle avait parlé à Paul, elle eut l'air d'une vierge endormie.

Son cœur ne battait plus...

Le prêtre approcha de sa bouche un petit miroir qu'aucun souffle ne vint ternir.

— Il ferma les paupières d'Alice, et leurs longs cils veloutés mirent leurs ombres sur ses joues.

— Pauvre enfant! murmura-t-il, en adressant au docteur un signe qui voulait dire : — C'est fini!

Paul avait vu et compris ce signe.

— Morte, n'est-ce pas? — demanda-t-il d'une voix tellement étrange que les deux hommes le regardèrent avec effroi.

— Retournée à Dieu... — fit le prêtre.

M. de Nancey, calme en apparence et presque glacé, fit deux ou trois pas pour se rapprocher du lit. Mais tout à coup il s'arrêta, comme si quelque chose venait de se briser en lui.

— Morte... morte... — répéta-t-il lentement et sans intonations... — Alice est morte... Marguerite est morte... — L'autre est morte aussi... la troisième... celle dont je ne sais plus le nom... — Elle semble vivante, cependant... Elle lisait hier son acte de décès... J'ai vu cela de mes propres yeux... J'ai vu cela comme je vous vois... — Oui, la mort est vaincue! Les mortes parlent... les mortes marchent... Alice morte va se lever... Marguerite morte va venir... — On ne le croirait pas, mais j'ai vu... j'ai vu... j'ai vu...

Un éclat de rire strident, aigu, prolongé, suivit ces phrases incohérentes, puis s'éteignit dans un cri de douleur, et des torrents de larmes inondèrent le visage de Paul. — Ensuite le rire recommença, horrible et mêlé de sanglots.

Le prêtre, du regard, interrogea le docteur.

— Hélas! — répondit ce dernier, — et, depuis quelques heures, je prévoyais cette catastrophe... le coup a été trop terrible!...

— Raison perdue, alors?

— Lumière éteinte... oui, mon père...

— La raison reviendra-t-elle un jour?... Le flambeau se rallumera-t-il?

— Qui sait? — Et d'ailleurs, à quoi bon?

. . . .

Depuis deux heures le jour avait paru.

Le docteur était parti depuis longtemps. — Le prêtre restait seul, agenouillé dans la chambre funèbre et priant pour la jeune morte.

Le comte de Nancey, assis dans une attitude raide, attachait sur la rosace du plafond un regard à la fois vague et fixe. — De minute en minute une grosse larme, dont il n'avait pas conscience, tombait de sa paupière et roulait sur sa joue.

Un coup de cloche, impérieux comme celui de la veille, retentit à la grille du jardin.

Quelques minutes s'écoulèrent, puis on entendit au rez-de-chaussée de la villa le bruit des pas de plusieurs personnes, mêlés à des murmures de voix.

Le prêtre avait fait prévenir les religieuses qui devaient ensevelir le corps dans son linceul, et les employés des Pompes funèbres.

Il crut à l'arrivée de ceux qu'il attendait et il sortit de la chambre pour aller à leur rencontre.

Au milieu de l'escalier, il se trouva en face d'un commissaire de police ceint de son écharpe, accompagné d'une femme vêtue de noir, d'un monsieur fort bien mis, qui ressemblait à un notaire, et de plusieurs agents.

Le commissaire de police, surpris de la rencontre, s'arrêta et salua le prêtre, que d'ailleurs il connaissait.

— Me permettez-vous de vous demander quel motif vous amène ici? — fit le ministre de Dieu.

— J'y viens, — répondit le magistrat, — sur la requête de madame, qui est la comtesse de Nancey, dresser contre le comte de Nancey un procès-verbal d'adultère dans le domicile conjugal.

Le prêtre fit un geste afin d'arrêter le commissaire qui se remettait en marche.

— Ah! — dit-il, — n'allez pas plus loin.

— Pourquoi?

— Le fait que vous veniez constater, crime ou délit, n'existe plus...

— C'est ce que nous allons voir... — s'écria Blanche avec hauteur.

— Madame, — répliqua le prêtre en lui barrant de nouveau le passage, — la main de Dieu s'est appesantie sur ceux que vous vouliez frapper... — Vous ne trouverez là-haut qu'un fou, pleurant près d'un cadavre...

— Alors, — murmura le commissaire, — il ne nous reste rien à faire dans cette maison... — Partons...

— Cette maison, c'est ma maison! — dit la comtesse de Nancey triomphante. — Ce fou, c'est mon mari! — Je connais mes devoirs d'épouse, et, si pénible que soit la tâche, je n'y faillirai pas. — Je reste!...

Elle aperçut en face d'elle un homme, un vieillard, à la barbe et aux cheveux blancs, blotti dans un fauteuil et les yeux fixes. — Pag. 254.

XXXIX

OU LA COMTESSE DE NANCEY SE MONTRE A LA HAUTEUR DE SES DEVOIRS.

En entendant la comtesse de Nancey parler en un pareil moment avec cet atroce sang-froid, avec cette hypocrisie profonde, le ministre de Dieu et le représentant de la loi échangèrent un regard.

Cette femme leur faisait peur.

Blanche d'ailleurs était dans son droit. — Personne au monde ne pouvait la forcer à quitter une maison où seule, désormais, elle serait maîtresse.

Le commissaire de police s'inclina devant la comtesse, et sortit après avoir salué profondément le prêtre.

Ce dernier regagna la chambre funèbre et madame de Nancey le suivit, toujours accompagnée de M. Roch qui semblait son ombre.

Elle franchit d'un pas ferme le seuil de cette pièce où la pauvre Alice reposait dans la majesté de la mort et dans la grâce de la délivrance.

Elle ne s'agenouilla point, elle ne s'arrêta qu'auprès du lit, et pendant quelques secondes elle attacha ses yeux secs sur le jeune corps dont l'âme avait regagné le ciel.

— Je me trompais hier... — murmura-t-elle ensuite. — C'est vrai, cette enfant était belle — oui, très-belle... il pouvait l'aimer.

Ensuite elle regarda le comte, et voyant les symptômes de la folie empreints sur son visage dévasté, elle sourit.

Quelques instants après, Blanche, voulant visiter de nouveau le salon où, la veille, avait eu lieu la terrible scène que nos lecteurs connaissent, fit signe à l'ex-avoué de la suivre et traversa la tête haute le groupe des domestiques éplorés, car ils aimaient Alice et Paul, et stupéfaits de l'apparition inattendue d'une comtesse de Nancey dont ils ne soupçonnaient pas l'existence.

La veille, — on s'en souvient, — Paul avait déchiré l'enveloppe des deux lettres prêtes à partir pour l'Allemagne, et de cette enveloppe il avait tiré l'acte mortuaire de Blanche Lizely.

Cet acte et les lettres se trouvaient toujours sur la table.

La comtesse regarda l'adresse. — Elle prit les deux feuilles où le comte et Alice, croyant, hélas! au bonheur prochain, avaient tracé des lignes si touchantes, et elle lut d'un bout à l'autre.

— Je suis revenue un peu trop tôt! — pensa-t-elle après cette lecture. — Un cas de bigamie en de telles circonstances aurait été curieux...

Elle remonta et dit au prêtre :

— Il ne faudra rien épargner, monsieur l'abbé, pour faire à la maîtresse du comte des obsèques convenables. Je suis riche et payerai ce qu'il faudra. — Il paraît que la jeune fille avait une famille... — Je vous serai très-reconnaissante de vouloir bien annoncer à cette famille l'événement accompli. — Il ne me paraît point convenable de me charger moi-même de ce soin. — Voici l'adresse.

Le prêtre fit un signe affirmatif, et ce fut en effet par lui que les tristes vieillards apprirent, au fond de l'Allemagne, que leur Alice chérie n'était plus.

Blanche alla rejoindre, au salon, l'ex-avoué.

— Madame la comtesse, — dit-il alors, — voudra bien, je pense, recevoir mes compliments sincères !... — Voilà sa situation singulièrement changée, et la soudaine folie de M. le comte a simplifié les choses d'une manière à laquelle on ne pouvait s'attendre...

— Oui, en effet, — répliqua Blanche, — le hasard m'a favorisée...

— Et, maintenant, que va faire madame la comtesse ?

— Habiter cette maison et y vivre selon mon rang. — Les revenus du comte sont à ma disposition, je suppose ?

— Assurément, puisque lui et vous n'étiez point séparés...

— Et le capital ?...

— Ça, c'est autre chose. — Le capital doit rester intact, et, à moins d'un testament fait en votre faveur, après la mort de M. le comte il retournera à ses héritiers naturels.

— Mais mon mari n'en a pas, ni proches ni éloignés.

— Il y a toujours un héritier naturel, c'est l'État. Il faudrait un testament.

— Nous nous occuperons de cela plus tard. — Pour le moment, que vais-je décider relativement au comte ?

— Madame la comtesse me fait l'honneur de me demander un conseil ?

— Oui.

— Eh bien ! je suis d'avis — (en vue de certaines éventualités dont j'entretiendrai en temps et lieu madame la comtesse) — qu'il faut bien se garder de faire constater judiciairement l'état de folie de M. le comte et de provoquer son interdiction. — Je n'oserais affirmer que le ministère public ne s'opposerait point à ce que la tutelle de l'interdit, et l'administration de ses biens, soient remises aux mains de madame la comtesse.

— La famille n'existant pas, dans quel intérêt le ministère public, comme vous dites, agirait-il contre moi ?

— Dans l'intérêt de ce qu'il ne manquerait pas d'appeler *la morale publique.* — Des préjugés !... des sottises !...

— Je ne puis cependant garder auprès de moi le comte en un pareil état !...

— C'est inadmissible, en effet... — Madame la comtesse soutiendrait mal la vue d'un si triste spectacle...

— Faire enfermer mon mari dans une maison de fous, ne serait-ce pas implicitement déclarer la folie?

— Sans doute, mais il y a un biais...

— Voyons ce biais...

— Rien ne nous empêche de supposer que M. le comte n'est pas fou, mais qu'il est malade.

— Rien en effet...

— Nous faisons choix d'une maison de santé où nous le plaçons, où on l'entoure des plus grands soins. — Si nous avons besoin de quelque signature — (ce qui peut arriver), — nous l'obtenons facilement, et personne n'a rien à dire... — Que pense madame la comtesse de cette combinaison?

— Elle me paraît excellente... — Je l'adopte; ne cherchons pas mieux...

— Oui, je suis d'assez bon conseil... — murmura maître Roch en se frottant les mains.

— Connaissez-vous une maison de santé dans de satisfaisantes conditions?... — reprit Blanche.

— J'en connais une dont le directeur est de mes amis, je dirai même de mes clients, car il me charge de ses affaires et sa confiance en moi n'a véritablement pas de bornes...

— Où est-elle située?

— A deux pas de Paris. — Dans un endroit charmant... à Chatou, rue du Château, numéro 3...

— C'est une maison convenable?

— Comment donc! — Mais tout à fait de premier ordre. — Installation luxueuse. — Grand jardin. — Chambres et appartements confortables. — Nourriture recherchée. — Deux médecins attachés à l'établissement, sans compter le directeur lui-même... — Ah! M. le comte sera là comme chez lui. — Seulement...

— Eh bien?

— Dame! c'est cher!...

— Que m'importe? Me croyez-vous avare? Est-ce que le mari malade de la comtesse de Nancey ne doit pas être traité comme un millionnaire qu'il est?

— Certes... certes, — s'écria l'ex-avoué en saluant les millions dont on parlait.

— Et vous affirmez, — reprit Blanche, — qu'en cette maison le comte ne passera point pour un fou.

— En aucune façon! — Les deux médecins de mon ami trouveront dans leur répertoire scientifique, ou ils inventeront au besoin une petite maladie avec un nom grec bien sonore, laquelle fournira le mieux du monde une suffisante explication du dérangement momentané des facultés mentales de M. le comte...

Ayant achevé cette longue phrase, maître Roch souffla.

— Il n'est pas tard et nous avons à la porte une voiture, — dit la comtesse. — Allons à Chatou...

L'ex-avoué n'avait ni menti ni exagéré.

La maison de santé du docteur Hélouin, son client, était véritablement des plus confortables et renfermait bon nombre de pensionnaires qui tous appartenaient à des familles riches.

Deux ou trois seulement de ces pensionnaires se trouvaient dans une situation semblable à celle de M. de Nancey, et leurs familles avaient des motifs pour cacher au monde les tristes aliénations mentales qui pouvaient, en somme, n'être que passagères.

Le docteur Hélouin, petit homme tout rond, mais de physionomie un peu fausse, reçut la comtesse avec une extrême déférence et de grandes marques de respect et la pria de faire un choix entre les logements libres qu'il lui fit visiter.

Ce choix s'arrêta sur un petit pavillon en forme de chalet, situé au centre d'une pelouse, à cent pas de la maison principale et dans la plus charmante position du monde.

Un massif de grands arbres l'abritait contre les soleils trop chauds de l'après-midi. — Des corbeilles de fleurs aux couleurs vives l'entouraient. — Des plantes grimpantes s'accrochaient aux sculptures en bois de la façade, et, s'enroulant autour des barreaux de fer des fenêtres, dissimulaient ce qu'ils pouvaient avoir d'attristant et leur donnaient quelque chose de décoratif.

Au rez-de-chaussée, une seule pièce formant salon. — Le premier étage, auquel on accédait par un escalier extérieur, renfermait une antichambre et une chambre à coucher.

Cette pièce, assez vaste, était meublée avec un goût parfait. — Le docteur Hélouin attira l'attention de la comtesse sur une feuille de toile métallique très-forte, encadrée dans un châssis de fer qui s'abaissait devant la cheminée par un mécanisme ingénieux, et ne permettrait point à un fou d'incendier la maison quand un bon feu de charbon de terre brûlerait dans la grille.

Un gardien spécial passerait les nuits dans l'antichambre, sur un canapé-lit. — Certain petit guichet mobile parfaitement dissimulé au centre de l'un des panneaux de la porte, donnerait le moyen de surveiller au besoin le pensionnaire.

— Certes, madame la comtesse en conviendra, nulle part, même chez lui,

M. le comte ne pourrait être mieux! — dit le docteur Hélouin avec conviction. — On s'installerait là pour son plaisir...

Blanche ne fit point difficulté d'en convenir, et tomba d'accord sur le chiffre fort élevé qu'elle payerait, mensuellement et d'avance, pour la pension de son mari.

Toutes choses étant ainsi réglées, madame de Nancey et maître Roch reprirent le chemin de la villa du bois de Boulogne.

Le lendemain Paul — (qui ne s'était pas même aperçu qu'on enfermait dans un cercueil le corps adoré de la pauvre Alice, et qu'on emportait ce cercueil) — fut mis en voiture et conduit à Chatou.

Il ne fit pas plus de résistance qu'un enfant, et ne parut point se douter qu'il quittait la maison où il avait éprouvé les plus grandes joies et subi les plus atroces douleurs de sa vie.

Sa folie, — très-douce, du reste, et complétement inoffensive, — tournait à l'idiotisme. — Il n'avait pas ce qu'on appelle des *crises*, — on le voyait tantôt rire et tantôt pleurer. — Mais, soit dans le rire, soit dans les larmes, son visage immobile n'exprimait ni joie, ni souffrance. — Il répétait sans cesse, tout bas, d'une voix monotone et d'une façon toute machinale, les deux noms de *Marguerite* et d'*Alice*.

Jamais il ne prononçait celui de *Blanche*.

Il semblait très-vieux. — Ses cheveux et sa barbe avaient blanchi en moins de trois jours. — Un pli profond se creusait entre ses sourcils; de grandes rides croisaient leurs réseaux à l'angle de ses yeux et sillonnaient ses joues livides.

Ses mains tremblaient souvent, et, comme les octogénaires, il aimait à se chauffer au soleil...

XL

UN BON CONSEIL DE MAITRE ROCH.

Et, tandis que le comte Paul de Nancey vivait, ou plutôt végétait à Chatou, dans la maison de santé de la rue du Château, la comtesse menait à Paris une existence selon ses goûts.

Nous ne voulons pas dire qu'il y eût rien de scandaleux dans ses façons d'agir, — non, — mais elle s'entourait d'un luxe bien compris ; — elle était citée pour la tenue hors ligne de ses voitures et de ses gens et pour son exquise élégance.

On la voyait partout. — Elle ne manquait aucune première représentation des grands et des petits théâtres. — *Frou-Frou*, du *Figaro*, s'occupait souvent d'elle, et *Fervacques*, du *Gaulois*, décrivait ses costumes avec une incomparable science du détail et une connaissance approfondie du mot technique.

Elle commençait à recevoir ; — la plupart de ses amis d'autrefois prenaient deux fois par semaine le chemin de la villa du bois de Boulogne, et le petit baron d'Alban, de *cocodès* devenu *gommeux*, recommençait à papillonner autour d'elle et la tenait fort au courant des locutions les plus pittoresques, fraîchement écloses sur le boulevard, dans les ateliers, dans les coulisses, chez Brébant et à l'orchestre des Variétés.

La comtesse avait trouvé, dans un des meubles de la villa, tous les titres constituant la fortune de son mari. — Elle en touchait les revenus sans difficulté. — Quand une signature était nécessaire, maître Roch se rendait à Chatou, et assisté de son ami et client le docteur Hélouin, mettait une plume dans la main du comte et guidait cette main sur le papier.

Paul signait machinalement, et personne au monde n'ayant d'intérêt à contester la valeur de sa signature, les choses allaient sur des roulettes.

En outre, le premier de chaque mois l'ex-avoué, — devenu tout à fait l'homme de confiance et le factotum de la comtesse, — versait avec une ponctualité admirable, entre les mains du directeur de la maison de santé, le montant de la pension mensuelle de Paul, sur laquelle il prélevait, bien entendu, un droit de commission fort coquet.

Un jour, en revenant de Chatou, maître Roch se fit annoncer chez madame de Nancey.

Sans doute il n'avait pas sa physionomie ordinaire, car Blanche, en le voyant entrer, lui dit avec vivacité :

— Vous venez de là-bas?

— Oui, madame la comtesse.

— Il y a du nouveau?

L'associé de Fumel fit un signe affirmatif.

— Bon, ou mauvais? — reprit Blanche.

— Cela dépend...

— De quoi?

— De la façon dont les choses tourneront.

— Expliquez-vous!... Vous me faites mourir d'impatience!

— Le docteur Hélouin, s'il ne m'avait point vu aujourd'hui — (chose tout à fait improbable, car je suis l'exactitude même quand il s'agit d'un payement à faire), — allait avoir l'honneur d'écrire à madame la comtesse...

— Au sujet de mon mari?

— Evidemment! — Madame la comtesse sait-elle que, chez les gens dans la situation de M. le comte, c'est-à-dire atteints d'une folie non point héréditaire mais accidentelle, déterminée par quelque catastrophe imprévue, par quelque choc trop violent auquel l'équilibre des facultés intellectuelles n'a pu résister, il se manifeste presque toujours le phénomène suivant : à mesure que la vie se retire de l'aliéné, la raison éteinte semble se raviver en lui, si bien qu'au moment de mourir il n'est plus fou, ou du moins il ne l'est presque plus?... — C'est très-curieux.

— Ah! criez tant que vous voudrez... vous serez morte avant qu'ils soient entrés !... — Pag. 258.

Après cette phrase laborieuse, l'ex-avoué s'essuya le front.

— Je l'ignorais, — répondit Blanche.

— Je l'ignorais aussi, — reprit maître Roch. — C'est le docteur Hélouin qui vient de me l'apprendre. — Or, le comte de Nancey, paraît-il, est bien bas... — Point malade, oh! non... toujours debout... — mais ses forces s'en vont rapidement... — Il n'en a plus, dit le docteur, que pour très-peu de jours.

— Et son intelligence?

— Elle revient, l'intelligence. — Les lueurs se succèdent et se prolongent. — Les moments lucides sont fréquents... — C'est ici ou jamais le moment d'employer la comparaison de la lampe où l'huile manque... — La flamme vacille autour de la mèche qui se carbonise... jette un grand éclat et s'éteint.

— Ainsi, — murmura Blanche, — le comte va mourir?

— C'est absolument sûr, et prochain.

— Quelles seront pour moi les conséquences de cette mort?

— Excellentes ou déplorables. — Si le comte meurt sans tester, le fisc interviendra pour mettre le grappin sur l'héritage, et le fisc est un rude adversaire. — On a beau plaider contre lui, on ne gagne pas souvent. D'ailleurs, *dans l'espèce*, le procès que nous intenterions serait perdu d'avance. — C'est même tout au plus si nous pourrions, à grand'peine, dissimuler quelques valeurs.

— La misère alors! — s'écria madame de Nancey. — Quelle perspective!

— Pas gaie, j'en conviens. — Mais il en est une autre infiniment plus souriante... — Un bon petit testament de trois lignes mettrait madame la comtesse en possession de tout.

— Eh bien! écrivez... il signera.

Maître Roch secoua la tête.

— Ça ne vaudrait absolument rien, — dit-il.

— Pourquoi?

— Parce que la loi le défend. — Je ne voudrais pas faire un cours de droit à madame la comtesse, mais il faut bien lui dire que nous avons trois sortes de testaments : — *Le testament public*, — *le testament mystique*, — *le testament olographe*. — Le premier, ou *testament public*, doit être reçu par deux notaires, en présence de deux témoins, ou par un notaire en présence de quatre témoins ; il est écrit par le notaire sous la dictée du testateur. — *Code civil*, article 971. — Il n'y faut pas penser... — Le *testament mystique* peut être écrit par le testateur, ou simplement signé par lui; mais, pour qu'il soit valable, il faut que le papier qui contient les dispositions soit placé sous une enveloppe close et scellée, que le testateur présentera lui-même au notaire et à six témoins, au moins, et il déclarera que ce papier est son testament écrit et signé de lui, ou écrit par un autre et signé de lui. Le notaire en dressera l'acte de suscription sur l'enveloppe, et cet acte sera signé par le notaire, le testateur et les témoins. — *Code civil*, article 976. — N'y pensons pas davantage. — Il est absolument impossible de mêler un notaire à tout ceci, les notaires étant généralement des gens à préjugés et de petits esprits étroits. — Reste le *testament olographe* qui, pourvu qu'il soit écrit en entier, daté et signé de la main du testateur, n'est astreint à aucune formalité. — *Code civil*, article 970. — Voilà ce qu'il faudrait avoir.

— Oui... — murmura la comtesse, — il faudrait...

— Ce n'est pas impossible.

— Comment!

— Après mon entretien avec le docteur Hélouin, j'ai voulu voir M. le comte... — Je l'ai trouvé dans l'état physique et moral fort exactement décrit par notre cher directeur... — il s'en va...

— Et il n'est plus fou? — demanda Blanche vivement.

— Plus du tout, ce serait trop dire, mais à peine. — Silencieux et absorbé, il comprend néanmoins les questions qu'on lui adresse, et il y répond... — J'ai joué le tout pour le tout... J'ai prononcé le nom de madame la comtesse. — C'était hardi, et même dangereux... — Ce nom pouvait provoquer un accès de fureur et déterminer le retour de la folie...

— Eh bien?

— Eh bien! rien de pareil ne s'est produit. — Le comte m'a regardé de l'air le plus calme... — Je crois sa mémoire très-obscurcie...

— Ensuite? ensuite?...

— Encouragé par ce premier résultat, j'ai dit que madame la comtesse exprimait souvent le désir de venir voir M. le comte...

— Et alors?

— Il a souri... — Oui, madame, oui, souri positivement... — Et comme je témoignais la crainte que la visite de madame la comtesse lui parût importune, il a répondu de la façon la plus distincte : — « M'importuner? Elle? Blanche?... — Non... non... Qu'elle vienne!... Je l'attends!... »

— Il a dit cela! — s'écria la jeune femme.

— En propres termes... — Ce qui, je l'avoue, m'a donné le plus grand espoir. — Si madame la comtesse se décide à une démarche, ennuyeuse j'en conviens, mais en somme infiniment simple et naturelle, il suffira certainement de quelques cajoleries pour faire écrire et signer à M. le comte le très-court testament olographe qui sauvera la situation...

— Vous êtes-vous figuré, par hasard, que j'hésiterais? — demanda Blanche avec violence. — C'est alors moi qui serais folle!

— Ainsi, madame la comtesse prendra la peine d'aller à Chatou?

— Certes!...

— Et quand cela? Bientôt, n'est-ce pas? le temps presse...

— Malheureusement il est trop tard aujourd'hui, mais j'irai demain.

— Bravo! — J'ose affirmer que madame la comtesse en reviendra millionnaire...

— Que faudra-t-il dicter au comte?

— Je vais vous le dire... ou plutôt vous l'écrire...

L'ex-avoué prit une feuille de papier et traça les lignes suivantes, qu'il lut tout haut à mesure que sa plume courait sur le vélin :

« *Je déclare instituer la comtesse de Nancey, ma femme, légataire universelle de tous les biens meubles et immeubles que je posséderai à l'heure de mon décès.* »

— Voilà tout? — murmura la jeune femme.

— Avec la signature et la date, bien entendu... — Ce n'est pas long, mais c'est suffisant.

Blanche prit le modèle de testament, le plia en huit et le glissa dans son porte-monnaie.

— Je compte sur vous... — dit-elle ensuite. — Vous m'accompagnerez demain, n'est-ce pas?

— Je suis toujours aux ordres de madame la comtesse. — A quelle heure partirons-nous?

— A midi précis.

— Je serai ici à midi moins cinq minutes, et je vais envoyer un télégramme ce soir même au docteur Hélouin pour le prévenir de notre visite...

Le lendemain, à l'heure convenue, une calèche découverte entraînait rapidement dans la direction de Chatou madame de Nancey et maître Roch.

Blanche avait fait une toilette exquise et souverainement provocante. — Elle pensait à tout. — Peut-être faudrait-il séduire son mari pour obtenir de lui les deux lignes qui la feraient riche.

L'ex-avoué, — gardant le respect comme il convient, — tenait aussi peu de place que possible sur la banquette de devant.

Les chevaux étaient des trotteurs de premier ordre; ils accomplirent le petit voyage presque aussi rapidement que la locomotive du chemin de fer, et firent halte devant la grille de la maison de santé, dans la rue du Château, à Chatou.

Le docteur Hélouin prévenu, nous le savons, par une dépêche, attendait la comtesse et lui prodigua ses courbettes les plus obséquieuses.

Il jouait avec une natte de ses longs cheveux blonds, il était redevenu fou et il riait...

XLI
LE TESTAMENT DU COMTE DE NANCEY.

Blanche entama brusquement et sans ambages l'entretien avec le directeur.
— Comment va le comte aujourd'hui? — lui demanda-t-elle.
— Exactement comme hier, madame la comtesse, — aucun changement, ni dans l'état physique, ni dans l'état moral.
— Lucidité suffisante, selon vous, pour comprendre et pour répondre?

— Certes! — Si madame la comtesse se propose d'obtenir quelque chose de son mari, elle ne saurait le prendre dans un moment plus favorable...

— Le comte est calme, n'est-ce pas?

— Ni moi, ni son gardien, nous n'avons jamais constaté chez cet intéressant *sujet* rien qui ressemblât à de la colère, ni même à de l'impatience. — C'est un agneau, madame la comtesse.

— Rien à craindre, par conséquent, d'un soudain accès de démence furieuse?

— Rien.

— Je puis rester seule avec lui sans danger? vous en répondez?

— Oh! tout à fait... — D'ailleurs, en supposant — (ce qui n'est pas) — quelque peu de mauvais vouloir à M. le comte, où prendrait-il la force nécessaire pour agir? — Il n'est plus que l'ombre de lui-même... — Un enfant le renverserait d'un souffle...

— Conduisez-moi, je vous prie, monsieur le directeur...

Le docteur Hélouin salua et offrit son bras à madame de Nancey pour traverser le jardin.

On atteignit le petit pavillon formant chalet que nous avons décrit, et nos trois personnages gagnèrent le premier étage par l'escalier rustique plaqué contre le façade.

Dans l'antichambre se tenait le gardien, vêtu pour la circonstance d'une superbe livrée neuve et servant de vivante enseigne au luxe et au confort de la maison.

— Madame la comtesse veut-elle jeter un coup d'œil sur son mari avant d'entrer? — demanda le docteur.

— Volontiers.

— Elle pourra s'assurer ainsi, *de visu*, de son état de calme absolu.

Le guichet pratiqué dans le panneau, et dont nous avons signalé l'existence, s'ouvrit sans bruit. — Blanche s'en approcha et regarda dans la chambre.

Elle n'avait pas vu le comte depuis le jour où elle l'avait amené au docteur Hélouin.

Elle aperçut en face d'elle un homme, un vieillard, à la barbe et aux cheveux blancs, blotti dans un fauteuil et les yeux fixes.

Rien dans cet homme, pas même les traits flétris du visage, ne rappelait M. de Nancey.

Elle ne le reconnut pas.

— Eh bien? — demanda-t-elle en se retournant, — où donc est mon mari?

— Mais c'est lui... — répondit le docteur Hélouin.

Blanche fit un geste de surprise.

— Lui ! — répéta-t-elle. — Ah ! vous aviez raison, docteur, le pauvre homme n'est point à craindre !... — Ouvrez-moi... je vais entrer...

— Seule ?

— Assurément... — L'entretien que je veux avoir avec le comte ne doit être entendu de personne...

— Cet entretien sera-t-il long ?

— Je ne sais... — Pourquoi me demandez-vous cela ?

— Pour revenir me mettre aux ordres de madame la comtesse quand elle quittera le pavillon...

— Dans une demi-heure, à peu près, ce sera fini — du moins je le crois.

— Moi, — dit maître Roch, — je reste dans l'antichambre.

Madame de Nancey franchit le seuil de la porte ouverte par le gardien, et qui se referma derrière elle.

En entendant sur le parquet de la chambre le frou-frou d'une robe de femme, M. de Nancey tourna la tête à demi et regarda.

L'attitude du reste de son corps resta la même, seulement une lueur vive passa dans ses prunelles mornes, et sous ses longues moustaches blanches ses lèvres eurent un sourire. — Madame de Nancey prit un siège et s'assit à côté de son mari.

Pendant deux ou trois secondes elle resta silencieuse en se disant tout bas :

— Voilà donc ce que j'ai fait de lui ! — Allons, ma vengeance dépasse mon rêve !

En présence de cet homme qui avait cessé d'être un homme pour devenir une chose à peu près inerte, elle ne se sentait plus de haine, point de pitié non plus, mais un dégoût profond.

Elle se souvint du motif de sa visite. — Elle prit l'une des mains de son mari, une main presque décharnée qu'elle sentit trembler dans la sienne, et de sa voix harmonieuse elle demanda :

— Paul, me reconnaissez vous ?

— Oui, — répondit le comte sans hésiter, — je vous reconnais...

— Alors, dites-moi mon nom...

— Vous êtes Blanche... vous êtes ma femme...

La comtesse crut voir une étincelle du feu d'autrefois s'allumer dans les prunelles de son mari, tandis qu'il prononçait ces deux mots : *Ma femme*...

Si véritablement cela était, sa tâche deviendrait bien facile. Peut-être le comte ne se souvenait-il de rien, — que d'elle... — Blanche voulut s'en assurer.

Elle quitta son chapeau et ôta ses gants. Son admirable chevelure blonde et la peau veloutée de ses mains charmantes avaient toujours leur parfum d'autrefois, ce parfum qui, nous le savons, agissait avec tant de puissance sur l'organisation sensuelle de Paul.

Elle appuya sa tête sur son épaule, de manière à l'inonder de ces effluves voluptueuses, et, reprenant sa main qu'elle pressa doucement, elle poursuivit:

— Paul... vous souvenez-vous? vous m'aimiez autrefois...

— Follement... oui..., — répondit le comte.

— Beaucoup de temps s'est passé depuis lors... — continua Blanche. — Le temps qui passe change les cœurs... — Aujourd'hui vous ne m'aimez plus...

— Pourquoi? — murmura M. de Nancey. — Pourquoi ne vous aimerais-je plus, puisque vous êtes toujours belle?...

La main du comte tremblait très-fort. — A coup sûr l'émotion le gagnait. — Blanche, renversant sa jolie tête, le regarda de bas en haut.

Les yeux de Paul, maintenant, flamboyaient comme des charbons ardents.

Il y avait donc encore un homme sous cette apparence de cadavre!

— Vous trouvez-vous heureux de me voir? — continua la comtesse.

— Heureux? oui! — Mais longtemps... bien longtemps, vous m'avez laissé seul... Pourquoi?

— On me disait, — répliqua Blanche, — que vous ne souhaitiez pas ma présence...

— Qui a dit cela? — On a menti... — Ah! je vous appelais souvent... J'attendais... J'espérais... — Enfin aujourd'hui, vous êtes venue!... Enfin!..

Et Paul poussa un long soupir qui décélait une joie immense.

Madame de Nancey comprit qu'elle venait de reconquérir toute sa puissance du temps passé. — Elle résolut d'aller droit au but. — En face de cette intelligence naufragée, à quoi bon des ménagements inutiles? — Il fallait en finir...

— Je viendrais souvent, désormais... — reprit-elle. — Oui, souvent... tous les jours, si j'étais sûre... bien sûre, que vraiment vous m'aimez encore...

— Vous doutez?...

— Oui...

— C'est mal... il faut croire...

— Un homme qui aime... et qui est riche... ne s'expose point à laisser sa femme dans la plus abjecte misère...

— Je ne comprends pas...

— Paul, je suis pauvre... — Vous vivrez plus que moi, je le crois fermement, mais si, par un malheur que je refuse de prévoir, vous partiez le premier, je n'aurais pas de pain...

— Pour éviter cela... que faut-il faire ?

— Ecrire trois lignes, et les signer.

— Et vous me croirez ensuite, et vous m'aimerez ?

— Je vous croirai... oui, Paul, et je vous aimerai comme autrefois...

M. de Nancey étendit la main vers une armoire.

— Il y a là-dedans du papier, des plumes, de l'encre, — fit-il. — Préparez tout sur cette table... vous dicterez... je vais écrire.

Blanche, triomphante, courut à l'armoire et l'ouvrit. — Paul se leva.

La comtesse lui tournait le dos. — Si elle avait pu voir sa transfiguration, elle aurait vraisemblablement cessé de dire que le succès, pour elle, était à bon marché.

Le comte semblait toujours un vieillard, mais sa taille s'était redressée, une énergie farouche se peignait sur son visage, le feu de ses regards n'exprimait pas une ardeur sensuelle, mais une indomptable colère. — Auprès de la porte se trouvait un grand meuble, un bahut de chêne noir très ancien, d'un poids énorme.

M. de Nancey s'arcbouta contre ce meuble, et avec cette force inouïe, irrésistible, que l'homme trouve dans ses nerfs à un moment donné, il fit glisser le bahut devant la porte, condamnant ainsi l'unique issue.

Quand la comtesse, étonnée de ce bruit, se retourna, elle vit son mari debout, les bras croisés sur la poitrine et la regardant.

Rien qu'à l'expression de son visage, elle comprit qu'un immense, qu'un épouvantable danger la menaçait. — Elle eut peur... — Paul fit un pas de son côté.

— Que me voulez-vous ? — balbutia-t-elle.

— Pas de phrases ! — répondit-il de cette même voix dont il avait parlé le jour où Blanche, qu'il croyait morte, avait reparu devant lui pour briser tout ce qu'il aimait et le briser lui-même. — Je ne suis plus fou... Je me souviens... Je vous attendais... Vous m'avez dit que j'étais un assassin... Vous en avez menti !... C'est vous qui avez tué Marguerite ! c'est vous qui avez tué Alice ! Je vais vous tuer !

— Au secours !... A moi ! à mon aide !... — cria la comtesse d'une voix que la terreur rendait éclatante, et, s'élançant, elle mit une table entre elle et son mari.

Au dehors maître Roch et le gardien ébranlaient la porte, mais le lourd bahut ne bougeait pas. — Paul renversa d'un coup de pied l'obstacle fragile dont la comtesse espérait se faire un rempart.

— Ah! criez tant que vous voudrez... — dit-il, — vous serez morte avant qu'ils soient entrés!...

Il bondit sur elle. — Blanche glissa comme une couleuvre, lui échappa et se réfugia dans l'angle le plus éloigné de la chambre.

— Faites-moi grâce!... — Ayez pitié de moi!... — balbutiait-elle en fuyant.

— Avez-vous eu pitié de Marguerite?... Avez-vous eu pitié d'Alice?...

— Vous m'aviez offensée mortellement! je me vengeais...

— Il fallait me tuer! — il fallait vous venger sur moi et non pas vous venger sur elles... — Il la rejoignit.

Elle voulut fuir encore, mais il la saisit par la traîne flottante de sa robe, et lui passant autour du cou les deux mains, il referma ses doigts osseux, inflexibles comme des tenailles d'acier...

— Assassin!... Assassin!... — hurla la comtesse. — Assass...

Elle n'acheva pas.

— Assassin, soit! — répliqua Paul — bourreau si tu veux!... ça m'est égal, pourvu que tu meures!...

Un cri atroce... — puis un râle sourd — puis plus rien...

M. de Nancey serrait toujours.

Au dehors on attaquait la porte à coups de hache.

Paul dénoua ses mains. — Blanche, presque décapitée, tant les tenailles humaines avaient mordu la chair et broyé les os, s'abattit...

Alors le bruit étrange d'un rauque éclat de rire se mêla au fracas des haches entaillant le bois dur.

Quand le bahut tomba et quand on entra dans la chambre, le comte, assis sur le cadavre de Blanche Lizely, jouait avec une natte défaite de ses longs cheveux blonds...— Il était redevenu fou et il riait...

. . . .

Et là-haut Marguerite, unissant ses mains pures aux mains purifiées d'Alice, toutes deux demandaient à Dieu d'accueillir en sa miséricorde l'âme immortelle du comte Paul de Nancey, qu'elles avaient aimé toutes deux, par qui toutes deux étaient mortes, — et qui allait mourir...

Et Dieu les écoutait...

FIN

TABLE DES MATIÈRES

		Pages.
Chapitre	Ier — Adieu!..	3
—	II. — Pauvre Alice!...	8
—	III. — Recherches vaines.......................................	15
—	IV. — Accalmie..	21
—	V. — Son Excellence...	27
—	VI. — Herr baron von Hertzog................................	32
—	VII. — Avatar..	39
—	VIII. — A Bade...	45
—	IX. — Mademoiselle Maximum et la Fée aux émeraudes...	51
—	X. — Les deux cartes...	56
—	XI. — Les rivales..	62
—	XII. — Les rivales de Blanche.................................	68
—	XIII. — Seule!..	74
—	XIV. — Après la crise...	79
—	XV. — Où reparaît un personnage déjà connu.............	85
—	XVI. — Tentation...	92
—	XVII. — Une soirée au théâtre de Bade......................	98
—	XVIII. — Duchesse!...	103
—	XIX. — A Paris..	109
—	XX. — Un colonel de fédérés..................................	117
—	XXI. — Rue de Lille...	123
—	XXII. — Une nuit de mai.......................................	128
—	XXIII. — La dernière rencontre................................	134
—	XXIV. — Au bois de Boulogne.................................	140
—	XXV. — Un article de la « Gazette de Cologne »...........	146
—	XXVI. — Mirage...	152
—	XXVII. — L'acte mortuaire.....................................	159
—	XXVIII. — Blanche..	166
—	XXIX. — Le bon Wilhelm.......................................	173
—	XXX. — Informations..	180
—	XXXI. — La maison Roch et Fumel...........................	187
—	XXXII. — Consultations..	193
—	XXXIII. — La police de Fumel.................................	199
—	XXXIV. — Retour..	206
—	XXXV. — Avant l'orage...	213
—	XXXVI. — La foudre..	220
—	XXXVII. — Alice...	227
—	XXXVIII. — La nuit..	233
—	XXXIX. — Où la comtesse de Nancey se montre à la hauteur de ses devoirs...	241
—	XL. — Un bon conseil de maître Roch.......................	247
—	XLI. — Le testament du comte de Nancey..................	253

F. ROY. Libraire-Éditeur, 185, rue Saint-Antoine, PARIS.

SA MAJESTÉ L'ARGENT

PAR XAVIER DE MONTÉPIN

Sa Majesté l'Argent !! ce titre original indique le sujet immense du plus beau roman de notre époque.

L'argent ! n'est-il pas aujourd'hui le roi de l'univers, le seul dont la puissance soit indiscutée, le seul dieu dont on ne tente point de renverser les autels?

Dans l'antiquité, les Hébreux adoraient la statue du veau d'or; aujourd'hui, dans le monde entier, on adore l'argent; tout s'abaisse devant cette puissante majesté; depuis l'humble mendiant qui tend la main pour avoir une aumône, jusqu'au roi qui demande des millions pour entretenir ses palais, ses maîtresses, ses chiens de chasse et ses courtisans.

Depuis la modeste ouvrière travaillant, veillant; courbée sur sa tâche pour un maigre salaire, jusqu'à la courtisane ivre et joyeuse qui s'endort sous les flots du champagne en rêvant un huit-ressorts et des rivières de diamants.

Hélas! tout se fait pour l'argent! Argent! argent! métal magique, ta puissance est sans limite, car, plus heureux que le levier d'Archimède, tu as trouvé dans le cœur humain un point d'appui pour soulever le monde !

Un sujet aussi intéressant ne pouvait échapper à la vive imagination de XAVIER DE MONTÉPIN, le célèbre auteur de tant d'œuvres charmantes (que les femmes n'oublieront pas). Il a voulu dans cette œuvre nouvelle mettre en évidence les folies et les crimes dont l'amour de l'argent a été la cause et le principale mobile, et c'est avec un rare talent qu'il a su grouper dans ce grand drame des scènes amusantes et sentimentales, qui sont en même temps d'un saisissant réalisme. L'auteur s'est vraiment surpassé dans cette œuvre grandiose ; on dirait qu'il a photographié d'après nature tous les acteurs de cette grande comédie dramatique, dans laquelle il fait ressortir les vices et les passions de cette société de carton qui vit toujours enfiévrée par l'argent.

A côté de la figure étrange et sinistre de Renée, la sœur empoisonneuse, existe la touchante image de la douce comtesse de Gorde, la physionomie bizarre et vivante de Lazarine marquise de la Tour-du-Roy, puis le type amusant et comique d'Hector Bégourde, ce fameux artiste qui devient prince de Castel-Vivant (dit prince Totor), par la seule puissance du million, sans citer les noms des autres personnages qui sont autant de types variés et amusants, qui viendront, tour à tour, divertir et reposer le lecteur, dont l'attention est toujours captivée par les scènes dramatiques, qui excitent à lire fièvreusement toutes les pages de cette œuvre du plus grand intérêt.

Il paraîtra 2 livraisons à 10 centimes par semaine et une série à 50 centimes tous les 15 jours. — Chaque série sera envoyée franco contre 60 centimes. — En vente les 5 premières livraisons et la première série.

AVIS. — Nous préparons l'édition illustrée de plusieurs romans très intéressants par le même auteur, XAVIER DE MONTÉPIN, le Pendu, le Médecin des folles, les Maris de Valentine, le Ventriloque, les Filles de bronze.

www.ingramcontent.com/pod-product-compliance
Lightning Source LLC
Chambersburg PA
CBHW050319170426
43200CB00009BA/1378